汽车持续制动理论与技术

马　建　赵　轩　余　强　贺伊琳　著

人民交通出版社股份有限公司
北　京

内 容 提 要

本书着重分析了重型商用汽车长下坡路段交通事故的成因、特征并给出解决方法;系统阐述了发动机缓速制动、电涡流缓速器、液力缓速器及制动能量回收装置的类型、结构、工作原理及设计方法;同时,分别从理论计算与试验验证的角度提出了为车辆匹配缓速器的依据和方法;最后介绍了减速带与辅助减速车道等其他类型保证重型商用汽车长下坡安全的技术。

本书可供高等院校、企业单位、研究院所等从事汽车制动系统,尤其是从事商用汽车持续制动与制动安全等相关理论研究、设计计算及试验工作的人员使用,同时可作为高等院校汽车类专业学生的教材。

图书在版编目(CIP)数据

汽车持续制动理论与技术 / 马建等著. —北京:人民交通出版社股份有限公司, 2023.1

ISBN 978-7-114-18382-9

Ⅰ.①汽… Ⅱ.①马… Ⅲ.①重型载重汽车—制动装置—研究 Ⅳ.①U469.2

中国版本图书馆 CIP 数据核字(2022)第 252938 号

Qiche Chixu Zhidong Lilun yu Jishu

书　　名:汽车持续制动理论与技术
著 作 者:马　建　赵　轩　余　强　贺伊琳
责任编辑:钟　伟　李佳蔚
责任校对:刘　芹
责任印制:刘高彤
出版发行:人民交通出版社股份有限公司
地　　址:(100011)北京市朝阳区安定门外外馆斜街 3 号
网　　址:http://www.ccpcl.com.cn
销售电话:(010)59757973
总 经 销:人民交通出版社股份有限公司发行部
经　　销:各地新华书店
印　　刷:北京印匠彩色印刷有限公司
开　　本:787×1092　1/16
印　　张:12.5
字　　数:302 千
版　　次:2023 年 1 月　第 1 版
印　　次:2023 年 1 月　第 1 次印刷
书　　号:ISBN 978-7-114-18382-9
定　　价:78.00 元

前言 PREFACE

交通运输系统作为我国国民经济发展的大动脉，对于支撑国家经济、促进社会快速健康发展有重大的意义。其中，公路运输具有覆盖面广、机动性强的优势，不仅是交通运输系统重要的组成部分，还是人们生产、生活必不可少的基础设施。近年来，伴随日益增长的公路客运与货运需求，公路通车里程也逐年增加。

我国幅员辽阔，平原面积较小且分布分散，山区面积占比高。受地形条件与筑路成本的制约，公路设计时会选用设计规范中的极限参数，使得山区公路具有坡长且陡，道路窄、弯、急等特点；同时，汽车技术的进步与运输效率的提高使商用汽车的平均车速和载重能力提升，这些因素均对保证山区安全行车提出了很高的要求。

然而，近年来，在公安部公布的事故高发路段中，山区长下坡路段仍然占有很大比例，在道路交通安全问题中，客货运输车辆肇事多发的特点尤为突出，且在事故中，重特大交通事故与随之诱发的二次事故占比较高，给人民的生命和财产带来严重损失。因此，仅依靠汽车原有制动系统或对其进行简单改进，无法满足汽车安全行驶要求，山区路段的行车安全问题亟待解决。

为有效分流制动负荷，在不使用或少使用行车制动器的情况下，使汽车速度降低或保持稳定；保证重型商用汽车在长下坡道路上安全、可靠行驶，采用汽车持续制动装置是最有效的措施之一。目前许多国家都以法律法规的形式将持续制动装置作为载重货车和大中型客车的必备系统，并辅以相应标准。

本书系统地分析了山区路段道路交通事故发生的原因，从汽车设计与使用的角度出发，围绕汽车持续制动理论与技术展开，涵盖汽车（内燃机汽车与电动汽车）持续制动装置的工作原理、系统组成、结构特点、设计参数、匹配校核与试验等部分，能够为研究人员提供一定的参考和借鉴。针对持续制动装置的设计与匹配列举实例，有利于工程技术人员掌握持续制动装置设计与匹配的方法，并加以灵活应用。

全书共9章内容，编写工作分工为：马建教授负责全书统稿，并编写第1章、第3章和第8章，共同编写第4章和第7章；赵轩教授编写第6章，共同编写第4章和第7章；余强教授编写第2章和第9章；贺伊琳高级工程师编写第5章，共同编写第4章，并组织研究生完成了资料收集、图表绘制、文本编排等工作。博士研究生李学博、王建平及作者团队部分硕士研究生参与了本书的资料整理工作。

本书总结了作者团队多年从事汽车持续制动研究的成果，对参与研究工作的老师和研究生表示感谢；部分内容参考了公开发表的有关文献，在此对原作者表示衷心的感谢。

由于作者水平有限，书中错误和疏漏在所难免，欢迎广大读者批评指正。

作　者

2022年8月

目录 CONTENTS

第 1 章　长下坡路段交通事故及解决方案

1.1　长下坡路段简介及典型交通事故案例

1.1.1　长下坡事故高发路段特点

截至 2018 年 12 月,公安部交通管理局公布了我国自开通以来事故死亡人数最多的 10 个长大下坡路段,具体如下:

(1)云南省昆明市境内嵩待线省道 K77 + 800 ~ K66 + 400 段,自 2003 年开通以来,11.4km 长下坡路段累计发生 218 起道路交通事故,造成 279 人死亡。

(2)广东省韶关市境内 G4 京港澳高速公路北行 K1882 + 000 ~ K1858 + 000 段,自 2003 年开通以来,24km 长下坡路段累计发生 173 起道路交通事故,造成 174 人死亡。

(3)甘肃省天水市境内 G310 国道天巉公路 K1515 + 000 ~ K1528 + 000 段,自 2001 年开通以来,13km 长下坡路段累计发生 76 起道路交通事故,造成 157 人死亡。

(4)云南省文山州境内 G80 广昆高速公路 K896 + 000 ~ K884 + 000 段,自 2007 年开通以来,12km 长下坡路段累计发生 117 起道路交通事故,造成 141 人死亡。

(5)甘肃省平凉市境内 G312 国道罗汉洞坡道 K1698 + 000 ~ K1704 + 400 段,自 2000 年开通以来,6.4km 长下坡路段累计发生 421 起道路交通事故,造成 126 人死亡。

(6)云南省玉溪市境内 G8511 昆磨高速公路 K213 + 400 ~ K240 + 400 段,自 2003 年开通以来,27km 长下坡路段累计发生 81 起道路交通事故,造成 124 人死亡。

(7)广东省韶关市境内 G4 京港澳高速公路南行 K1882 + 000 ~ K1895 + 000 段,自 2003 年开通以来,13km 长下坡路段累计发生 154 起道路交通事故,造成 113 人死亡。

(8)山西省吕梁市境内 G20 青银高速公路 K964 + 300 ~ K934 + 000 段,自 2005 年开通以来,30.3km 长下坡路段累计发生 120 起道路交通事故,造成 112 人死亡。

(9)山西省临汾市境内 S329 省道 K12 + 100 ~ K35 + 000 段,自 2010 年开通以来,22.9km 长下坡路段累计发生 1295 起道路交通事故,造成 107 人死亡。

(10)广西壮族自治区河池市境内 G210 国道 K2716 + 400 ~ K2721 + 100 段,自 2001 年开通以来,4.7km 长下坡路段累计发生 457 起道路交通事故,造成 100 人死亡。

除此之外,在公安部督办的危险路段中,连续长下坡事故多发路段占有较大比例(表 1-1)。

经对上述事故资料进行分析,得出事故特点如下:

(1)在连续下坡路段,主要事故原因是制动器失效或制动效能大幅降低,导致车辆失控而发生恶性事故,如冲出路外、侧翻、与前方静止或慢行车辆追尾等。其中,因制动器失效引发的事故占比超过 40%,部分路段占比更高。

（2）连续下坡路段的交通事故致死率高。连续下坡路段受地理条件限制，一般一侧为悬崖，一侧为山体，在发生车辆撞路侧固定物、侧面碰撞和翻车事故后，极易导致车辆直接坠崖或坠河，由于山区特殊地理条件，现场施救难度大，部分受伤人员因得不到及时有效的治疗而身亡，进一步增大了交通事故的死亡率。

（3）事故主要分布在下坡路段的下半段，并且随着下坡里程的增加，发生事故的概率增加。

由此可见，加强对长大下坡交通安全的管理，提升汽车制动能力与技术，对保障行车安全、降低事故率具有重要意义。

公安部督办整治的危险路段　　表 1-1

地区	道路名称	路段位置	主要隐患	近年交通事故情况
北京	京藏高速公路	K55 +000 ~ K50 +000	长下坡路段	发生事故 170 起，死 43 人，伤 111 人
河北	G207 国道	K386 +000 ~ K388 +000	连续下坡转弯	发生事故 48 起，死 20 人，伤 20 人
山西	运三高速公路	K22 +000 ~ K12 +000	连续下坡转弯	发生事故 17 起，死 20 人，伤 20 人
内蒙古	G110 国道	K321 +000 ~ K325 +000	坡长路陡，弯道，视线短	发生事故 14 起，死 9 人，伤 19 人
黑龙江	G301 国道	K122 +000 ~ K126 +000	连续下坡转弯	发生重特大事故 10 起，死 21 人，伤 24 人
福建	G316 国道	K103 +000 ~ K95 +000	连续下坡转弯	发生事故 53 起，死 34 人，伤 40 人
河南	G107 国道走马岭坡道	K936 +000 ~ K938 +000	路面狭窄，坡陡且长	发生事故 76 起，死 12 人，伤 86 人
湖北	G318 国道	K1358 +000 ~ K1362 +000	长陡坡、急弯	发生重特大事故 13 起，死 18 人，伤 13 人
湖南	永慈线	39km +500m	连续下坡转弯	发生特大事故 1 起，死 12 人，伤 21 人
广东	京珠高速公路粤北段	K39 +000 ~ K52 +000	长下坡路段	发生事故 40 起，死 27 人，伤 57 人
四川	G321 国道	K157 +000 ~ K159 +000	连续弯道，陡坡	发生事故 105 起，死 6 人，伤 13 人
陕西	长武县亭口坡二级公路	K1650 +000 ~ K1654 +000	连续坡道组合	发生事故 76 起，死 31 人，伤 42 人
甘肃	天巉公路	K75 +000 ~ K63 +000	长下坡，连续 S 形弯道	发生事故 51 起，死 72 人，伤 96 人
宁夏	S101 省道	K354 +000 ~ K361 +000	弯多、坡陡	发生事故 10 起，死 4 人

1.1.2　长下坡路段典型交通事故案例

近年来，重型货车和大型客车在连续长大下坡路段发生交通事故屡见不鲜。由于大型

车辆质量大，且发生事故路段多为山区地带，施救难度大，因此一旦发生事故，多为群死群伤的重大交通事故。部分长下坡路段典型交通事故案例如下：

(1)2020 年 4 月 13 日，闽 A5K × × × 重型半挂汽车列车在 G104 国道罗源渡头段长下坡道路失控，偏离主车道，撞上路边民房，造成群众 6 人及货车驾驶人死亡。

(2)2019 年 9 月 22 日，湘 A20 × × × 自卸低速货车途经花石镇日华街时，由于货车严重超载，在连续转弯、长下坡路段频繁采取制动而导致制动失效，最终撞入人流密集的集市，造成 10 人当场死亡，16 人不同程度受伤。

(3)2019 年 5 月 1 日，青 AXD × × × 小型普通客车由西宁市前往贵德县，车辆行驶至湟贵一级公路 K60 + 300 处，车辆失控撞至左侧护栏，造成驾驶人死亡，乘车人 2 人受伤。

a) b) c) d)

图 1-1 事故现场图

(4)2018 年 11 月 3 日，一辆辽宁籍重型半挂汽车列车行经兰海高速公路兰临段一处 17km 长下坡路段时，因驾驶人频繁制动而导致制动失效，车辆与前方收费站排队等候的多车相撞，造成 15 人死亡、44 人受伤。

(5)2015 年 8 月 2 日，冀 JL2 × × × 重型半挂牵引车由西宁市驶往贵德县，行驶至湟贵一级公路 K54 + 200 处长下坡路段时失控，与甘 N83 × × × 小型轿车、青 F03 × × × 重型半挂车、青 AS9 × × × 小型轿车接连相撞，造成 7 人死亡、4 人受伤。

(6)2015 年 5 月 15 日，陕 B23 × × × 大型客车行驶至陕西省咸阳市淳化县境内，行经下陡坡、连续急弯路段时，车辆失控冲出路面翻坠崖下，事故造成 35 人死亡、11 人受伤，直接经济损失 2300 余万元。事故现场如图 1-1a) 所示。

(7)2014 年 7 月 19 日，一辆装载疑似酒精易燃物品的载重汽车与一辆由福建开往四川宜宾的客车在沪昆高速公路湖南邵怀段隆回县境内追尾后爆炸燃烧，事故造成 43 人死亡、6 人受伤。事故现场如图 1-1b) 所示。

(8)2014 年 8 月 9 日，一辆客车、一辆越野车、一辆货车在 G318 国道 4740km 附近连环相撞,事故中,客车冲出了公路护栏,坠入深约 10 余米的悬崖,车体严重变形。事故造成 44 人死亡、11 人受伤。事故现场如图 1-1c)所示。

(9)2014 年 8 月 18 日,一辆由拉萨前往林芝的客车在 G318 国道西藏林芝工布江达县境内发生事故,坠入尼洋河中,造成 9 人死亡、7 人受伤、7 人失踪。事故现场如图 1-1d)所示。

以上事故地点均位于长下坡路段,事故成因多是行车制动器热衰退,导致制动性能下降,进而引发车辆失控。

1.2 长下坡路段事故成因及特性分析

1.2.1 长下坡路段纵坡坡度及坡长限制

我国《公路路线设计规范》(JTG D20—2017)中规定:二、三、四级公路越岭路线连续上坡(下坡)路段,相对高差大于 200 ~ 500m 时平均纵坡度不应大于 5.5%;相对高差大于 500m 时平均纵坡度不应大于 5%,且任意连续 3km 路段的平均纵坡度不应大于 5.5%。但是对于高速公路中连续长大纵坡路段没有作出规定。虽然该规范中还提出通过设置缓和坡段的方法来缓解连续纵坡段的不利安全因素,但是在高速公路设计中,该方面的规定较少。

另外,我国对于公路纵坡坡度和坡长的限制主要考虑大型车辆在爬坡时的动力性,并没有考虑车辆下坡制动引起的制动器失效,因此,在公路纵坡度小于 3% 时,对其坡长没有限制。在平原地区,对车辆安全造成的影响较小,但是随着我国高速公路建设步伐的加快,高速公路的建设已扩大到山岭地区和积雪冰冻地区,地形和地质条件以及经济成本为道路路线选择的关键因素。为了克服高差,山区公路常出现连续长大下坡路段,其坡长可达几千米甚至几十千米。对这种连续下坡路段,大型车辆通过不断制动维持其安全运行速度,但是长时间的运行使得驾驶人对车速的估计偏低,往往会出现超速行驶与行车制动器失效等现象,给行车安全带来极大隐患。

1.2.2 长下坡路段事故机理及风险分析

道路交通安全是一个由人、车、路组成的系统,三者相互协调、相互作用,任何环节出现安全隐患,都会对道路交通安全产生影响。在该系统中,驾驶人从行车环境中获取信息,这些信息传递到驾驶人大脑,经判断形成动作指令,并通过驾驶人的操作行为使汽车产生相应动作,同时,汽车的运行状态和道路环境又作为新的信息反馈给驾驶人。因此,可从作为交通环境三要素的人、车、路三方面着手,对汽车长下坡行驶的风险进行分析。

1)人的不安全因素

绝大多数长下坡路段位于山区地带,车流量较小,相比车流量大或路况复杂的路段,驾驶人在长下坡路段驾驶时的注意力易分散,一旦遇到问题,反应不及时,易发生交通事故。特别是在驾驶人驾驶经验不丰富、长时间疲劳驾驶、超速行驶、超载行驶,或车辆间距过近或在雨雾天及路面结冰湿滑时,更容易发生交通事故。

疲劳驾驶是造成群死群伤恶性交通事故的主要原因之一。驾驶人疲劳时,其反应迟缓、注意力不易集中,一旦出现异常情况,驾驶人不能及时采取适当措施避免事故发生。

超速行驶是驾驶人导致交通事故的又一主要原因。车辆高速行驶时要求驾驶人的反应时间极短,若驾驶人不能在短时间内作出反应,则极易发生交通事故。

除此之外,驾驶人对连续下坡安全行车的认识不足也是导致事故发生的主要原因。例如,连续长大下坡路段车辆低挡慢行是保障行车安全的关键,当车辆以低挡位行驶时,驾驶人能利用发动机制动有效控制车速,然而不少驾驶人认为空挡滑行更省油。从安全角度考虑,当车辆行驶于长下坡路段时,若采用空挡滑行,遇紧急情况时则不能利用发动机制动,因此,必须频繁使用行车制动器以控制车速,从而易导致行车制动器温度上升,发生热衰退现象。

2)车辆的不安全因素

车辆的不安全因素主要包括制动不良甚至失效、转向失效及灯光失效等,其中,制动故障或失效所导致的事故数占比较高。

据国内外交通事故的统计表明,大型货车是最危险的机动车型之一。由于大型货车质量大、惯性大,长下坡路段行驶时,车辆在惯性力的作用下,不易控制车速。另外,车辆超载加剧了车辆制动失效或其他机械故障情况的发生,严重影响行车安全性。

3)路的不安全因素

道路本身的几何特征、结构和安全设施也与交通事故有关。长大下坡、小半径、连续弯道等不利的线形组合及直线距离过长、视距过小、纵坡坡度过大、车道宽度或弯道超高不够、平纵线形不协调,指引道路的标线、标识标牌、轮廓线、线性诱导设置不完善,紧急避险车道设置间距过大等都是事故的诱因。

连续长下坡道路的线形组合呈现不同的特征,如连续陡坡、连续长缓坡与急弯陡坡等,在这些不同线形特征路段上,也呈现出不同的事故形态。其中,正面碰撞、刮蹭和翻车和坠车占比较大。连续长下坡路段的纵断面往往是一个长陡坡后加一个较短的缓坡,然后再加一个长陡坡,车辆在这种道路上行驶,由于坡度过陡,往往通过频繁制动以获得较安全的车速,由于长陡坡是连续的,而缓坡距离又很短,因此使得车辆在到达整个连续长下坡的坡底前,制动器温度已经超过极限温度,导致制动失效。

一般制动器的制动鼓、制动盘由铸铁制成,而制动摩擦片由石棉、半金属和无石棉等材料制成。按照欧洲经济委员会的相关规定,由于石棉对人体有害,因此不允许使用含石棉的制动摩擦片。正常制动时,摩擦副的温度为200℃左右,摩擦副的摩擦因数为0.3~0.4。但在更高温度下,有些制动摩擦片的摩擦因数会大幅减小而出现热衰退现象。另外,如果制动器结构不合理或使用不当时会引起制动液的温度急剧上升,当温度超过制动液的沸点时会发生汽化现象,使制动完全失效。

从结构上划分,制动器通常可分为鼓式制动器和盘式制动器,现阶段,在货车上使用较多的鼓式制动器包括双领蹄式、双从蹄式、领从蹄式及增力式。定义单位制动轮缸推力产生的制动器摩擦力为制动效能因数,具有典型尺寸的各种形式制动器制动效能因数与摩擦因数关系曲线如图1-2所示。

由此可知,随着摩擦因数的减小,制动效能因数也随之减小,因而单位制动轮缸推力产生的制动器摩擦力减小,制动能力下降,极易引发交通事故。双向自动增力蹄及双领蹄制动器能产生增力作用,具有较大的制动效能因数。摩擦因数变化时,制动效能按非线性关系迅速改变,因此,摩擦因数的微小变化,能引起制动效能的大幅度变化。双从蹄制动器情况与之相反,领从蹄制动器的性能介于两者之间。盘式制动器的制动效能因数随摩擦因数降低而变化的程度最小,在高强度制动时,摩擦材料的摩擦因数虽有下降,但对制动效能影响不大。目前,采用盘式制动器的载货汽车也日益增多。

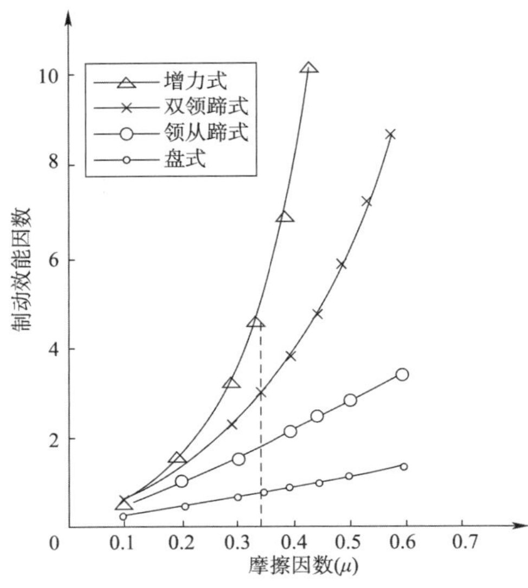

图 1-2　制动效能因数与摩擦因数关系曲线

1.2.3　长下坡路段交通事故特征

1)驾驶人行为

我国交通部门的统计资料表明,由于我国部分道路交通参与者的交通安全意识淡薄,人的因素也是引发交通事故的原因之一。驾驶人驾驶车辆在道路上正常行驶时,及时、准确地获取环境和车辆信息,是保障安全驾驶的前提与关键,参与信息处理的行为主要包括视觉、听觉、触觉和心理行为等。

驾驶人视觉所获得的信息占全部信息的 80% 以上,大量研究表明,与交通事故最为密切的是驾驶人的动态视觉特征。驾驶人在运动状态下观察外界事物时,其视觉特征与静止状态有明显不同,主要表现在以下几个方面:视力下降;视轴角度降低,视野变窄;注视点向前移动,空间识别范围缩小;视觉观察能力下降;视觉刺激量增大,反应错误率增加。

驾驶人听觉对驾驶行为也有着重要的影响,驾驶人听觉所收集的信息仅次于视觉,接收信息数量比例约为 14%。行车中要求驾驶人对外界车辆的声音、车内乘客和交通环境中的其他声音进行获取,并对其进行及时、准确的处理。

驾驶人行车过程中,触觉能直接感受转向盘、加速踏板及制动踏板的状态,也会对驾驶行为产生一定的影响。

2)环境

交通环境是影响交通安全的主要因素之一,与时间、季节、天气条件、混合交通流的状态及自然环境等密切相关。

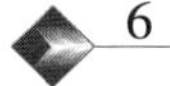

以某高速公路 K48 +000 ~ K52 +000 段为例,图 1-3 为一定时间范围内事故时变分布。可以看出,该路段内事故高发时段为9 时至17 时,其中10 时左右事故发生量最多,为35 起。此结果是由于 10 时左右车流量最大所导致;中午 12 时至 13 时,车流量减小,事故数量减少;下午随着车流量的增大,事故数量进一步增大。

长下坡路段的事故受天气因素影响较为显著,事故与制动失效、路面摩擦因数小有直接关系。雨雪天气会降低路面附着系数,导致车辆制动距离增大。根据对某长下坡路段的统计资料进行分析,得到长下坡路段交通事故量与天气关系如图 1-4 所示。

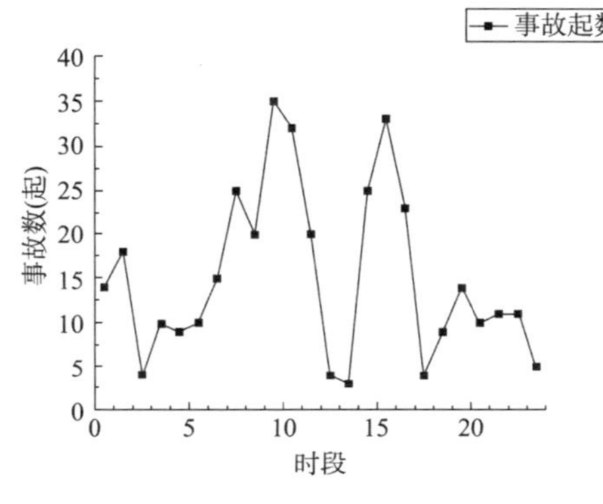

图 1-3 事故时变分布图

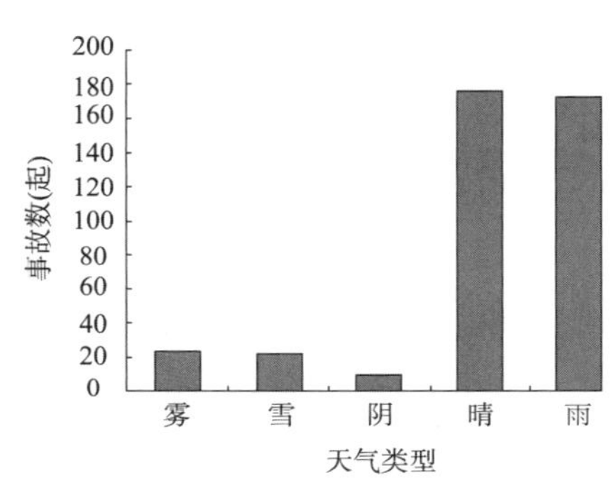

图 1-4 长下坡路段交通事故数量与天气关系图

由图 1-4 可见,晴天、雨天的事故绝对数基本相同,分别占总事故数的 43. 84% 和 43. 1% ,其他天气的绝对事故数均较少,但根据对一年中天气分布的统计,晴天比例约占 2/3,雨天约占 1/6,其他天气总共占到 1/6,由此可知,雨天事故相对数约为晴天的 4 倍。

自然环境对交通安全的影响主要表现在地理环境和道路绿化两方面。一般来说,平原地区地形平坦,交通安全隐患相对较少,有利于交通参与者的安全驾驶;而高原、山区的地形复杂,路况的好坏对交通安全影响很大,需要驾驶人注意力高度集中,谨慎驾驶,放慢车速。道路绿化也是交通环境的重要组成部分,构成道路交通设施的背景和陪衬物。它既能保护道路路基、美化道路,又能防止水土流失。因此,根据道路实际情况合理选择道路绿化,要与周围生态环境相协调,还要注意交通安全、工程防护、景观、视线引导等作用。

3)事故路段道路状况、地点及坡度

某山区段高速公路事故数量与纵坡坡度关系如图 1-5 所示,可以看出,随着坡度的增大,路段发生的事故数量增多。

坡长对于行车安全的影响是与坡度共同作用的。当纵坡坡度值较小时,长纵坡带来的危害性不大;当纵坡坡度较大时,在下坡力的作用下,车速增大,为使车辆保持期望车速需要频繁制动,易造成制动器的热衰退而诱发事故。过长的纵坡还易使驾驶人对坡度判断失误,如长而陡的下坡路段连接一段较平缓的下坡时,驾驶人可能会将下一段道路误认为是上坡,从而采取加速行驶的错误操作,由此带来较大的安全隐患。

根据对长大下坡路段进行相关研究,得出如下结论:

(1)事故多发生在长下坡路段的中下游处。

(2)事故所处路段路面状况良好。

(3)在近 4/5 的案例中,事故发生前车辆行车制动系统技术状况不正常。

(4)事故车辆在事故发生前均是重载。

(5)通过查阅事故案卷及询问参与事故现场勘查的交警,在能够调查清楚事故前使用挡位情况的案例中,事故前驾驶人使用较高挡位下坡的占比近九成。

(6)事故车辆中约 3/4 为外省车辆,其次为省内车辆和本地车辆。

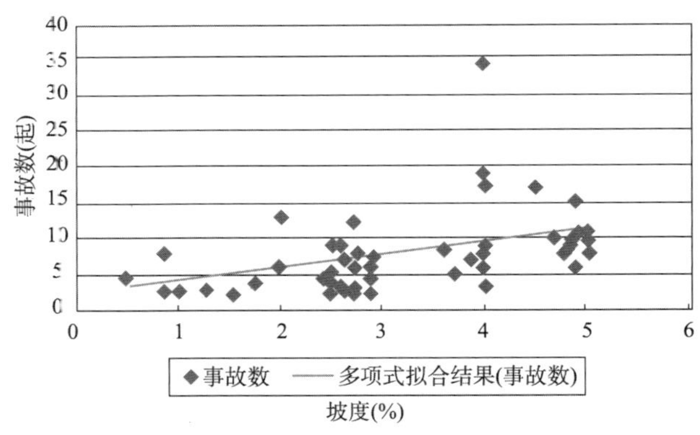

图 1-5　某山区段高速公路事故数量与纵坡坡度关系图

由此可见,相比于公路的平均事故水平,连续长大下坡路段重特大交通事故的发生率高,所面临的交通安全形势也更加严峻。在山区建设高速公路,由于受到地形和经济条件的限制,连续长大下坡路段几乎不可避免,随着山区高速公路建设的快速发展,连续长大下坡路段的交通安全问题将会越来越突出。

1.3　车用持续制动辅助装置

随着汽车行驶速度的提高,汽车的制动负荷也越来越大,特别是汽车在连续下长坡行驶时,若频繁使用行车制动系统,行车制动系统将无法及时将摩擦产生的热量释放到大气中,使得制动鼓(盘)的温度大幅升高,从而使摩擦因数减小,导致制动器失去部分甚至全部制动效能。从本书 1.1 节的案例可知,这种热衰退现象非常危险。辅助制动装置的作用就是在汽车连续长下坡行驶时,在不使用或少使用行车制动器的情况下,使汽车速度降低或保持稳定。辅助制动装置中用以产生制动力矩对车辆起缓速作用的部件称为缓速器。辅助制动装置虽然在制动过程中吸收的能量较小,但是它可以在长时间内维持其制动能力不变,以保证汽车安全行驶。

与行车制动装置相比,辅助制动装置的优点如下:

(1)辅助制动装置有效减轻了车辆制动负荷,降低了汽车制动器的温度,保持了行车制动器的良好制动能力,延长了其寿命和更换周期。

(2)辅助制动装置能连续制动,只在其参与工作或退出工作时对车辆产生一定的冲击,而在制动过程中不会产生冲击,不影响乘坐舒适性。

根据制动系统工作的作用对象在动力传递路线中位置的不同,可以将辅助制动方式分为以下两类:

(1)制动系统作用于传动部件,产生的制动力使传动部件转速降低,从而降低车速。近年来,这种辅助制动方式越来越多地应用于各种重型货车,成为主制动系统的重要补充。主要包括各种安装在传动部件上的缓速器,例如电涡流缓速器与液力缓速器等。

(2)制动系统作用于动力输出装置(发动机或电动机),通过制动系统的作用,使动力输出装置成为消耗动力的减速装置,从而降低汽车的行驶速度。对于传统燃油汽车,制动方式主要包括排气制动、泄气式发动机制动及压缩释放式发动机制动等;电动汽车通过驱动电机及制动能量回收控制系统将车辆动能转化为电能,以实现制动。

1.3.1 发动机缓速制动器

发动机缓速制动主要包括传统发动机制动(以下简称发动机制动)和带辅助装置的发动机缓速制动。带辅助装置的发动机缓速制动包括发动机排气制动(以下简称排气制动)、泄气式发动机制动(以下简称泄气制动)及压缩释放式发动机制动(以下简称压气制动)等。

1)发动机制动

发动机制动是一种最简单的制动形式,只需松开加速踏板,变速器操纵杆不处于空挡位置,即可进入发动机制动模式。此时发动机处于断油状态,汽车在下坡力的作用下向前行驶,由于传动系统处于接合状态,行驶的汽车将倒拖发动机运转,此时发动机在外部动能的作用下不断被动压缩空气运转,消耗汽车行驶的动能,实现缓速制动的作用。在汽车倒拖发动机运转的过程中,损耗的功率主要包括机械摩擦损失、压缩气体损失、泵气损失、驱动发动机各附件的功率损失及传动系统的功率损失等。

2)排气制动

在发动机制动过程中,发动机泵气损失、压缩气体不可逆损失及传动损失均较小,并且随着技术进步,为追求更大的驱动功率,发动机的机械损耗逐渐降低,发动机制动功率也随之变小。单纯依靠发动机倒拖消耗的功率有限,因此,人们不断对发动机制动的工作过程进行研究,并采用多种方法改变这个工作过程以提高发动机作为制动器的工作效率。其中改进方法之一就是在发动机排气管道上安装一个蝶形阀,通过关闭排气管道来增加发动机的排气背压,发动机活塞在排气行程必须克服排气背压,增加发动机制动功率。为了防止怠速时发动机熄火或在燃油喷射时排气制动动作,踩下加速踏板或离合器踏板时,排气制动即自动解除。

3)泄气制动

当发动机停止供油后,在发动机的进气、压缩和做功行程,排气门一直保持一定的开度,汽缸内的气体在压缩行程和做功行程都可以通过排气门排出,减少了气体在做功行程中对活塞的做功,从而增加了制动功率,这种制动技术称为泄气式发动机制动,简称泄气制动。泄气制动是一种重要的辅助制动系统,由于它具有结构简单、工作可靠、操作方便、制动效率高及适应性强等优点,在国外已有较多应用。日产、奔驰以及 MAN 公司都研发了泄气制动器。日产研制的泄气制动是通过在排气门的摇臂和摇臂轴间加装一个外圆和内圆形状的衬套,利用两者圆心位置不同来使排气门保持一个较小的开度。奔驰和 MAN 公司的泄气制动原理基本相同,它的开发建立在传统的蝶形阀排气制动装置之上,即当蝶形阀关闭时,柴油机在汽车重力的拖动下类似于压缩机工作，排气管内的排气压力可增加到足以使处在进气行程中活塞位于下止点附近那个汽缸的排气门被相邻汽缸所排出废气的压力波打开。该系统就是利用排气门在制动过程中被压力波自动打开的现象，通过使排气门在发动机制动过程中保持一定的开度来提高发动机的制动功率。

4）压气制动

20 世纪 50 年代，康明斯公司的创始人 Clessie L. Cummins 等认为对发动机制动能力的开发程度远低于发动机的制动潜力，因此，通过对发动机工作过程的调整，研发了压缩释放式发动机制动，简称压气制动。压气制动是目前制动性能最好的发动机制动方式，它通过对发动机工作过程的影响，在压缩上止点附近打开排气门，排出汽缸内被压缩的高温高压气体，从而使做功行程开始时的缸内压力较低，减少了对外做功，大大增加了发动机的制动功率。压气制动产生的制动功率与发动机燃烧工作时的额定功率基本相当，当其用于增压发动机时得到的制动功率比自然吸气发动机更大。除此之外，压气制动装置还具有质量小、结构紧凑及工作稳定等优点。

压气制动最初出现在美国，近年来逐渐进入其他国家和地区的市场。国内高校和研究机构已经对发动机制动技术展开深入研究，各大主机厂也以技术引进或合作等形式，将压气制动应用到各自发动机上。

1.3.2 涡电流式缓速器

涡电流缓速器根据励磁方式的不同可分为电磁涡电流式缓速器（以下简称电涡流缓速器）和永久磁铁涡电流式缓速器（以下简称永磁缓速器）两大类，二者工作原理相同，但不同的是，电涡流缓速器通过给定子上的线圈绕组通电产生磁场，而永磁缓速器利用永久磁铁形成磁场。

电涡流缓速器的发展较早，可以追溯到 20 世纪 30 年代，德国、法国等西欧国家为了解决火车下长坡的制动问题，首先将电涡流缓速器应用于火车上。后来，西欧国家开始将缓速器应用到汽车列车上，发现其具有良好的辅助制动效果。20 世纪 60 年代初，日本、法国等国家将缓速器推广到高速公路和山区行驶的重型货车和大中型客车上。

1903 年，法国工程师 Steckel 申报了世界上第一个电磁制动装置的专利，1936 年，法国 JOURDAIN MONNERET 公司根据专利将电磁制动技术应用于火车和汽车上，生产了世界上第一台电涡流缓速器。但由于第二次世界大战的原因，缓速器的研制和发展受到了阻碍。第二次世界大战后，法国泰乐马 TELMA 公司正式购买了电涡流缓速器专利并开始大批量生产，这就是电涡流缓速器的第一代产品，其结构为中置单转子盘，定子固定于外侧，结构简单、便于安装，如图 1-6 所示。但这种结构的电涡流缓速器散热性较差，容易对周边零部件、管路和电子线路造成影响。

针对这一问题，TELMA 公司于 1950 年推出第二代电涡流缓速器，如图 1-7 所示，其结构为外置双转子盘，定子固定于中间，更有利于解决散热问题。1965 年，TELMA 公司推出第三代电涡流缓速器，如图 1-8 所示，在此前的基础上对结构加以改善，去掉了传动轴，使得质量变小、成本降低。2003 年，TELMA 公司推出第四代产品，具有自发电功能，进一步提高了车辆行驶中的制动安全性。

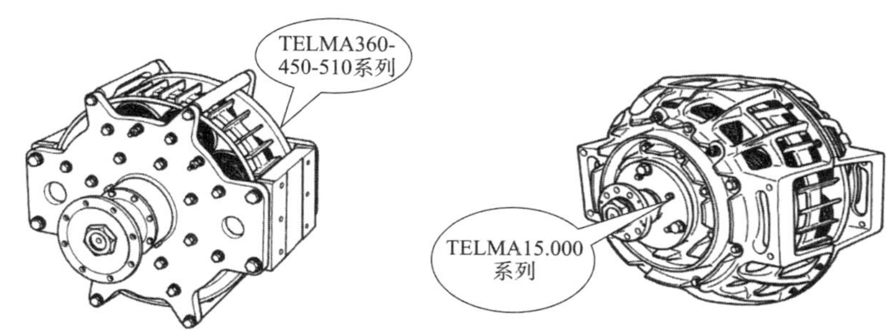

图 1-6　TELMA 第一代电涡流缓速器

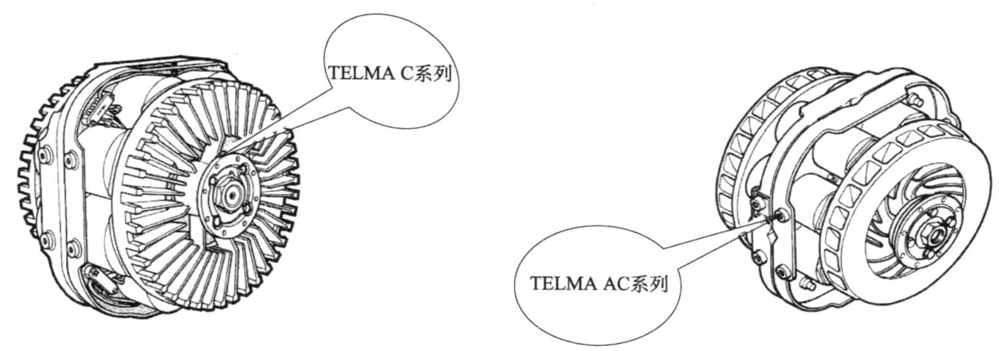

图 1-7　TELMA 第二代电涡流缓速器

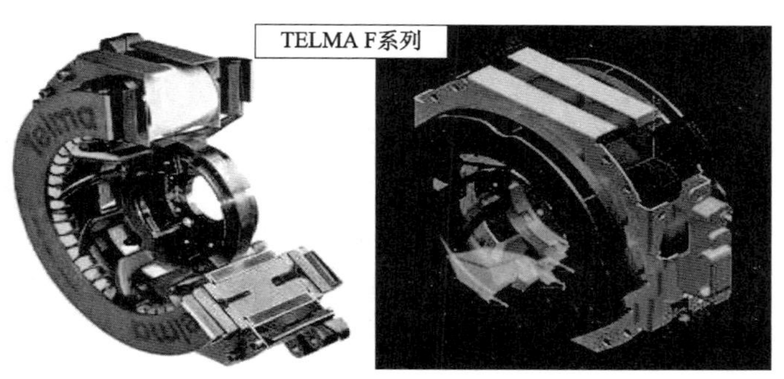

图 1-8　TELMA 第三代电涡流缓速器

20 世纪 90 年代，日本提出了自励式缓速器，该缓速器是一种带有发电装置的电涡流缓速器，具有自发电功能，无须外接电源，可以解决电涡流缓速器体积大、质量大、耗电量大的缺点。作为一种新型缓速器，它充分利用了车辆行驶时的动能，当车辆减速制动时，利用高比功率的稀土永磁发电装置将车辆行驶的动能转化为电能，通过整流稳压为缓速装置的励磁线圈供电，从而达到缓速制动的效果。因此，自励式缓速器不需要外接电源为其励磁线圈提供大电流，无须额外增加汽车发电机或蓄电池的负担，同时也避免了对其他车载用电设备的冲击。

目前，国外的电涡流缓速器生产商主要包括 TELMA、弗瑞纳萨（FRENRLSA）、克莱姆

(KLAM)、克罗伏特(KLOFT)、东京部品工业(TOKYOBUHINKOGYO)、五十铃(ISUZU)及住友(SUMITOMO)等,所生产的多种系列产品可满足目前市场上各类车辆的需求。在国内,也有多家电涡流缓速器公司,例如深圳特尔佳、嘉兴纽曼、扬州洪泉、淮安惠民、广州精博、洛阳凯迈、浙江瑞立、广州劲安、三生科技公司和中国重汽集团等,其中深圳特尔佳电涡流缓速器如图1-9所示。

a)TM系列　b)TB系列　c)TR系列

图1-9　深圳特尔佳电涡流缓速器

20世纪80年代初期,日本五十铃公司和日本住友金属会社开展了永磁式缓速器的应用研究。1991年,日本五十铃公司率先研制成功了第一台紧凑型的永磁缓速器,该产品在日本市场推出后,很好地满足了市场的需求并得到高度评价。随后,日本学者和企业围绕"轻质、紧凑"的特点又研制了一系列新型永磁缓速器,其主要结构可归纳为三种,即永磁体轴向滑动式、磁铁保持架周向转动式和磁铁周向转动式。

日本许多汽车企业都把永磁缓速器作为标准配件或选装部件装配在牵引车、自卸货车和20~25t的大型货车等车型上。如五十铃、三菱和日野的部分系列汽车都把住友金属工业株式会社的Neotard型永磁缓速器作为标准配置或选装部件。

永磁缓速器在欧美部分国家的客车和货车上也得到了一定的应用。例如,美国部分重型商用货车、城市公共汽车以及采矿作业中的自卸货车都装配了永磁缓速器。2008年1月,日本住友金属工业株式会社与液力缓速器生产企业德国福伊特公司在德国合作组建了专门开发、生产永磁缓速器的合资公司,生产的新型永磁缓速器仅重39kg,无须任何辅助电源即可工作,散热情况良好,可用于7.5~16t商用车。

前期国内学者对永磁缓速器的研究主要集中在分析缓速器电磁场分布、温度场分布、磁-热耦合以及分级制动等问题上。近年来主要对永磁缓速器的研究慢慢趋向于对缓速器结构优化、分级设计控制理论以及能量优化等方面。

1.3.3　液力缓速器

国外对液力缓速器研究和应用较早,技术较为成熟。随着液力缓速器技术的发展与普及,出现了以德国福伊特(Voith)、德国采埃孚(ZF)、美国通用艾利逊(Alliso)和瑞典斯堪尼亚(Scania)为龙头的四大知名液力缓速器公司,其成熟的生产技术和适用于各种车型的系列产品代表了当今汽车液力缓速器行业的发展水平。

德国福伊特公司于1961年发明了液力缓速器并将其应用在火车上,1964年将液力缓速器应用于凯斯鲍尔的赛特拉客车上,直至1978年,已经有1200台缓速器应用于客车之中。

目前,在我国沃尔沃等大型客车和中国重汽等货车上均有应用。图1-10所示为福伊特VR115CT液力缓速器,该缓速器最大制动力矩为3500N·m,最大转速为5300r/min,响应时间小于2s,采用了转子可脱开技术,将1500r/min转速下的空转损失降低到1.5kW以下。

图1-10 福伊特VR115CT液力缓速器

德国采埃孚作为欧洲最大的商用车变速器生产厂商,同时也是整体式电控液力缓速器制造商,其设计生产的缓速器与液力自动变速器有机连接在一起,共用同一套液压油路和循环散热系统,简化了液压油路和散热系统的设计,使车辆的传动系统结构更加紧凑,性能更加可靠,并减少了缓速器占用的空间,减小了整车质量。这种电控液力缓速器设计了多个不同的制动挡位,可以根据车辆不同的行驶速度和路面状况以及驾驶人对车辆行驶速度的要求选择挡位。

美国通用公司的艾利逊系列液力缓速器包括整体式的液力缓速器(如MH系列)和非整体式的液力缓速器(如AT系列)。整体式液力缓速器采用模块化设计思路,将液力缓速器集成设计在自动变速器行星齿轮的后部,液力缓速器的制动力矩直接作用在车辆的传动轴上,与发动机的转速和变速器的挡位无关。可通过手柄或脚踏板与制动联动,也可以根据使用要求在节气门关闭时自动工作。另外,Allison亦可提供两级输出液力缓速器,第一级为液力旋转叶轮与固定叶轮缓速装置,第二级为油冷离合器摩擦缓速装置。车辆高速行驶时,液力叶轮装置起作用,低速行驶时离合摩擦缓速起作用。Allison液力缓速器广泛应用于各种公路用车辆和非公路用车辆上,并且实现了产品系列化,如MH系列、HT系列、V系列、MD系列、HD系列与WT系列等。图1-11所示为整体式液力缓速器的Allison3000MH自动变速器。1995年,通用汽车公司研制出非整体式液力缓速器系列产品并将其应用在公路用车上,如AT545R型液力缓速器及AT542R型液力缓速器等。

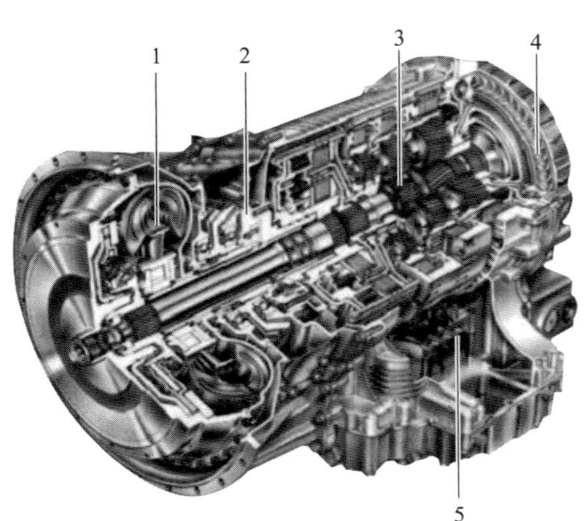

图1-11 整体式液力缓速器的Allison3000MH自动变速器

1-变矩器模块;2-供油系统模块;3-行星齿轮模块;4-液力缓速器模块;5-电控系统模块

斯堪尼亚自主开发的液力缓速器主要用于陡坡、复杂山路路段中,以减轻制动系统及驾驶人的负担。斯堪尼亚液力缓速器集成在变速器后部,其无摩擦运行的特点大大降低了维护成本,目前已被广泛应用,且在斯堪尼亚客车底盘上作为标准配置。图1-12所示为斯堪尼亚惯性滑行式液力缓速器R4100D。

相对于国外液力缓速器的研究进展,我国液力缓速器的研究起步晚,研究基础较为薄弱。近年来,交通运输业的迅速发展,人们对商用车辆的安全性也越来越重视,《机动车运行安全技术条

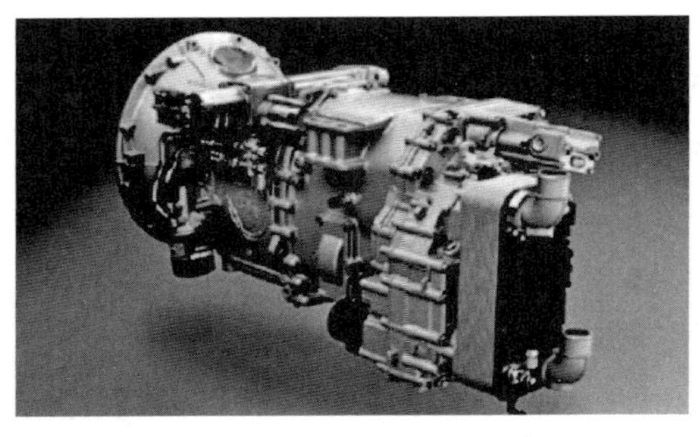

图 1-12 斯堪尼亚惯性滑行式液力缓速器 R4100D

件》(GB 7258)的实施使得液力缓速器在我国的研究与应用逐渐加强,液力缓速器市场的巨大潜力吸引了众多研究人员和企业。长安大学与陕西法士特齿轮有限责任公司合作,成功研发了FH400B、FHB320B、FHB360、FHB360A、FHB400、FHB400A、FH240 等多款串、并联液力缓速器。法士特 FH240 与 FH400B 串联液力缓速器分别如图 1-13 和图 1-14 所示。特速安(浙江)机电科技有限公司、深圳市特尔佳科技股份有限公司等企业也推出了一系列的液力缓速器。

图 1-13 法士特 FH240 串联液力缓速器

图 1-14 法士特 FH400B 串联液力缓速器

此外,国内部分高校、科研院所开展液力缓速器的技术研究还集中在内流场特性、结构参数及影响、制动性能与控制、介质温升与散热方面。目前,国内液力缓速器的研究虽然取得了较大的进展和成果,但仍存在以下问题:

(1)对液力缓速器的结构参数与制动机理间的关系研究较多,但缺乏对其紧急制动过程中功热转换及耗散的非线性变化特征的研究。

(2)对液力缓速器充液介质物性及其变化特征、流态、位置、功热转换强度动态变化导致的系统内部复杂扰动及与液力缓速器制动机理的关系缺乏研究。

(3)对功热转换及耗散发生的本质变化、瞬态过程液固相互作用机制等诸多技术基础问题缺乏深入研究。

1.3.4 电机制动器

与传统内燃机汽车相比,电动汽车具有低污染、低排放、低能耗、低噪声与高效率等优点,在环境保护和可持续发展等方面具有无可比拟的优势,是解决能源危机和环境污染问题较为有效的途径之一,更是我国可持续发展战略的重要环节之一。

制动能量回收又称再生制动或回馈制动,是电动汽车最重要的特征之一。电动汽车在制动过程中,车辆的动能和势能通过其传动系统作用于驱动电机,此时,驱动电机以发电模式工作,将车辆本身的部分动能和势能转化为电能,最终储存在储能系统中。这样不仅回收了原本需要消耗的制动能量,提高了车辆的能量利用效率和续驶里程,还降低了行车制动器温升,提高了制动效能和制动安全性。

由于欧、美、日等发达国家和地区的汽车工业发展历史相对较长，其在制动能量回收方面的技术较为先进，并形成了自己的特色。

奥迪在2010年已开始逐步为旗下车型配备发动机起步-停车和能量回收系统，能量回收系统可以在车辆减速时将制动能量转化成电能从而为车辆的电子系统提供能量。宝马、标致、法拉利、通用和福特也同样装配了各自研制的制动能量回收系统，在车辆能量管理系统的协调下，显著降低了车辆的燃料消耗。

丰田 Prius 装有汽油发动机和电动机两套系统，它的再生制动系统集成了再生制动与液压制动，在确保汽车安全性和制动稳定性的前提下，综合考虑蓄电池的充放电能力，可以实现不同路面条件和行驶状况下对电液复合制动系统的控制。该再生制动系统可以增加汽车的续驶里程，将 Prius 的燃油消耗率降低10%左右。

马自达于2011年发布了智能能量回收系统 i-ELOOP，这是世界上第一套使用电容器作为储能设备的再生制动系统。

近年来，中国政府积极倡导电动汽车的研发与生产，国内的制动能量回收装置随着国家对电动汽车政策的扶持也发展迅猛，在再生制动系统的设计和制造方面涌现出了许多成果。2015 年，亚太股份承接国家科技支撑计划课题“电驱动轿车制动能量回收系统研发与产业化”，联合清华大学着手开发能量回馈式整车动力学控制系统（EESC），并将其产业化。截至2017 年，能量回收制动系统（EABS）的相关产品已经装备于北汽 C30、广汽 A5HEV 等汽车上，亚太股份目前已经能够年产3万套 EABS 产品。

然而，电机制动功率有限，单独工作有时难以满足实际车辆在长下坡时的要求，因此，通常采用电机与缓速器联合制动的形式解决这一问题。

随着电动汽车的不断发展，制动能量回收装置在汽车缓速制动方面展现出了得天独厚的优势，必将成为未来的发展方向。

1.4 国内外相关法律法规

20世纪50年代起，法国、德国、瑞士等国家就已针对缓速器在商用汽车上的安装与试验出台了相关法律，缓速器的应用更为规范化。

1954年7月17日，法国公共工程部规定，对于行驶在山区和事故多发地区的载质量超过8t的车辆必须配备电涡流缓速器或经过认可的同等装置。这是国内外针对汽车缓速器应用的第一条政府法规。同年10月，法国汽车保险公司作出对装设有电涡流缓速器的8t以上货车和20座以上的客车提供保险优惠5%的规定。1955年10月26日，法国政府为了避免在车辆上安装电涡流缓速器会增加车辆的载重负担，允许装载了电涡流缓速器的车辆增加500kg以下的载质量，从立法上保证了安装电涡流缓速器不会影响用户的实际利益。1956年6月27日，法国又规定无论车辆的变速器处于何种挡位，缓速器应该能够做到使汽车以40km/h的速度在8%的下坡道路稳定行驶，而且还必须满足制动耐久试验要求。试验规定为：在车辆满载的情况下，车辆在平坦的路面上把速度从40km/h降到20km/h的减速度必须大于$0.55 \sim 0.60 m/s^2$，这条法规不仅在理论上提出了要求，并且在试验上具有可操作性。1972年3月10日，法国政府要求凡是运输危险物品且载质量不低于11t的汽车必须安装缓速器。

除法国积极推动相关法规的出台外，其他国家也相继推出了多条配套法规。如联邦德国交通法规规定：总质量在5.5t以上的客车和9t以上的货车，必须装有持续制动系统。并规定了持续制动的测试方法，即在坡道为7%、坡长为6km的坡道上，持续制动能保证汽车以30km/h的速度正常行驶至坡底。瑞士对车辆缓速性能方面规定：在车速从50km/h降到30km/h的过程中，缓速器必须使平均减速度至少达到0.5m/s^2。少数山区路况较少的国家（如荷兰、比利时等）尽管没有出台相关法规，但电涡流缓速器在车辆中也得到普遍应用。

1971年，欧洲共同体正式出台了有关持续制动的71/320/CEEE法规，规定在不使用其他制动装置的情况下，缓速器必须能使载质量在10t以上的货车和座位数8个以上的客车通过下坡耐久试验，即满载货车和客车以30km/h的速度分别在6%和7%的坡道上不使用制动装置，能够平稳下坡。2003年，由三大汽车公司（Daimler-Benz Chrysler、IVECO和MAN）和三大缓速器制造商（TELMA、VOITH TURBO和ZF）的专家代表向国际标准组织ISO提交的ISO/TC/SC2草案成为所有欧盟成员国都必须遵守的标准。

相比于国外，国内汽车缓速器行业起步较晚，相关标准和法规的制定也较晚。我国于1997年发布了《营运客车类型划分及等级评定》（JT/T 325—1997）（已废止），该标准于2002年进行了修订[《营运客车类型划分及等级评定》（JT/T 325—2002）（已废止）]，规定在大型、中型的高二、高三级营运公路客车上必须安装缓速器。国家强制性标准《汽车制动系统结构、性能和试验方法》（GB 12676—1999）（已废止）规定，对于总质量大于10t的非城市客车中的M3类客车，满载的车辆应能以30km/h的平均速度，在7%的坡道上下坡行驶6km。试验中不得采用行车制动、应急制动和驻车制动，变速器挡位应使发动机转速不得超过厂定的最高转速。该标准的替代标准《商用车辆和挂车制动系统技术要求及试验方法》（GB 12676—2014）对《汽车和挂车类型的术语和定义》（GB/T 3730.1）定义的M3类长途客车和旅游客车及允许挂接O4类挂车的N3类车辆规定了同样的缓速制动性能试验方法。

为了确保汽车列车能够在长下坡、交通拥堵等工况下减轻制动系统负荷，保持制动效能的长期稳定，保障行车安全，《营运货车安全技术条件》（JT/T 1178.2—2019）提出了牵引车辆应安装缓速器或其他辅助制动装置的要求。《机动车运行安全技术条件》（GB 7258—2017）第7.5.1条规定："车长大于9m的客车（对专用校车为车长大于8m）、总质量大于或等于12t的货车和专项作业车、总质量大于3.5t的危险货物运输货车，应装备缓速器或其他辅助制动装置。车长大于9m的未设置乘客站立区的客车、总质量大于3.5t的危险货物运输货车半挂牵引车装备的辅助制动装置的性能要求应使汽车能通过GB 12676—2014规定的ⅡA型试验"。与《机动车运行安全技术条件》（GB 7258—2017）相比，《营运货车安全技术条件》（JT/T 1178.2—2019）明确了缓速器制动装置的性能应按照《商用车辆缓速制动系统性能试验方法》（GB/T 32692—2016）的规定进行测试。

《商用车辆缓速制动系统性能试验方法》（GB/T 32692—2016）起草过程中参考了《道路车辆机动车和挂车缓速制动系统试验规程》（ISO 12161：2006）内容，按照控制装置形式对缓速制动系统进行了分类，并按照等效能量原则对缓速制动技术及性能评价提出了下坡试验、牵引试验和转鼓试验3种试验方法，作为《商用车辆和挂车制动系统技术要求》（GB 12676—2014）的配套标准使用。ⅡA型试验建议使用牵引试验的方法进行。

第 2 章　发动机缓速制动

发动机缓速制动的作用是将行驶中车辆的速度稳定在一定范围内，但不能使汽车紧急制动。虽然在短时间内，发动机缓速制动吸收的能量达不到行车制动器水平，但其具有吸收能量在长时间内保持不变的特点。因此，在车辆下长坡行驶过程中，利用发动机缓速制动能有效保持车速以提高行驶安全性，延长行车制动器寿命。在不影响发动机正常工作的前提下，通过增加辅助装置增大发动机缓速制动功率，能进一步提升发动机缓速制动的能力。常用发动机缓速制动包括发动机制动、排气制动、泄气制动及压气制动等，其特点见表 2-1。

常用发动机缓速制动特点　　表 2-1

类　型	减速能力	噪　声	结　构
发动机制动	低	低	简单
排气制动	低	中	较为简单
泄气制动	中	低	较为简单
压气制动	高	高	较为复杂

2.1　发动机制动

2.1.1　发动机制动工作原理

当松开加速踏板时，发动机的燃油供给被切断，离合器仍处于接合状态，变速器不处于空挡，此时车辆在惯性作用下继续行驶，使得发动机被拖动运转，产生制动力，使车速下降，即发动机制动。发动机拖动过程中的能量消耗主要包括泵气损失（进气、排气过程中由于气体的节流造成的功率损失）、驱动发动机附件（机油泵、增压机等）的功率损失、发动机本身所受的机械摩擦损失和内燃机压缩膨胀过程中产生的不可逆损失及传动系统的功率损失等。

四冲程发动机驱动循环压力-容积曲线如图 2-1 所示，包括进气、压缩、做功、排气四个行程。

(1) 进气行程（$a \to b$）。进气门打开，排气门关闭，活塞由上止点向下止点位置运动。

(2) 压缩行程（$b \to c$）。进、排气门均关闭，活塞压缩气体由下止点向上止点运动，理论上为绝热过程，实际受到气体比热随温度变化、汽缸壁热交换、气体泄漏等因素影响该过程成为一变指数的多变过程，其曲线低于

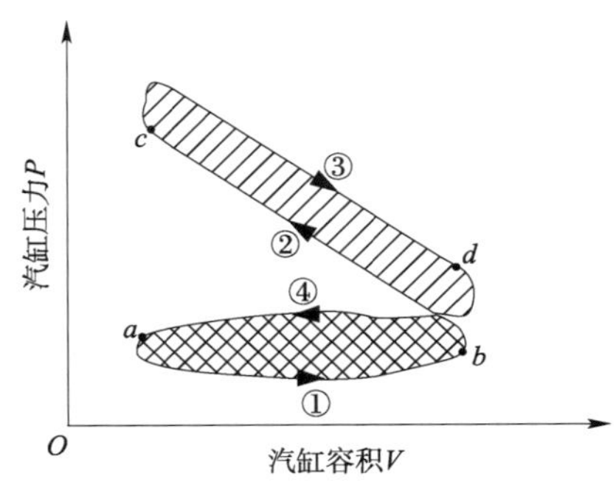

图 2-1　四冲程发动机驱动循环压力-容积曲线图

绝热过程曲线。

(3)做功行程($c \to d$)。进、排气门均关闭,汽缸内喷入燃油,缸内温度和压力迅速升高,高温高压气体推动活塞下行对外做功,将燃料燃烧的热能转换为动能,发动机做正功。

(4)排气行程($d \to a$)。进气门关闭,排气门打开,由于做功冲程刚结束,缸内压力远高于排气管中气压,大部分废气在高压力差下迅速排出,同时活塞上行,排出缸内其余废气。

当采用发动机制动时,燃油供给被切断,发动机被倒拖运转,此时的发动机制动压力-容积曲线如图 2-2 所示,仍然包括进气、压缩、做功、排气四个行程。

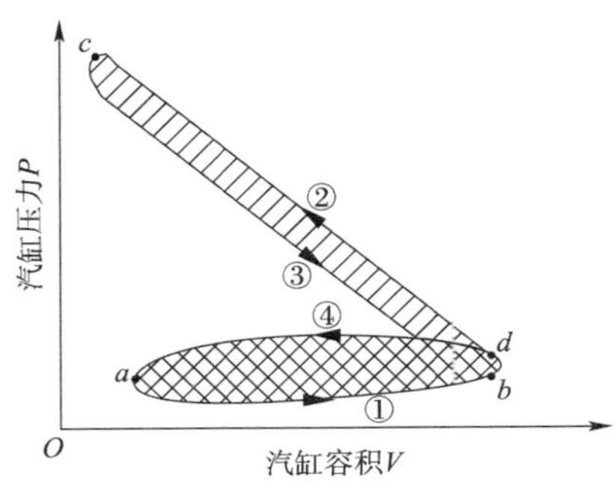

图 2-2 发动机制动压力-容积曲线图

此时发动机的四个行程中没有其他形式的能量转化为机械能,从图中可以看出,进气行程($a \to b$)、压缩行程($b \to c$)和排气行程($d \to a$)与发动机正常工作时相差不大,发动机制动与发动机正常工作最大的区别在于做功行程($c \to d$)。此时由于没有燃料燃烧释放热能,缸内压力不会急剧升高,随着活塞由上止点向下止点运动,汽缸容积增大,压力下降,由于发动机压缩行程中压缩空气时部分机械能转化为热能,并与汽缸壁发生热交换,向外传递热量,汽缸与活塞之间的泄漏和机械摩擦的作用也会消耗机械能,因此,压缩行程和做功行程不重合。在这四个行程中,发动机均做负功,消耗能量,从而达到制动的目的。

2.1.2 发动机制动能力的利用评价

发动机制动功 W_r 由两部分组成,一部分是发动机缸内的指示制动功,用 W 表示;另一部分是发动机制动过程中的机械损失,如驱动附件(配气机构、冷却水泵、发电机、润滑油泵等)的做功损失以及各运动部件之间的摩擦损失等,用 W_f 表示,即:

$$W_r = W + W_f \tag{2-1}$$

这里指示制动功 $W = i \cdot \int p\mathrm{d}V$,由机械损失引起的制动功 W_f 可以用平均摩擦力 p_{mm} 表示,式(2-1)可写成:

$$W_r = i \cdot \int p\mathrm{d}V + i \cdot p_{mm} \cdot \frac{\pi}{4}D^2 \cdot S \tag{2-2}$$

式中:p——缸内空气压力,Pa;

i——发动机汽缸数;

D——汽缸直径,m;

S——活塞行程,m。

发动机制动能力的评价参数如下。

(1)平均指示压力。

平均指示压力是指一个工作循环内发动机单位汽缸工作容积所做的指示功,用 p_{mi} 表示,即:

$$p_{mi}=\frac{W_i}{\frac{\pi}{4}D^2\cdot S} \tag{2-3}$$

式中：W_i——单缸每循环指示功，J。

（2）平均有效压力。

平均有效压力是指一个工作循环内发动机单位汽缸工作容积所做的有效功，用 p_{me} 表示，即：

$$p_{me}=\frac{W_e}{\frac{\pi}{4}D^2\cdot S} \tag{2-4}$$

式中：W_e——单缸每循环有效功，J。

（3）平均制动压力。

平均制动压力是指一个工作循环内发动机单位汽缸工作容积所做的制动功，用 p_r 表示，即：

$$p_r=\frac{W_r}{i\cdot\frac{\pi}{4}D^2\cdot S} \tag{2-5}$$

（4）制动系数。

制动系数是发动机制动时得到的平均制动压力和发动机的平均有效压力 p_{me} 的比值，用 η_r 表示，即：

$$\eta_r=\frac{p_r}{p_{me}} \tag{2-6}$$

2.1.3　发动机制动工作过程建模

在发动机制动过程中，汽缸内不发生喷油和燃烧现象，汽缸内的工质成分在整个循环中保持不变。以发动机汽缸的缸盖底面、活塞顶面以及汽缸壁面所围成的容积作为热力学系统进行研究。该系统是一个开放的系统，系统内的工质状态由温度、质量和压力确定，而物质和能量的交换是通过汽缸壁以及进、排气门实现的，可用能量守恒方程、质量守恒方程以及理想气体状态方程将整个过程联系起来。为了简化汽缸内热力学计算问题，作如下假设：

（1）汽缸内工质的工作状态相同，即缸内工质的温度、压力等在任意时刻都是相同的。在进气过程中完成汽缸内残余废气和进入汽缸内空气的混合。

（2）汽缸内工质均为理想气体，气体的焓 h、内能 u、比热容 c 等与气体温度 T 有关，气体的成分保持不变。

（3）气体流入或流出汽缸的过程发生在足够小的计算步长内，该过程是稳定流动过程。

（4）忽略进气系统中温度和压力波动的影响。

（5）忽略进、出口处混合气体流动所产生的动能。

（6）当排气门在排气结束关闭后，气门座是完全封闭的，除了在活塞运动中可能有气体的流动外，系统与外界没有气体的流动。

基于以上假设，当发动机制动时，有以下方程成立：

（1）能量守恒方程。

由热力学的第一定律可知：

$$dU = dW + \sum_i dQ_i + \sum_j h_j \cdot dm_j \tag{2-7}$$

式中：U——系统的内能，J；

W——作用在活塞上的机械功，J；

Q_i——通过系统边界交换的热量，J；

$h_j \cdot dm_j$——质量带入（或带出）系统的能量，J。

能量与质量循环之间的热量交换、活塞对外部进行功率的输出以及工质之间物质的交换导致气体的能量传递，从而使系统中的内能产生了变化。对于式(2-7)中各参数，规定从系统取出质量、能量为负，加入系统的质量、能量为正：

$$dU = d(m \cdot u) = u dm + m du \tag{2-8}$$

式中：m——系统内的工质质量，kg；

u——比内能，J/kg。

曲轴是动力输出部件，发动机的工作状态与曲轴有关。因此，将曲轴转角 φ 作为变量，式(2-7)可写为：

$$\frac{dU}{d\varphi} = \frac{dW}{d\varphi} + \sum_i \frac{dQ_i}{d\varphi} + \sum_j h_j \frac{dm_j}{d\varphi} \tag{2-9}$$

其中：

$$\frac{dW}{d\varphi} = -p \frac{dV}{d\varphi} \tag{2-10}$$

式中：p——汽缸中的工质压力，Pa；

V——汽缸工作容积，m^2。

活塞对系统做功发生在压缩行程中，此时 dV 为负值。

$$\sum_j h_j \frac{dm_j}{d\varphi} = h_A \frac{dm_A}{d\varphi} + h_E \frac{dm_E}{d\varphi} + h_S \frac{dm_S}{d\varphi} \tag{2-11}$$

式中：m_A——流入汽缸并通过进气门的质量，kg；

m_E——流出汽缸并通过排气门的质量，kg；

m_S——通过活塞环间隙流出汽缸的质量，kg；

h_A——进气门处工质的比焓，J/kg；

h_E——排气门处工质的比焓，J/kg；

h_S——活塞环间隙处工质的比焓，J/kg。

通常汽缸内的比内能 u 和质量 m 会同时发生变化，因此：

$$\frac{dU}{d\varphi} = \frac{d(m \cdot u)}{d\varphi} = u \frac{dm}{d\varphi} + m \frac{du}{d\varphi} \tag{2-12}$$

由于在发动机制动工作过程中，假设缸内工质成分基本保持不变，内能 u 仅为温度 T 的函数，即 $u = u(T)$，因此：

$$\frac{\mathrm{d}u}{\mathrm{d}\varphi}=\frac{\mathrm{d}u}{\mathrm{d}T}\frac{\mathrm{d}T}{\mathrm{d}\varphi} \tag{2-13}$$

所以,式(2-12)可以写为:

$$\frac{\mathrm{d}U}{\mathrm{d}\varphi}=\frac{\mathrm{d}(m\cdot u)}{\mathrm{d}\varphi}=u\frac{\mathrm{d}m}{\mathrm{d}\varphi}+m\frac{\mathrm{d}u}{\mathrm{d}T}\frac{\mathrm{d}T}{\mathrm{d}\varphi} \tag{2-14}$$

根据式(2-9)、式(2-10)及式(2-11),可得以下能量守恒方程:

$$\frac{\mathrm{d}(m\cdot u)}{\mathrm{d}\varphi}=\sum_i\frac{\mathrm{d}Q_i}{\mathrm{d}\varphi}-p\frac{\mathrm{d}y}{\mathrm{d}\varphi}+h_{\mathrm{A}}\frac{\mathrm{d}m_{\mathrm{A}}}{\mathrm{d}\varphi}+h_{\mathrm{E}}\frac{\mathrm{d}m_{\mathrm{E}}}{\mathrm{d}\varphi}+h_{\mathrm{S}}\frac{\mathrm{d}m_{\mathrm{S}}}{\mathrm{d}\varphi} \tag{2-15}$$

设缸内工质的比热容为 c_{v},根据比热容的定义,可知$\frac{\mathrm{d}u}{\mathrm{d}T}=c_{\mathrm{v}}$,又由式(2-14)与式(2-15),可得温度 T 对曲轴转角 φ 的微分方程:

$$\frac{\mathrm{d}T}{\mathrm{d}\varphi}=\frac{1}{mc_{\mathrm{v}}}\left(\sum_i\frac{\mathrm{d}Q_i}{\mathrm{d}\varphi}-p\frac{\mathrm{d}v}{\mathrm{d}\varphi}+h_{\mathrm{A}}\frac{\mathrm{d}m_{\mathrm{A}}}{\mathrm{d}\varphi}+h_{\mathrm{E}}\frac{\mathrm{d}m_{\mathrm{E}}}{\mathrm{d}\varphi}+h_{\mathrm{S}}\frac{\mathrm{d}m_{\mathrm{S}}}{\mathrm{d}\varphi}-u\frac{\mathrm{d}m}{\mathrm{d}\varphi}\right) \tag{2-16}$$

(2)质量守恒方程。

系统与外界之间进行质量交换所得的质量总和 $\sum_j \mathrm{d}m_j$ 等于系统内气体质量的变化 $\mathrm{d}m$,即为:

$$\mathrm{d}m=\sum_j\mathrm{d}m_j \tag{2-17}$$

系统边界之间相互交换的质量包括:通过进气门流进汽缸的质量 m_{A}、通过排气门排出汽缸的质量 m_{E} 及通过活塞环间隙窜入曲轴箱的质量 m_{S}。质量守恒方程的微分表达式为:

$$\frac{\mathrm{d}m}{\mathrm{d}\varphi}=\frac{\mathrm{d}m_{\mathrm{A}}}{\mathrm{d}\varphi}+\frac{\mathrm{d}m_{\mathrm{E}}}{\mathrm{d}\varphi}+\frac{\mathrm{d}m_{\mathrm{S}}}{\mathrm{d}\varphi} \tag{2-18}$$

(3)理想气体状态方程。

理想气体状态方程如下式所示:

$$pV=mRT \tag{2-19}$$

根据能量守恒方程式(2-7)、质量守恒方程式(2-18)和理想气体状态方程式(2-19),可以得出表征汽缸内气体状态的三个参数,即温度 T、质量 m 以及压力 p。

(4)约束方程和部分变量求取。

在进行发动机制动计算时,活塞行程 S、气门直径 d_1、汽缸直径 D、连杆曲柄比 λ 及压缩余隙容积 V_{c} 等为发动机主要结构参数,将以上参数作为已知量代入方程进行计算,得出所需的几何参数以及变量。

①汽缸工作容积(约束方程)。

根据活塞连杆机构运动学求得活塞位移为:

$$X(\varphi)=\frac{S}{2}\left[1-\cos\varphi+\frac{1}{\lambda}\left(1-\sqrt{1-\lambda^2\sin^2\varphi}\right)\right] \tag{2-20}$$

汽缸的瞬时容积为:

$$V(\varphi)=V_{\mathrm{c}}+\frac{\pi}{4}D^2X(\varphi) \tag{2-21}$$

$$V_{\mathrm{c}}=\frac{V_{\mathrm{h}}}{\varepsilon-1} \tag{2-22}$$

式中：ε——压缩比；

λ——连杆曲柄比；

V_h——汽缸行程容积，$V_h=\frac{\pi}{4}D^2S$，m^3。

根据上述公式，可得汽缸的瞬时工作容积：

$$V(\varphi)=\frac{V_h}{2}\left[\frac{2}{\varepsilon-1}+1-\cos\varphi+\frac{1}{\lambda}\left(1-\sqrt{1-\lambda^2\sin^2\varphi}\right)\right] \tag{2-23}$$

汽缸容积随曲轴转角的变化率为：

$$\frac{dV}{d\varphi}=\frac{V_h}{2}\left(\sin\varphi+\lambda\frac{\sin\varphi\cos\varphi}{\sqrt{1-\lambda^2\sin^2\varphi}}\right) \tag{2-24}$$

②汽缸周壁的传热计算。

汽缸套、汽缸盖底面和汽缸内的工质以及活塞顶面等的壁面之间的热量交换记为$\sum_i dQ_i$。换热量$\sum_i dQ_i$根据平均换热系数α_g和燃烧室周壁的平均温度T_{wi}得出，可写为如下形式：

$$\sum_i\frac{dQ_i}{d\varphi}=\frac{1}{\omega}\sum_{i=1}^{3}\alpha_g\cdot A_i(T-T_{wi}) \tag{2-25}$$

式中：ω——发动机角速度，$\omega=\frac{\pi n}{30}$，rad/s；

n——发动机转速，r/min；

α_g——瞬时平均换热系数；

A_i——换热面积，m^2；

T——汽缸内工质瞬时温度，℃；

T_{wi}——壁面的平均温度，℃。

其中，$i=1$为汽缸盖；$i=2$为活塞；$i=3$为汽缸套。

φ使汽缸套的换热面积A_3发生了变化，这可通过活塞的位移公式计算出来：

$$A_3=\pi D[S_c+X(\varphi)] \tag{2-26}$$

式中：S_c——压缩余隙高度。

在对缸内气体以及燃烧室内周壁面的瞬时换热量进行计算的过程中，需确定瞬时平均换热系数。可采用Woschni公式计算发动机制动工作过程中的换热损失，Woschni公式如下：

$$\alpha_g=820p^{0.8}T^{-0.53}D^{-0.2}\times\left[C_aC_m+C_b\frac{T_aV_h}{p_aV_a}(p-p_0)\right]^{0.8} \tag{2-27}$$

式中：p——汽缸内工质的压力，Pa；

T——汽缸内工质的温度，℃；

C_m——活塞运行的平均速度，m/s；

p_a——压缩开始时汽缸内工质压力，Pa；

T_a——压缩初始点汽缸内工质温度，℃；

V_a——压缩初始点的汽缸容积，m^3；

V_h——汽缸工作容积，m^3；

p_0——发动机倒拖时的汽缸压力，Pa；

C_a——气流速度系数，进、排气阶段 $C_a=6.18+0.417\dfrac{C_u}{C_m}$，压缩、膨胀阶段 $C_a=2.28+0.308\dfrac{C_u}{C_m}$；

C_b——燃烧室形状系数，直喷式燃烧室 $C_b=3.24\times10^{-3}$，分隔式燃烧室 $C_b=6.22\times10^{-3}$。

③进、排气流量及曲轴箱窜气量计算。

将进、排气门的喉口看作是流通面积随时间变化的孔板，假定流动为一维等熵绝热流动，并且活塞环间隙处流通面积固定。此时根据连续性流动方程、能量方程、绝热方程，可得气体流量计算公式为：

$$\frac{\mathrm{d}m}{\mathrm{d}\varphi}=\frac{1}{\omega}\mu F\sqrt{\frac{2}{RT_u}}p_u\psi \tag{2-28}$$

式中：μ——流量系数；

F——流通的截面积，m^2；

T_u——高压区域的气体温度，℃；

p_u——高压区域的气体压力，Pa；

ψ——流函数。

根据流通截面两侧压力差的不同，将气体流动分为亚临界流动和超临界流动。

当$\dfrac{p_d}{p_u}\leqslant\left(\dfrac{2}{k+1}\right)^{\frac{k}{k-1}}$时，为超临界流动，此时流函数为：

$$\psi=\left(\frac{2}{k+1}\right)^{\frac{1}{k-1}}\sqrt{\frac{k}{k+1}} \tag{2-29}$$

当$\dfrac{p_d}{p_u}>\left(\dfrac{2}{k+1}\right)^{\frac{k}{k-1}}$时，为亚临界流动，此时流函数为：

$$\psi=\sqrt{\frac{k}{k-1}\left[\left(\frac{p_d}{p_u}\right)^{\frac{2}{k}}-\left(\frac{p_d}{p_u}\right)^{\frac{k+1}{k}}\right]} \tag{2-30}$$

式中：k——绝热系数；

p_d——低压区域的气体压力，Pa；

p_u——高压区域的气体压力，Pa。

④气门的流通截面积。

图2-3为气门流通截面示意图，其中，H 为气门的升程，d 为进、排气门座锥面内径；θ 为进、排气门盘头锥角；d_1 为气门盘头直径；b 为气门径向带宽；d_0 为气门杆直径。当 H 不同时，气门流通截面积 F 的计算有以下两种情况。

当从 A 点向 BC 作垂线，所得的垂足 D 落在 BC 线段内时，气门流通的最小截面积为以 AD 为母线的截锥台的侧面积，其计算公式为：

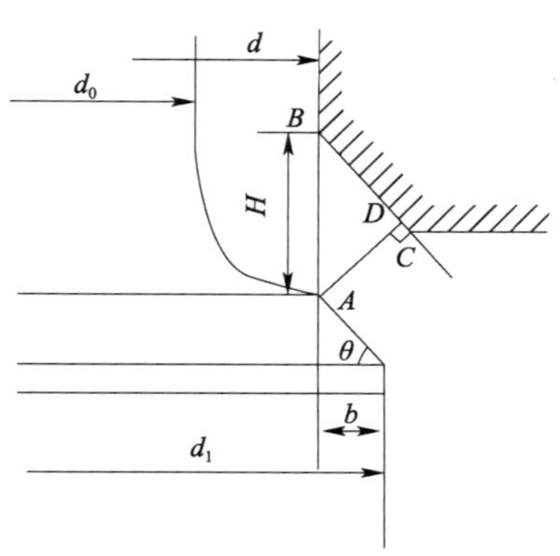

图2-3　气门流通截面示意图

$$F=\pi H\cos\theta(d+H\sin\theta\cos\theta) \tag{2-31}$$

此时气门升程 H 满足：$H\leqslant\frac{d_1-d}{2\sin\theta\text{ocs}\theta}$。

当垂足 D 落在 BC 线段的延长线上时，气门的流通截面积为：

$$F=\pi\left(\frac{d_1+d}{2}\right)\sqrt{b^2+(H-b\tan\theta)^2} \tag{2-32}$$

此时的气门升程 H 满足：$\frac{d_1-d}{2\sin\theta\cos\theta}<H\leqslant b\tan\theta+\sqrt{\left[\frac{d^2-d_0^2}{4(d+b)}\right]^2-b^2}$。

当气门的升程 H 增大，直至 $H>b\tan\theta+\sqrt{\left[\frac{d^2-d_0^2}{4(d+b)}\right]^2-b^2}$ 时，气门的流通截面积等于气门的极限流通面积，即：

$$F=\frac{\pi}{4}(d^2-d_0^2) \tag{2-33}$$

⑤流量系数。

流量系数主要与气门升程有关，由于不同结构发动机的流量系数差别较大，可利用如下经验公式近似计算：

$$\mu=0.98-3.3\left(\frac{H}{d}\right)^2 \tag{2-34}$$

综上，根据发动机制动的工作过程及发动机各行程的工作特点，对上述模型进行细化，可得到各工作行程的模型为：

压缩、做功行程

$$\frac{\mathrm{d}T}{\mathrm{d}\varphi}=\frac{1}{m\cdot c_{\mathrm{v}}}\left[\sum_i\frac{\mathrm{d}Q_i}{\mathrm{d}\varphi}-p\frac{\mathrm{d}V}{\mathrm{d}\varphi}+(h_{\mathrm{s}}-u)\frac{\mathrm{d}m_{\mathrm{s}}}{\mathrm{d}\varphi}\right] \tag{2-35}$$

进气行程

$$\frac{\mathrm{d}T}{\mathrm{d}\varphi}=\frac{1}{m\cdot c_{\mathrm{v}}}\left[\sum_i\frac{\mathrm{d}Q_i}{\mathrm{d}\varphi}-p\frac{\mathrm{d}V}{\mathrm{d}\varphi}+(h_{\mathrm{A}}-u)\frac{\mathrm{d}m_{\mathrm{A}}}{\mathrm{d}\varphi}+(h_{\mathrm{s}}-u)\frac{\mathrm{d}m_{\mathrm{s}}}{\mathrm{d}\varphi}\right] \tag{2-36}$$

排气行程

$$\frac{\mathrm{d}T}{\mathrm{d}\varphi}=\frac{1}{m\cdot c_{\mathrm{v}}}\left[\sum_i\frac{\mathrm{d}Q_i}{\mathrm{d}\varphi}-p\frac{\mathrm{d}V}{\mathrm{d}\varphi}+(h_{\mathrm{E}}-u)\frac{\mathrm{d}m_{\mathrm{E}}}{\mathrm{d}\varphi}+(h_{\mathrm{s}}-u)\frac{\mathrm{d}m_{\mathrm{s}}}{\mathrm{d}\varphi}\right] \tag{2-37}$$

气门叠开

$$\frac{\mathrm{d}T}{\mathrm{d}\varphi}=\frac{1}{m\cdot c_{\mathrm{v}}}\left[\sum_i\frac{\mathrm{d}Q_i}{\mathrm{d}\varphi}-p\frac{\mathrm{d}V}{\mathrm{d}\varphi}+(h_{\mathrm{A}}-u)\frac{\mathrm{d}m_{\mathrm{A}}}{\mathrm{d}\varphi}+(h_{\mathrm{E}}-u)\frac{\mathrm{d}m_{\mathrm{E}}}{\mathrm{d}\varphi}+(h_{\mathrm{s}}-u)\frac{\mathrm{d}m_{\mathrm{s}}}{\mathrm{d}\varphi}\right] \tag{2-38}$$

在计算机上模拟，根据下式可得转速 n 和制动力矩 T_{N} 之间的关系为：

$$P=\frac{inW}{120} \tag{2-39}$$

$$T_{\mathrm{N}}=9550\frac{P}{n} \tag{2-40}$$

式中：P——发动机拖动工作时的理论制动功率，kW；

n——发动机转速，r/min；

W——发动机拖动工作时的单缸每循环指示功，J；

i——发动机汽缸的数目；

T_N——发动机拖动工作时的理论制动力矩，N·m。

2.2 排气制动

2.2.1 排气制动结构

2.2.1.1 排气制动的执行机构

蝶形阀总成是排气制动的执行机构，由蝶形阀门、排气制动缸、摇臂及活塞推杆等部分组成，排气制动执行机构如图 2-4 所示。

蝶形阀门简称蝶形阀，是排气制动执行机构的关键元件，一般安装在排气歧管的出口处。蝶形阀直径一般与发动机进气方式、排量、排气歧管的管径以及整车质量有关。

蝶形阀一般由摇臂控制其开启和关闭，摇臂的转动受到活塞推杆的驱动，活塞推杆与排气制动汽缸内部的活塞相连，排气制动缸的进气管与压缩空气的储气筒相连，通过电磁阀控制储气筒与排气制动缸间管路的通断。

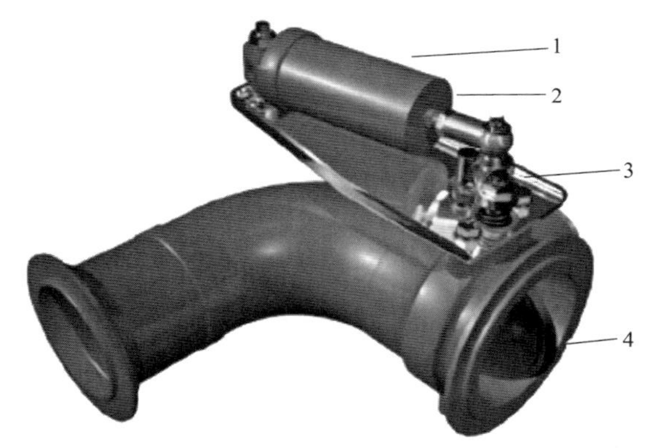

图 2-4　排气制动执行机构

1-排气制动缸；2-活塞推杆；3-摇臂；4-蝶形阀门

当储气筒内压缩空气释放到排气制动缸时，在气体压力的作用下，缸内活塞克服弹簧力带动推杆沿汽缸轴线移动。推杆移动带动摇臂和蝶形阀，排气制动开始工作。当切断压缩空气的气源时，排气制动缸内的压缩空气被迅速排出，活塞和推杆均在弹簧力的作用下恢复到初始位置，并带动摇臂和蝶形阀转动到阀片平面与壳体轴线平行的位置，不再阻碍发动机排气，即关闭排气制动。

2.2.1.2 排气制动的控制机构

排气制动的控制机构主要包括电磁阀、排气制动开关、加速踏板和离合器踏板联动开关、工作指示灯以及储气筒等。

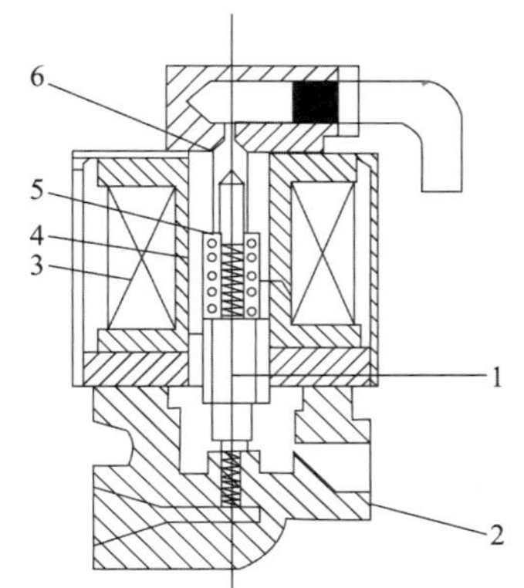

图 2-5　排气制动电磁阀结构示意图

1-柱塞；2-阀座；3-线圈；4-弹簧；5-柱杆；6-柱杆座

排气制动电磁阀一般为三通式电磁阀，其结构如图 2-5 所示。电磁阀的作用是控制向排气制动缸供给压缩空气，该电磁阀分别接通大气储气筒和排气制动缸。电磁阀通电后，柱塞上移打开接通储气筒和排气制动缸的通道，此时压缩空气从储气筒进入排气制动缸；电磁阀断电后，在弹簧的作用下柱塞复位，储气筒和排气制动缸的通道关闭,排气制动缸中压缩空气排入大气。

离合器踏板联动开关是由离合器控制的排气制动开关,当松开离合器踏板时,电路接通。相反,踩下离合器踏板,电路断开,此时排气制动处于关闭状态。

加速踏板联动开关是由加速踏板控制的排气制动开关。与离合器踏板联动开关工作方式类似,当松开加速踏板时,电路接通。反之,踩下加速踏板时,推杆回位,电路断开,排气制动处于关闭状态。

2.2.2　排气制动控制方式

排气制动的制动力矩控制一般采用两种形式,其一是排气制动装置中的蝶形阀全开或者全闭,即制动力矩不可调节;另一种是蝶形阀由全开到全闭之间各个位置都可以固定,形成不同开度,从而产生大小不同的制动力矩。目前,排气制动的控制多采用第一种形式。

典型的排气制动控制方式为电控气动式,图 2-6 为排气制动缸结构示意图。其中,由蓄电池、排气制动开关、加速踏板开关和离合器踏板开关构成控制电路,控制电磁阀的通断;排气制动汽缸、蝶形阀等为执行机构;另外,为了保证燃油供给的彻底中断,还设有断油机构。

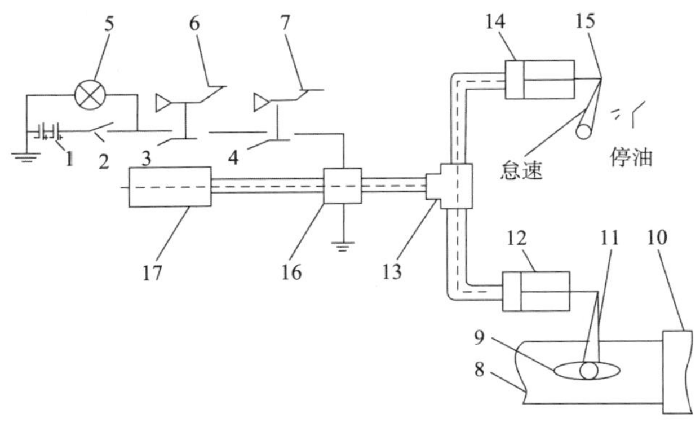

图 2-6　排气制动缸结构示意图

1-电源;2-排气制动开关;3-节气开关;4-离合器开关;5-指示灯;6-加速踏板;7-离合器踏板;8-排气管;9-蝶形阀;10-消声器;11、15-摇臂;12-排气制动缸;13-三通阀;14-停油缸;16-电磁阀;17-储气筒

由图 2-6 可知,当排气制动开关闭合时,指示灯亮,排气制动系统进入准备状态,若此时松开加速踏板和离合器踏板,电磁阀控制电路即可接通工作,使排气制动起作用。任意踩下加速踏板或离合器踏板,排气制动立即解除,此时指示灯仍亮,说明排气制动系统依然处于准备状态,当需要继续使用排气制动时,松开加速踏板和离合器踏板即可。

因此,当汽车正常行驶时,虽然离合器开关闭合,但加速踏板开关已断开,即使误将排气制动开关闭合,排气制动装置也不会将蝶形阀关闭,造成发动机燃烧不良而出现爆燃、高温和冒黑烟等现象。在经常使用排气制动的场合下,可将排气制动开关处于闭合位置,加速时,只需踩下加速踏板,排气制动解除;松开加速踏板,排气制动工作。当需要挂挡时,踩下离合器踏板,排气制动解除,从而避免车速降低过多而影响顺利换挡。

这种形式的排气制动系统独立于行车制动系统。也有汽车排气制动与行车制动是联动的,即排气制动在行车制动踏板刚开始踩下时,就自动发挥作用;当放松行车制动踏板,或当发动机转速降低到接近最低转速时,排气制动解除。

2.2.3 排气制动影响因素分析

1)蝶形阀开度

排气制动力大小是通过控制蝶形阀的角度实现调节的。为系统分析蝶形阀开度对排气制动力大小的影响,通过反拖功率和减速测量的方法在发动机试验台上进行制动试验。

图 2-7 为排气制动单缸机试验系统。在发动机的排气管上安装一个排气蝶形阀,在排气蝶形阀和排气门中间安装一个用来测量排气背压的压力传感器。排气蝶形阀与步进电动机同轴相连,排气制动 ECU(Electronic Control Unit,电子控制单元)通过步进电动机驱动器驱动步进电动机并带动排气蝶形阀转动。在固定的发动机转速下,依次测量排气蝶形阀处于不同开度时的缸内压力和曲轴转角。

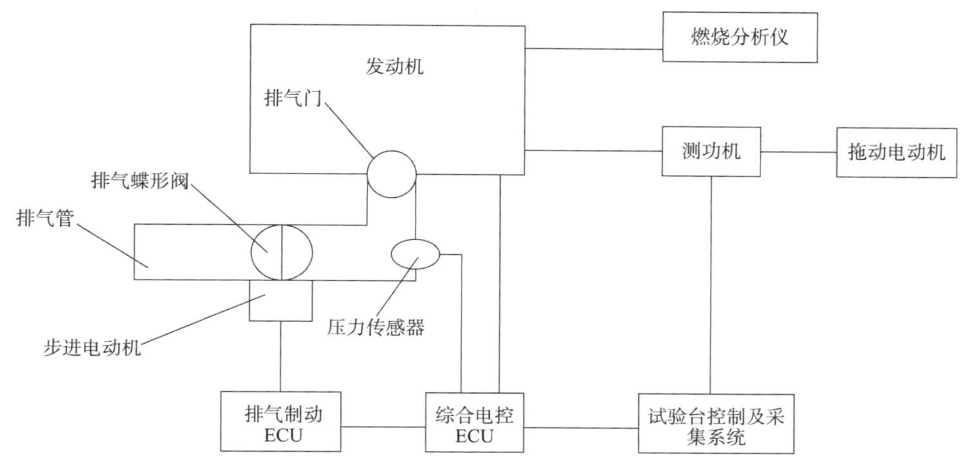

图 2-7 排气制动单缸机试验系统

设定将某重型货车下坡时的车速维持为 15 ~20km/h,根据发动机在合适挡位时的转速范围,分别在 900r/min、1000r/min 和 1100r/min 转速下进行 3 组试验。选择 0° ~66°范围内每隔 6°,共 12 个排气制动角度绘制发动机排气制动的示功图。

不同转速下排气背压随阀片角度的变化如图 2-8 所示。从 3 条曲线的变化趋势可看出,排气蝶形阀角度在 0° ~36°范围内,背压压力值都在 0.52MPa 以下,曲线近似于直线,斜率变化不大,在这个范围内排气制动效果并不明显;超过 36°后,曲线斜率变化明显增大,排气制动的效果较为显著,并且随着蝶形阀角度的增加制动效果更加明显;在 66°时背压值达到了 0.6MPa 以上。由此说明,在相同转速下,排气蝶形阀的转角越大,排气背压值也越大。同时可以看出,在阀片角度相同时,不同转速下所测量的排气背压值也不同,转速越高,排气背压越大。

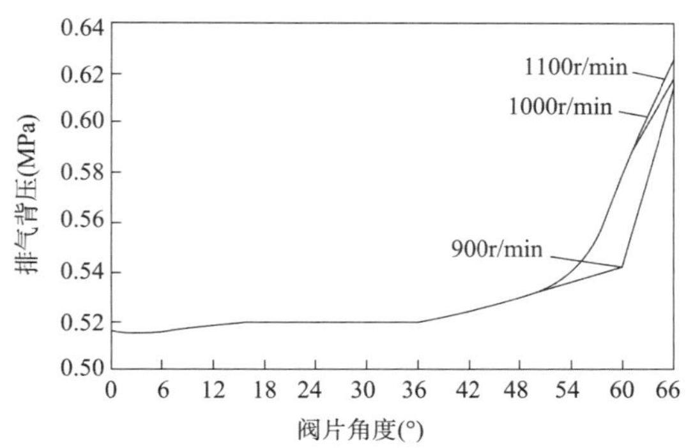

图 2-8 不同转速下排气背压随阀片角度的变化

图 2-9 所示为 1000r/min 转速下,排气蝶

形阀角度在0°、36°、48°、60°和66°时的发动机示功图。由图可知，排气蝶形阀角度在0°时，第1行程和第4行程的曲线连接在一起，说明在进气和排气阶段，缸内的压力几乎相等，发动机在排气和进气阶段所做的负功几乎为零，此时，没有产生排气制动效果；排气蝶形阀转角为36°时发动机的示功图与排气蝶形阀0°转角时的示功图几乎重叠，这说明在0°～36°蝶形阀转角开度范围内，排气制动几乎无制动作用；当排气蝶形阀转角大于36°后，随着排气蝶形阀转角加大，发动机的第1行程和第4行程的曲线之间所围的面积也加大，即排气制动中发动机所做的负功增大，排气制动效果越来越显著。

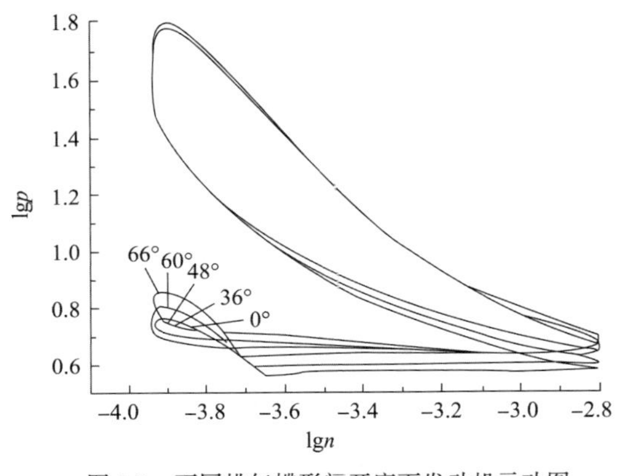

图2-9　不同排气蝶形阀开度下发动机示功图

2）发动机转速

排气制动力矩-转速关系如图2-10所示。

由排气制动的制动过程分析可知，随着发动机转速的升高，排气行程的排气时间相对缩短，排气制动蝶形阀阻碍汽缸内气体排出，大量气体聚集在汽缸内，因此，汽缸内压力迅速升高，相应的阻碍曲轴旋转的阻力矩也随之增加，车辆的辅助制动能力也随之增强。

3）进气压力

在进气压力为80kPa、90kPa、100kPa时进行研究，不同进气压力下排气制动力矩-转速如图2-11所示。选取了4个转速下与相应进气压力对应的排气制动力矩大小进行对比，结果见表2-2。

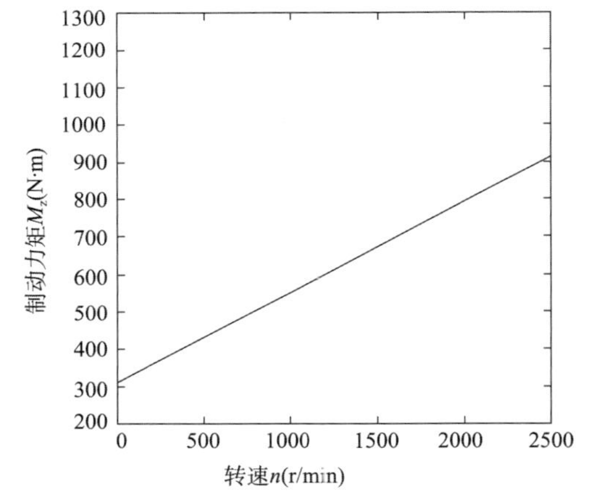

图2-10　排气制动力矩-转速关系图

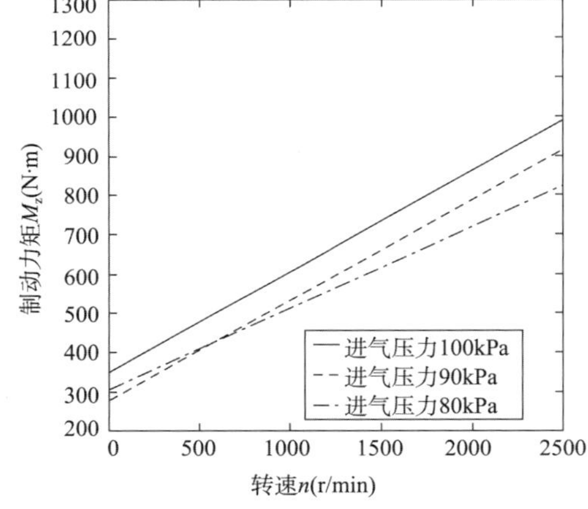

图2-11　不同进气压力下排气制动力矩-转速图

进气压力对排气制动力矩的影响　　表2-2

进气压力(kPa)	转速(r/min)			
	500	1000	1500	2000
80	382.7	488.5	597.8	710.3
90	421.3	537.8	657.7	781.0
100	460.0	587.0	717.5	851.5

由表2-2可知，进入汽缸的压缩空气平均压力越大，使用排气制动进行辅助制动时的制动力矩也越大。并且随着发动机转速的升高，由进气压力不同造成的排气制动能力的差异也相应增大。即进气压力增加，其对于排气制动能力的积极作用越显著。

4）压缩比

柴油机压缩比范围通常为12～22，选取发动机压缩比为16、18及20进行仿真研究，不同压缩比下排气制动力矩-转速如图2-12所示。选取了4个转速下与相应压缩比对应的排气制动力矩数据进行量化对比，结果见表2-3。

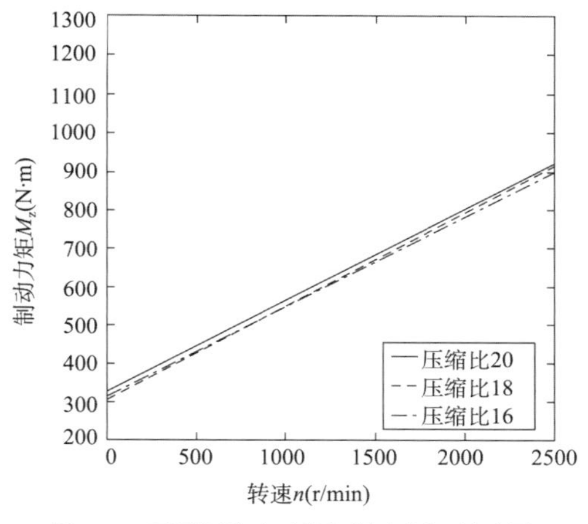

图2-12 不同压缩比下排气制动力矩-转速图

压缩比对排气制动力矩的影响 表2-3

压缩比	转速(r/min)			
	500	1000	1500	2000
16	420.0	536.0	655.8	779.2
18	428.5	545.0	664.9	788.2
20	437.5	554.0	673.9	797.2

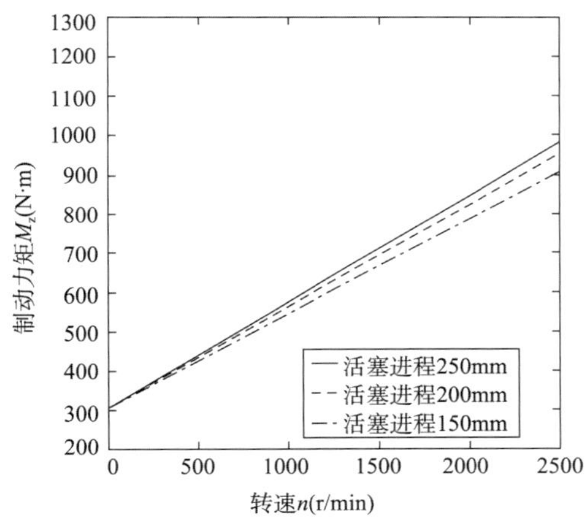

图2-13 不同活塞行程下排气制动力矩-转速图

通过图2-12与表2-3中选取的不同压缩比得到的相应制动力矩可以得出，发动机压缩比对排气制动能力的影响相对较小，压缩比为16、18与20时，压缩比每增加2，排气制动产生的制动力矩差均在9N·m左右，即随着发动机转速的升高，制动力矩升高的趋势相同。随着压缩比的增大，排气制动的制动能力增长不明显。

5）活塞行程

选取发动机活塞行程为150mm、200mm及250mm进行研究，得到不同活塞行程下排气制动力矩-转速如图2-13所示。选取了4个转速下不同发动机活塞行程对应的排气制动力矩数据进行量化对比，结果见表2-4。

活塞行程对排气制动力矩的影响 表2-4

活塞行程(mm)	转速(r/min)			
	500	1000	1500	2000
150	421.6	537.2	656.5	778.9
200	422.4	542.2	667.7	798.8
250	424.0	548.6	681.8	824.4

发动机活塞行程影响曲轴转速，继而对车速产生影响。通过图2-13中选取的不同活塞行程得到的相应制动力矩可以得出，在发动机转速较低（大约低于1000r/min）时，活塞行程的差异对排气制动能力几乎无影响，然而随着转速继续上升，活塞行程的影响逐渐显现出来。由表2-4可知，发动机转速为500r/min时，活塞行程每增加50mm，排气制动力矩增加量分别仅为0.8N·m和1.6N·m；当转速增加到2000r/min时，活塞行程每增加50mm，排气制动力矩增加量分别为19.9N·m和25.6N·m。因此，随着发动机转速的增大，活塞行程对排气制动能力的影响相应增大，并且随着活塞行程的增大，排气制动力矩增幅也有所增长。

2.3 泄气制动

2.3.1 泄气制动分类

泄气制动是指依靠开启排气门使缸内能量外泄，进而减少发动机输出能量使车辆实现制动效果。泄气制动分为被动式和主动式两种，二者不同之处在于驱动排气门开启的方式不同。

被动泄气制动需要排气制动蝶形阀来配合，而主动泄气制动通过电磁阀控制，用液压装置保持气门微启，不需要依赖排气蝶形阀。

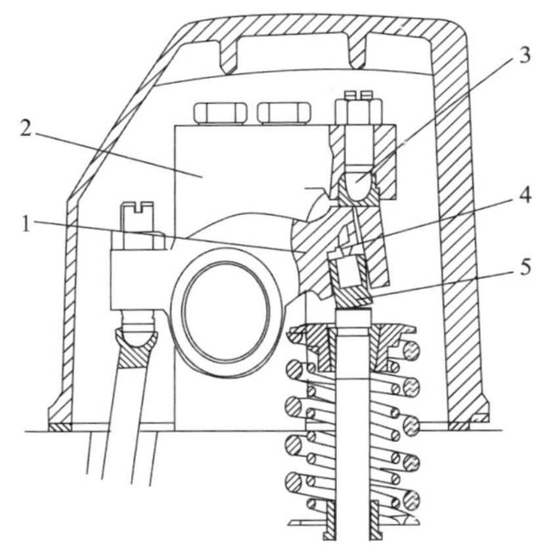

图2-14 MAN公司泄气制动器结构图
1-润滑油道；2-支柱；3-调节螺钉；4-止回阀；5-小活塞

2.3.2 泄气制动结构

MAN公司对排气制动装置进行了改进，在其摇臂系统中内置了润滑油道，设计了泄气制动器，其结构如图2-14所示。

蝶形阀关闭时，排气管内产生较高的排气背压，当活塞位于进气行程下止点时，缸内压力较低，排气门两侧产生较大的压差，排气门二次开启。由于润滑油通过油道进入小活塞和摇臂之间的空隙，并被支柱和止回阀密封，排气门在压缩和做功行程中能始终保持一定的开度，缸内充量在压缩和做功行程中外泄，充量对活塞所做的功减少，从而增加发动机的制动功率。

2.3.3 泄气制动原理

在泄气制动过程中，当排气门被压力波打开后，排气门制动机构阻止被打开的排气门关闭（保持1~2mm行程），这样在压缩行程中，部分压缩空气从汽缸中泄漏出来，甚至在活塞已到达上止点后，排气门仍然开着，使得做功行程时向下运动的气体减少，从而减小压缩气体对活塞做功。在排气行程开始时，通过摇臂的运动使排气门全开，排气门摇臂上的卸油孔打开，润滑油喷出，滑块组件复位。上述过程循环往复进行，增加发动机的制动功率。泄气制动工作原理如图2-15所示。

泄气制动工作的前提条件是车辆离合器不脱开，发动机在惯性力作用下被反拖运转。发动机的转速越高，制动效果越明显。

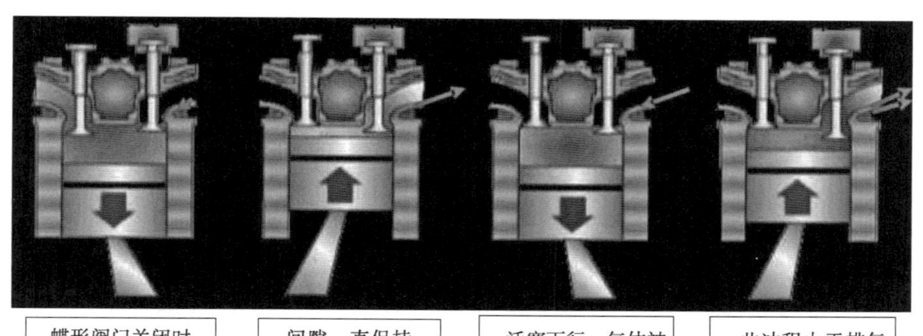

蝶形阀门关闭时，排气门被来自排气管的压力波打开一个间隙，排气门摇臂中的止回向阀打开，摇臂油孔中的润滑油注满小活塞上方的空腔，密闭的机油使小活塞不能缩入摇臂，迫使被打开的排气门保持1~2mm开口；	间隙一直保持，将压缩空气通过节流作用排到排气管，从而使压缩终了汽缸内气体压力显著降低；	活塞下行，气体被产生的真空从排气管抽到汽缸内，同样由于节流作用，使缸内气体的压力进一步降低，从而避免了压缩功驱动发动机做正功；	此冲程由于排气门被凸轮轴打开，摇臂顶端的泄油孔也被打开，润滑油泄掉，小活塞在气门的压力下回位，打开的小间隙关闭，一个循环完成；

图 2-15　泄气制动工作原理图

2.3.4　泄气制动影响因素分析

对某款发动机进行模拟计算，泄气制动系统的参数点为：发动机转速 1800r/min、1900r/min、2000r/min、2100r/min、2200r/min、2300r/min，排气门开度 0.5mm、0.6mm、0.7mm、0.8mm、0.9mm、1.0mm，排气背压 0.15MPa、0.2MPa、0.25MPa、0.3MPa、0.35MPa、0.4MPa。

1）排气背压对泄气制动性能的影响

在研究排气背压对制动性能的影响时，保持发动机转速及排气门开度一定，逐渐改变排气背压大小，计算不同排气背压下发动机的制动功率。通过对结果进行分析，得出发动机制动性能随排气背压变化的趋势。图 2-16 为排气门开度 0.7mm 时，不同发动机转速在不同排气背压下的制动功率。从图中趋势可知，当发动机转速与排气门开度一定时，发动机平均制动功率随排气背压的增大而增大。因为排气背压越高，压缩气体越困难，增加了活塞、曲轴受到的排气阻力，增大了排气过程的泵气损失。

2）发动机转速

在研究发动机转速对制动性能的影响时，保持排气背压及排气门开度一定，逐渐改变发动机转速，计算不同发动机转速下发动机的制动功率。通过对结果进行分析，得出发动机制动性能随发动机转速变化的趋势。图 2-17 为排气门开度 0.7mm 时，不同排气背压在不同发动机转速下的制动功率。由此可知，当排气背压与排气门开度一定时，发动机平均制动功率随发动机转速的升高而增大。这是由于当发动机转速增加时，单位时间内的工作循环次数增多，因此得到的制动功率也就越大。同时当发动机转速增加时，汽缸壁面与缸内工质之间的热交换减少，压缩过程接近于绝热，消耗的功率增加。

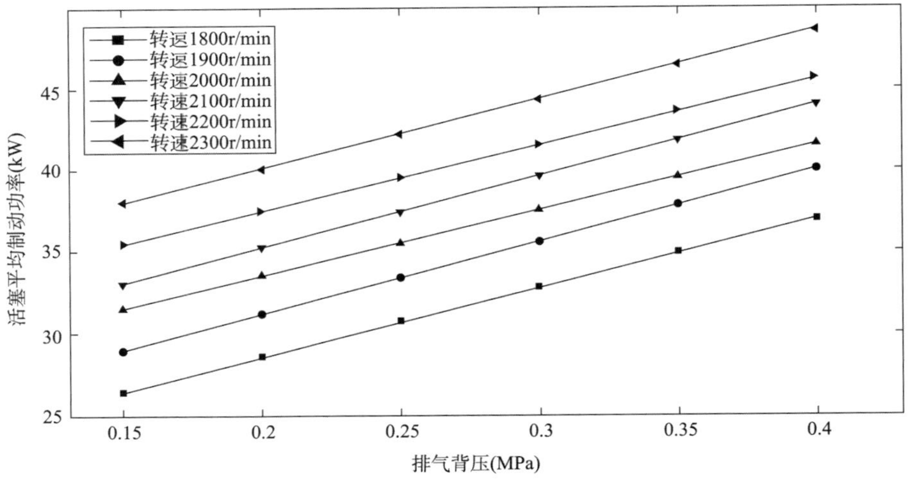

图 2-16 不同发动机转速在不同排气背压下的制动功率

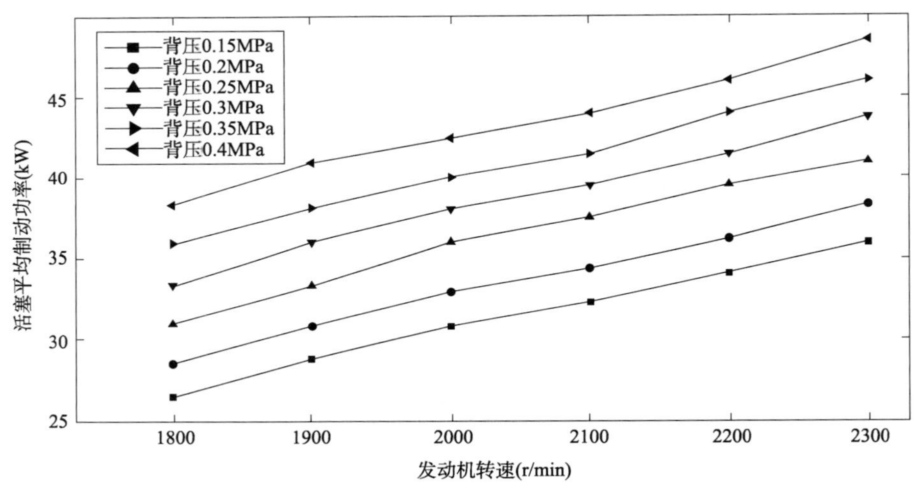

图 2-17 不同排气背压在不同发动机转速下的制动功率

3)排气门开度

在研究排气门开度对制动性能的影响时,排气背压及发动机转速一定,逐渐改变排气门开度,计算不同排气门开度下发动机的制动功率。对结果进行分析,得出发动机制动性能随排气门开度变化。图 2-18 为不同发动机转速在不同排气门开度下的制动功率,由此可知,发动机转速一定时,泄气制动功率随着排气门开度的增加先增大后减小。排气门开度为 1mm 时,压缩过程功率消耗较少,制动功率较小;当排气门开度为 0.5mm 时,活塞最大受力值增加,增大了压缩过程中的制动功率,在做功行程中,缸内气体对活塞做功增加;当发动机转速为 1800r/min,排气门开度为 0.6mm 时的制动功率大于排气门开度为 1mm 时的制动功率。为更直观地对数据进行分析,从模拟结果中提取其中三组数据。表 2-5 ~ 表 2-7 所示分别为转速为 1800r/min、2100r/min、2300r/min,排气背压为 0.3MPa 时,不同排气门开度下单缸的活塞制动功率。

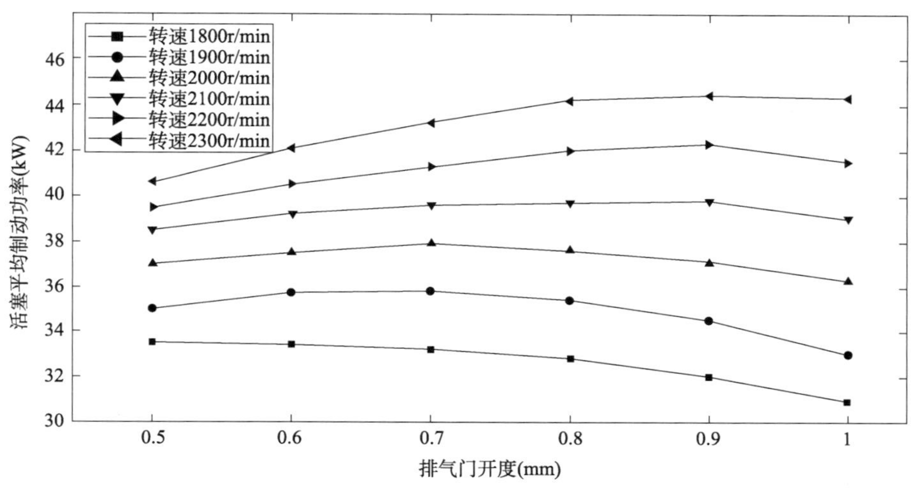

图 2-18　不同发动机转速在不同排气门开度下的制动功率

转速为 1800r/min、背压为 0.3MPa 时不同排气门开度下单缸的活塞制动功率　　表 2-5

开度(mm)	0.5	0.6	0.7	0.8	0.9	1
制动功率(kW)	33.7	34.1	33.4	32.6	31.4	29.1

转速为 2100r/min、背压为 0.3MPa 时不同开度下单缸的活塞制动功率　　表 2-6

开度(mm)	0.5	0.6	0.7	0.8	0.9	1
制动功率(kW)	38.5	39.2	39.9	40.4	39.8	38.3

转速为 2300r/min、背压为 0.3MPa 时不同开度下单缸的活塞制动功率　　表 2-7

开度(mm)	0.5	0.6	0.7	0.8	0.9	1
制动功率(kW)	40.8	42.3	43.5	44.6	46.1	45.1

从表 2-5 ~ 表 2-7 中可以看出，当背压与转速一定时，并非排气门开度越大制动效果越好，例如当背压为 0.3MPa 时，转速为 1800r/min 时，排气门开度为 0.6mm 时制动性能最好；当转速为 2100r/min 时，排气门开度为 0.8mm 时制动性能最好；当转速为 2300r/min 时，排气门开度为 0.9mm 时制动性能最好。

排气门开度越小，气体排出越困难，压缩行程中消耗活塞功越多，发动机制动能力越强。然而开度越小，压缩行程结束时排出的气体越少，这些没有排出的气体在发动机做功行程中又对活塞做功，使得发动机制动能力降低。相反，排气门开度越大，气体越容易排出，压缩行程消耗的功越少，发动机制动能力降低。然而，由于压缩行程结束时排出的气体多，使得在做功行程中气体对活塞做功少，发动机制动能力增强。因此，对于每一个发动机转速，都有一个最佳的排气门开度，可使制动效果最好。在发动机制动性能的研究中，可以通过数值模拟找到各转速下的最佳排气门开度，并通过试验进行验证，从而优化泄气制动的制动性能，获得最大的制动功率。

2.4 压气制动

2.4.1 压气制动系统结构

压气制动是当下主流的发动机制动技术,也是制动功率和效率最高的制动技术之一。通过压气制动的减速作用,有助于维持摩擦制动系统温度在正常工作范围,以达到最佳的制动效果。

皆可博制动是典型的压气制动,目前国内装配这种形式的发动机有西安康明斯 ISM11 系列(图 2-19)。

压气制动系统结构通常由制动器体、驱动机构和控制机构三部分组成,如图 2-20 所示。

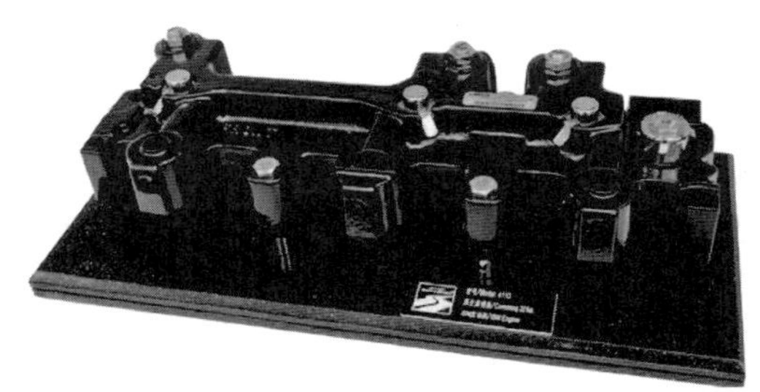

图 2-19 康明斯 ISM11 系列

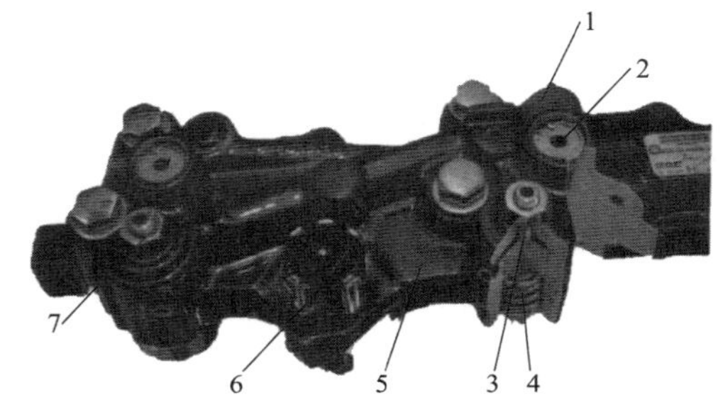

图 2-20 压气制动系统结构图

1-主动活塞;2-控制阀;3-从动活塞;4-复位弹簧;5-制动器体;6-电磁阀;7-调节螺钉

制动器体用于安装、固定其他部件,将发动机制动器的主要零件集成为一个总成。制动器体内部有润滑油道,利用电磁阀、控制阀等控制润滑油道的通断,通过润滑油的压力控制驱动机构的运动。

驱动机构主要包括主动活塞、从动活塞、复位弹簧、调节螺钉等。主动活塞使高压油区产生高压;从动活塞是压气制动装置工作的执行元件;复位弹簧用于制动装置停止工作时,主、从动活塞回到原位,以免影响进、排气系统的正常工作;调节螺钉用于调节系统中的工作间隙。

控制机构主要包括电磁阀与控制阀等,有些类型的压气制动装置还包括延迟活塞、制动腔、触发阀等。电磁阀是压气制动开始工作时进机油和停止工作时断开机油的开关阀;控制阀用于压气制动工作时在制动器内部形成低压油区和高压油区;延迟活塞压缩制动腔内的机油,使油压升高;制动腔用于储存高压机油;触发阀是制动腔内高压机油释放能量的开关,使从动活塞的运动滞后于活塞一定的曲轴转角。

控制电路由主开关、离合器开关、加速踏板开关、顺序开关等组成,离合器开关和加速踏板开关串联在电路中。使用压气制动时,首先打开主开关,接通电源,当离合器接合时,离合器开关接通,松开加速踏板时,加速踏板开关接通;顺序开关用于调节制动器工作时产生的制动功率,顺序开关的每一位置对应着不同参与工作的汽缸数目,从而顺序开关在不同位置时制动器可以产生不同的制动功率。使用压气制动时,要根据实际的路面状况以及车辆、环境情况等选择顺序开关的位置。

2.4.2 压气制动工作原理

压气制动相当于把发动机变成了一台空气压缩机,当控制开关打开时,改变发动机排气门的配气相位,发动机排气门会在压缩行程接近上止点附近被打开,压缩行程中形成的高压气体被排出汽缸。这样,大部分压缩气体吸收的能量被排放出去,仅有一小部分的残余能量推动发动机活塞复位。在做功行程,排气门关闭,汽缸内接近真空状态,活塞向下运动类似抽真空的过程,产生负功。压气制动过程原理图如图 2-21 所示。

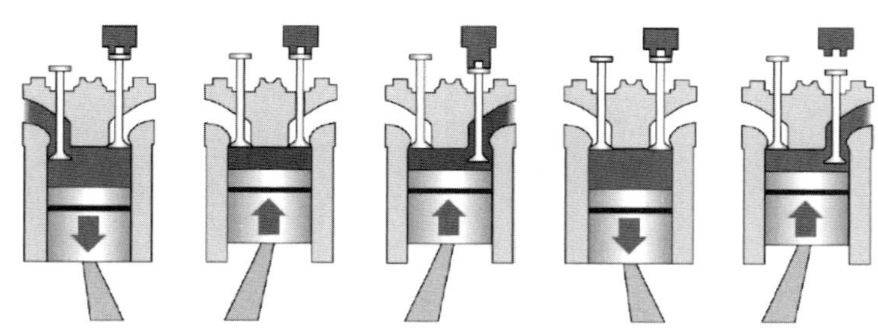

图 2-21 压气制动过程原理图

该装置通过一个具有主/副活塞的液压机构在压缩行程中活塞到达上止点前打开排气门,排出汽缸内被压缩的高压空气,使发动机在做功行程开始时,缸内气压较低,对外做功很少,达到增加制动功率的效果。随着发动机工作循环的重复,汽车前进的动能被消耗。车辆需要减速时,利用发动机自身的能量损失来实现制动过程,从而达到降低车速的目的。

压气制动工作时,加速踏板完全松开,电磁阀通电打开,液压油从机油入口经过电磁阀进入低压油区,将控制阀体托起,液压油流入高压油区,随后液压油推动主动活塞向下移动,与摇臂调节螺钉的末端接触,该排气门处于排气行程。当主动活塞下部的气门推杆向上移动时,带动主动活塞向上移动,高压油区内的油压升高,油压使球形止回阀保持关闭并推动从动活塞向下移动,实现在压缩上止点前打开减压排气门的功能。

当需要解除发动机制动状态时,关闭电磁阀,低压油区的液压油从电磁阀泄油孔流出,控制阀依靠弹簧弹力回到初始位置,高压油区的液压油从控制阀的泄油孔流出,主动活塞回到初始位置,停止制动过程。

根据装配发动机的不同,制动系统可以由进、排气凸轮或者喷油器凸轮驱动。进气凸轮驱动适用于 V 形 8 缸发动机;排气凸轮驱动适用于直列 6 缸发动机。由于进、排气凸轮线形的影响,排气门开启的速度较慢。而柴油机的喷油时刻是在压缩行程末端,活塞到达压缩上止点之前,为达到最佳喷雾效果,喷射时间很短,喷油器凸轮线形很陡。因此,当制动器由喷油器凸轮驱动时,制动效果比由进、排气凸轮驱动时更好。但此时,喷油器凸轮的线形要由发动机生产厂家和制动器生产厂家联合设计,以使供油和制动效果同时达到最优,但这种情况不适用于高压共轨发动机。

2.4.3 压气制动控制方式

压气制动系统由电磁阀控制,电磁阀通电,制动器开始工作;电磁阀断电,制动器停止工作。电磁阀的通、断受发动机制动器电源主开关、燃油泵开关及离合器开关的控制。使用压气制动器时,制动器电源需处于打开位置,且加速踏板松开、离合器接合,此时离合器开关与油泵开关处于接通状态,制动器电磁阀通电;当需要解除制动工作时,踩下加速踏板或断开离合器,此时节气门开关或离合器开关断开,制动器电磁阀断电。根据制动时需求功率不同,在电路中接入一个多位顺序开关,以控制参与工作的汽缸数目。

对于装有ABS(Antilock Braking System,防抱死制动系统)的汽车,当ABS检测到轮胎抱死时,发动机制动器停止工作;当轮胎不再抱死而滑行时,制动器自动恢复工作。

对于装有发动机电子控制系统的汽车,当发动机转速低于某一预设值时,控制装置停止发动机制动器的工作,防止发动机转速过低。

对于装有巡航系统的汽车,发动机制动器的控制模块取决于发动机和汽车制造商提供的功能选项,在巡航操作中可以激活发动机制动器的控制程序。通常情况下,车辆巡航时若踩下加速踏板,制动器停止工作,松开加速踏板,制动器开始工作;当发动机转速低于某一预设值或进行换挡操作时,控制装置将停止发动机制动器工作。

2.4.4 压气制动影响因素分析

1)发动机转速

图2-22所示为不同发动机转速下汽缸压力随曲轴转角的变化情况。由此可知,发动机转速越高,缸内峰值压力越大,并且压力最大值的位置越靠近压缩上止点。这是因为排气门开启之后,缸内空气通过减压气门排出,使压力降低。气门刚开启时,由于开启角度较小,气体流通截面积和速度都较小,这样通过减压气门排出气体造成的缸内压力减小小于由于活塞上行造成的压力升高,因此,表现为汽缸压力的继续上升。而随着减压气门的不断开启,气体流通截面积有所增大,而且此时气体的出流速度也有所增大,当活塞上行造成的压力升高和由减压气门开启造成的压力降低达到平衡时,缸内压力达到最大值,继而开始下降。发动机转速越高,单位曲轴转角经历的时间越短,相应于每度曲轴转角通过减压气门排出的空气量越少,压力下降需要经过的曲轴转角就越大。因此,转速越高,缸内的压力峰值越大,且压力峰值越靠近上止点。缸内压力达到最大值后迅速下降,直至接近排气背压,然后缸内压力以较低速度继续下降直至减压气门关闭。这是由于活塞在靠近上止点时运行速度较慢,对缸内气体的压缩作用有所降低,而此时气门开度已经较大,气体的出流速度也有所增大,缸内气体排出迅速,在缸内气体压力达到最大值后压力迅速降低。当压力下降到接近排气背压时,活塞继续下行,使缸内气体压力进一步降低到排气背压以下。而此时减压气门接近关闭状态,开度较小,由排气管倒流回汽缸的气体量很少,因此,减压气门关闭后的膨胀过程中,汽缸压力明显低于排气背压。

功率和制动转矩随发动机转速变化如图2-23所示,由此可知,功率和制动转矩均随发动机转速的增加而增加。这是由于随着发动机转速的升高,单位时间内做功次数增多,制动功率增大。另外,由制动转矩随转速的变化曲线也可以看出,随着发动机转速的增加,制动能力提高。在减压气门开启条件相同时,压气制动的制动能力受到发动机转速的影响,且制动能力随转速的升高而提高。

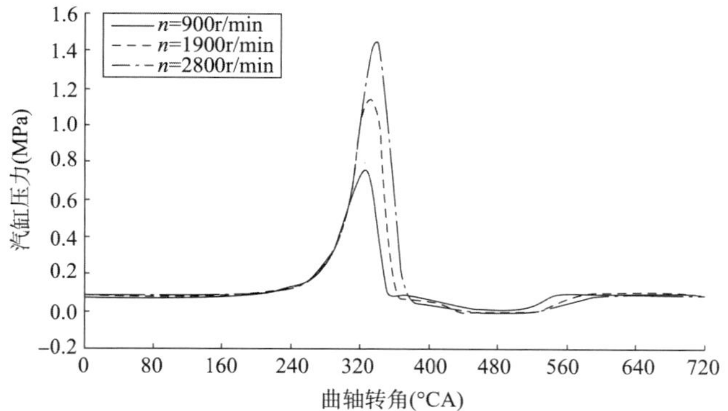

图 2-22　不同发动机转速下汽缸压力随曲轴转角的变化情况

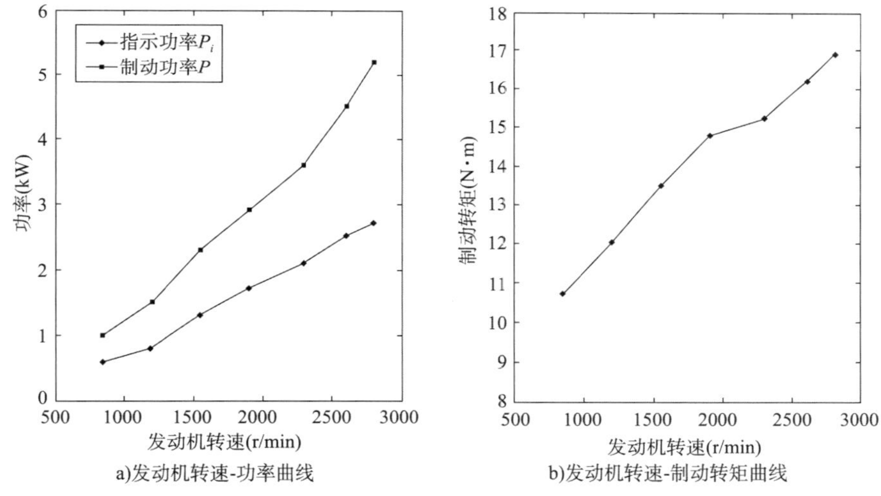

图 2-23　功率和制动转矩随发动机转速变化

2)减压气门开启提前角

图 2-24 为汽缸压力随曲轴转角的变化图(转速为 1900r/min,减压气门最大开度为 0.5mm 的情况下,排气门的开启提前角分别为 35℃A、30℃A 与 25℃A)。

由此可知,在转速与减压气门最大开度一定时,减压气门的开启提前角越小,缸内的峰值压力越高,这表示活塞对缸内气体的压缩功越多。这是由于减压气门开启提前角越大,气体排出的时间就越长,排出气体的量越多。因此,减压气门的开启提前角越小,缸内的峰值压力就越大,压缩行程结束后缸内气体的压力越大,在做功行程中,缸内气体对活塞所做的功越多。然而,减压气门的开启提前角过大,虽然做功行程中缸内空气对活塞做功有所减少,但在压缩行程中由于缸内气体的过多排出使缸内压力减小,这样在压缩行程中消耗的功也较少。

制动功率随排气门开启提前角变化如图 2-25 所示。由此可知,对于减压气门开启提前角对压气制动功率的影响,每个转速都对应一个最佳减压气门开启提前角,且转速越高对应的最佳开启提前角度越大。这是由于发动机转速对单位曲轴转角内通过减压气门流出的空气量的影响，转速越高时，单位曲轴转角对应的时间越短，通过减压气门流出的空气量越少；转速较低时，通过减压气门流出的空气量相对较多。因此，转速较高时，应该有较大的排气提前角，转速较低时，也要适当地减小减压气门的开启提前角，这样才能在压缩行程尽量多地消耗压缩功的同时在做功行程返回较少的膨胀功。

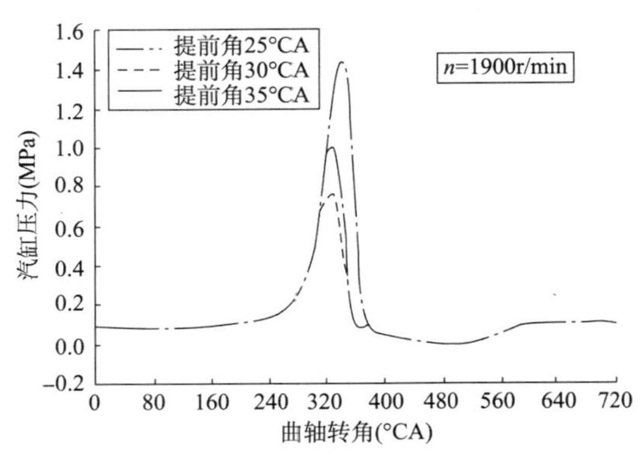

图 2-24　汽缸压力随曲轴转角变化

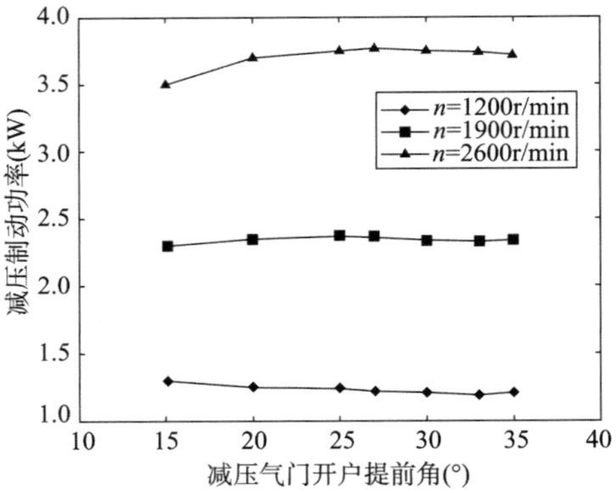

图 2-25　制动功率随排气门开启提前角变化

3）排气门最大开度

汽缸压力随曲轴转角变化如图 2-26 所示。当发动机转速与排气门开启提前角一定时，减压气门最大开度越大，缸内的压力峰值越小，从减压气门开启到缸内压力峰值所经历的曲轴转角也越小。相反，若减压气门的最大开度越小，缸内的压力峰值越高，且位置越靠近上止点。这是由于减压气门开度越大，缸内气体通过减压气门流通截面积越大，相同情况下通过减压气门流出的空气量越多，缸内压力降低越迅速，压力峰值也较低。

制动功率随排气门最大开度变化如图 2-27 所示。由此可知，当气门开启提前角相同时，对应于不同的发动机转速都有一个最佳的减压气门开度，且发动机转速越高，对应的最佳减压气门的最大开度角越大。这一点与前面对减压气门开启提前角的分析类似，发动机转速越高，对应于单位曲轴转角的时间越短，流出的气体量就越少，减压气门开度的增大可以使气体流通截面积增大，相同情况下，流出的气体量增加。因此，减压气门最大开度应随发动机转速的提高而适当增大。

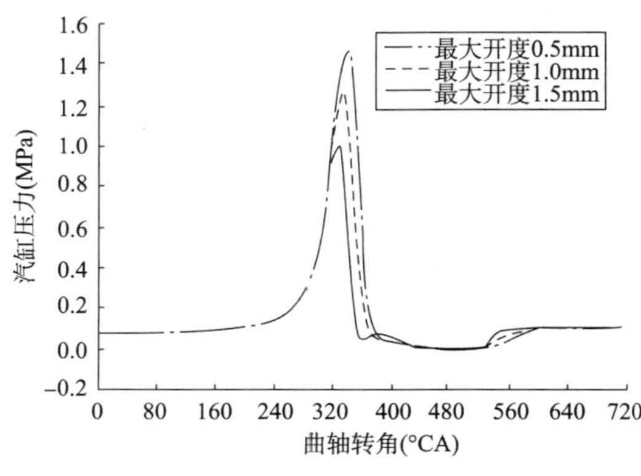

图 2-26　汽缸压力随曲轴转角变化

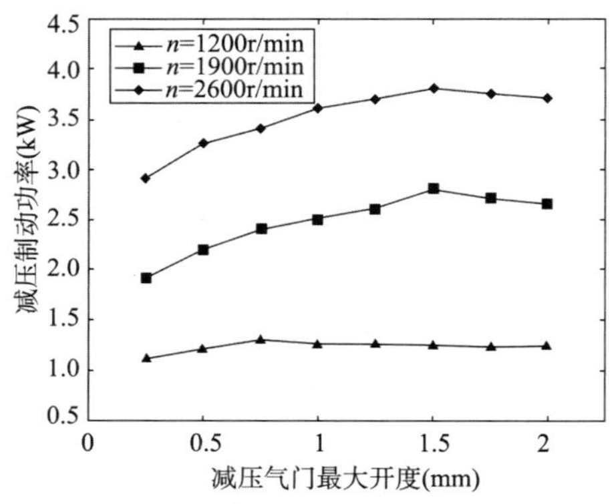

图 2-27　制动功率随排气门最大开度变化

理论上，每一转速都对应一个最佳的减压气门最大开度，但是由于柴油机的压缩余隙较小，若压缩上止点附近的减压气门开度较大，则易与活塞运动发生干涉。因此，需对减压气门的最大开度进行限制，使得在一定范围内减压气门达到最大开度，从而提高制动性能。

2.5　发动机缓速制动的特点及技术趋势

2.5.1　发动机缓速制动的特点

发动机缓速制动能够在不使用或少使用行车制动器的情况下，利用发动机倒拖运转时的功率损失作为制动功率，使车速下降或保持稳定，增强车辆的行驶安全性。发动机缓速制动的优势主要有以下几个方面。

(1)发动机缓速制动装置体积小、质量轻。

在现有的各种发动机缓速制动装置中，排气制动装置价格最低，同时其他几种发动机缓速制动装置也都属于价格较低的产品。发动机缓速制动装置的质量也较轻，如排气制动的辅助装置通常只有几千克到十几千克，泄气制动装置和压气制动装置也不过几十千克，不对汽车的总质量产生明显影响。增加发动机缓速制动装置对于发动机的价格影响相对较小。同时，发动机缓速制动维护成本低、经济性好、操作及维护方便。

(2)发动机缓速装置的制动功率较大，当车辆需要紧急制动时，发动机缓速制动和行车制动系统同时工作，可以发挥更强的制动能力。

发动机缓速装置中排气制动的制动功率最小，而泄气制动和压气制动的制动性能都优于排气制动装置，制动功率可以达到甚至超过发动机驱动时的输出功率。由于发动机缓速制动需要传动系统同时工作，在传动系统减速增矩的作用下，能在低挡位获得较大的制动力。在同一车速下，通过改变变速器的挡位就可以改变发动机缓速制动力矩，从而得到不同的制动力，实现制动力的分级控制。由于发动机的转速范围限制，仅通过变速器挡位变化无法满足所有情况下的制动需求。若需要发动机缓速制动时在同一转速下能够发出不同的制动功率，满足不同工况下的汽车制动需要，利用泄气缓速装置和压气缓速装置改变参与制动工作的汽缸数目，可实现制动功率在某一转速下的分级调节，从而增加发动机缓速制动的工作范围。

(3)发动机缓速制动功率稳定。

发动机缸内气体燃烧后，发动机各部件温度较高。而发动机制动时，由于汽缸内不发生燃烧，汽缸壁面以及冷却液、润滑油等受到每个工作循环中吸入的外界空气冷却作用，温度逐渐降低，随着制动时间的推移，发动机部件的温度在某一值时保持稳定，因此，发动机缓速制动时产生的制动功率不受使用时间的影响，能保持制动功率的稳定。

尽管发动机缓速制动有很多优势，但在实际运用中也存在一定的隐患：

(1)使用发动机缓速制动时，由于没有行车制动系统的介入，无法点亮制动灯，一旦后车没有把控好车距就容易导致追尾事故发生。

(2)发动机缓速制动受发动机转速的影响，适用发动机转速较高的场合。当发动机转速较低时，制动效果不明显，还需配合其他制动方式共同实现制动目的。

由于成本和操作方面的优势,发动机缓速制动被广泛应用于客车和货车。在利用发动机缓速制动时,需根据路况和车辆负荷等情况选择合适的挡位。在冷起动发动机时,要确保发动机缓速制动辅助装置的开关处于断开位置,一旦机油温度达到工作温度,便可接通开关。

2.5.2 发动机缓速制动的技术发展趋势

目前对于发动机缓速制动技术的研究主要集中在泄气缓速装置、压气缓速装置等新型发动机缓速制动技术上,具体体现在以下几个方面。

(1)操作自动化。

由于发动机缓速制动是利用发动机被动运转时产生的制动力矩经过传动系统在驱动轮上形成制动力,此制动力的大小与传动系统的传动比密切相关。传动比越大,制动功率就越大,因此,希望发动机尽可能工作在较高的转速范围内,即使用发动机缓速制动时变速器应置于较低的挡位,但是由于发动机被拖动运转时的转速不能无限增加,最大不得超过发动机允许的最大转速,因此,对发动机缓速制动的工作过程以及传动系统传动比的协调控制非常重要。另外,根据制动需求自动地调整发动机缓速装置发出的制动功率也是自动化控制的一个方面。

(2)实现理想的发动机缓速制动工作过程。

现有的发动机缓速制动技术,一方面对发动机的制动能力利用程度不够,另一方面制动功率为分级可调甚至不可调的形式,在实际使用过程中无法保证汽车在任何工况下稳定运行。压气缓速装置中排气门的开启时刻、开度大小等以及泄气缓速装置中排气门的开度等参数对于发动机缓速制动能力影响很大。通过自动调整发动机缓速装置中部分参数,可实现更多工况下的控制。另外,理想的发动机缓速制动工作过程建立在对发动机气门完全可控的基础上,而发动机缓速装置的制动能力与气门的运动状态紧密相关,因此,需要研究发动机气门的完全控制技术,以实现发动机缓速制动能力的无级控制。

(3)更多地应用于汽油机。

目前,由于汽油机的压缩比比柴油机小,汽油机上采用发动机缓速制动的效果相对柴油机较差,因此,发动机缓速制动技术目前更多的是在柴油机上应用。随着电控技术的发展,可变压缩比技术以及燃油电控喷射技术的应用使得汽油机的压缩比增加,同时解决了发动机缓速制动工作时的燃油供给问题,使得发动机缓速制动在汽油机上的广泛应用成为可能。

第3章　电磁电涡流缓速器

3.1　电涡流缓速器概述

电涡流缓速器于20世纪90年代进入我国市场，是目前我国使用最为广泛的缓速器，被应用在大型客车和中、重型货车上。电涡流缓速器的组成结构一般包括定子和转子两个独立的部分，其主要利用电磁感应原理来产生制动力矩。当缓速器定子上的励磁线圈通电后，在其周围产生磁场，磁场的磁感线穿过转子盘，并与相邻线圈的反性磁极形成回路。当转子随传动轴转动时，其内部闭合导线所包围面积内的磁通量就会发生周期性的变化，从而在转子内部产生涡旋状的感应电流，即涡电流，感应电流在转子盘内部流动会产热，即把涡电流产生的电能转变为热能。涡电流产生的磁场总是阻碍引起电路的磁通量，对转子盘形成了与转动方向相反的制动力矩，从而达到制动减速的作用。由此，车辆制动时动能转化为热能，这些热能最终以热辐射和热对流的形式耗散在空气中。

3.1.1　电涡流缓速器工作原理

电涡流缓速器由机械部分和电控部分组成。机械部分包括定子、转子以及支撑架（图3-1）。

（1）定子通过固定支撑架刚性安装在车架上（可以安装在驱动桥主减速器外壳上，也可安装在变速器后端盖上），相对于车架静止不动。在定子圆周方向均匀地固定安装有8个高导磁材料制成的铁芯，线圈缠绕在铁芯上，共同构成磁极。圆周上相对两个励磁线圈串联或并联成一组磁极，并且相邻两个磁极均为N、S相间，这样就形成了相互独立的4组磁极。

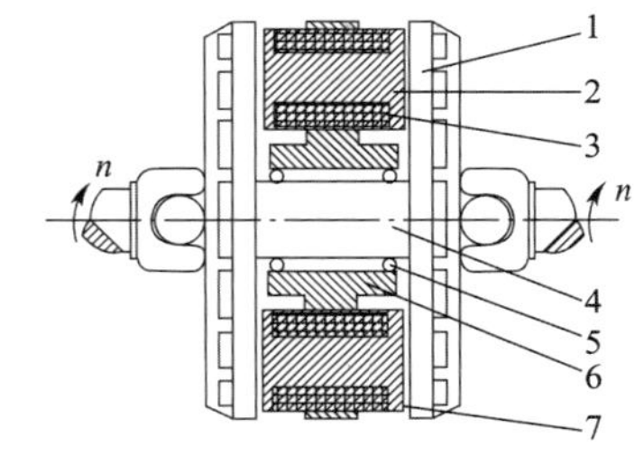

图3-1　电涡流缓速器机械部分示意图
1-转子盘；2-铁芯；3-励磁线圈；4-转子轴；5-轴承；6-固定架；7-气隙

（2）转子结构呈圆环状，由2片前后对称、带散热叶片的转盘组成，前后两个转盘中间通过连接环将其固定为一体，前后转盘通过凸缘与传动轴相连，并随传动轴一起高速旋转。转子一般用磁导率高且剩磁率低的铁磁材料制成，上面铸有风叶，以便散热。定子和转子之间有一定气隙，可以相对转动。

电控部分主要包括控制器、车速传感器、制动压力传感器、指示器等。

（1）控制器的主要作用是处理分析各种信号（包括操作信号、传感器信号等信息），并向缓速器输出控制信号。

（2）车速传感器采集车速信号，并将其以电信号的方式传输给控制系统，控制系统根据该信号以及控制系统内预设的临界车速决定电涡流缓速器系统是否进入制动状态，即当前车速大于临界车速时进入制动状态，反之退出。

(3)制动压力传感器一般采用线性传感器，即能产生反映制动压力线性变化的电信号，并传送给控制系统，以便控制励磁线圈的电流大小，实现缓速器制动力矩随制动压力变化。

(4)电涡流缓速器指示器安装于驾驶室仪表板上，指示器可以显示电涡流缓速器的工作状态，另外，还可以通过按钮或者摇杆控制缓速器的开关以及切换缓速器的挡位。

当缓速器各线圈绕组通过直流电流时，线圈绕组会产生磁场，励磁铁芯使磁场进一步加强。相邻两线圈的极性设置为反相，磁场及涡电流的产生如图 3-2 所示。缓速器转子盘转动时切割磁感线，于是在转子盘内部产生了涡电流，涡电流的方向符合 Fleming 右手法则。当涡电流产生后，磁场便会对转子盘产生力的作用，阻止转子盘的转动，即产生了制动力。制动力的方向符合 Fleming 左手法则。转子盘内产生的涡电流以热能的形式通过加装的散热片耗散到空气中。电涡流缓速器不断地将汽车的动能转化为转子盘中的电能，又将电能转化成热能，达到消耗汽车制动能量的目的。当切断线圈中的电流后，由于不形成电磁铁作用，电涡流缓速器不产生制动力矩。

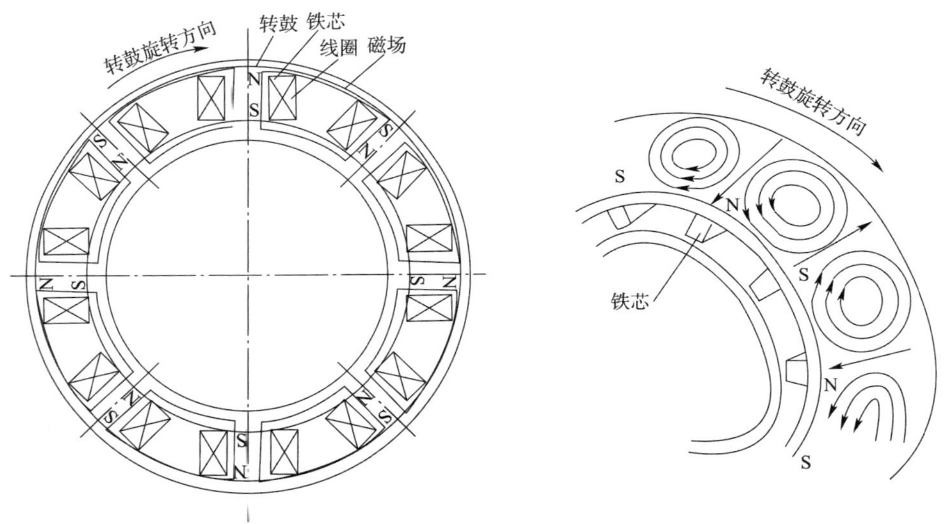

图 3-2 磁场及涡电流的产生

3.1.2 电涡流缓速器结构

电涡流缓速器分侧极式和顶极式两种结构形式(图 3-3)。侧极式电涡流缓速器各线圈磁极沿轴向排列[图 3-3a)]，磁极端设有固定在转动轴上的铁金属转鼓(转子)，涡电流区为接近磁极处的转盘内表面部分。顶极式电涡流缓速器各线圈磁极沿径向排列[图 3-3b)]，磁极端设有固定在转动轴上的铁金属转鼓(转子)，涡电流区为接近磁极处的转鼓内表面部分。侧极式轴向尺寸大，径向尺寸小；而顶极式径向尺寸大，轴向尺寸小。

侧极式电涡流缓速器典型产品是法国 Telma 电涡流缓速器(图 3-4)。其定子部分包括线圈、铁芯及定子本体，整个定子部分通过固定板连接件与车架相连，转子部分为带散热叶片的金属转盘。

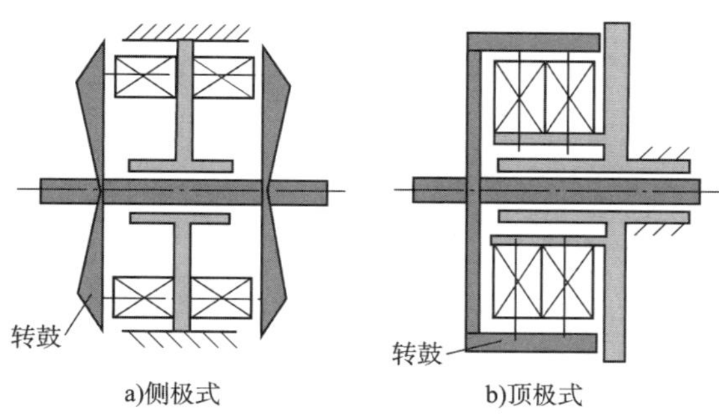

图 3-3　侧极式与顶极式电涡流缓速器示意图

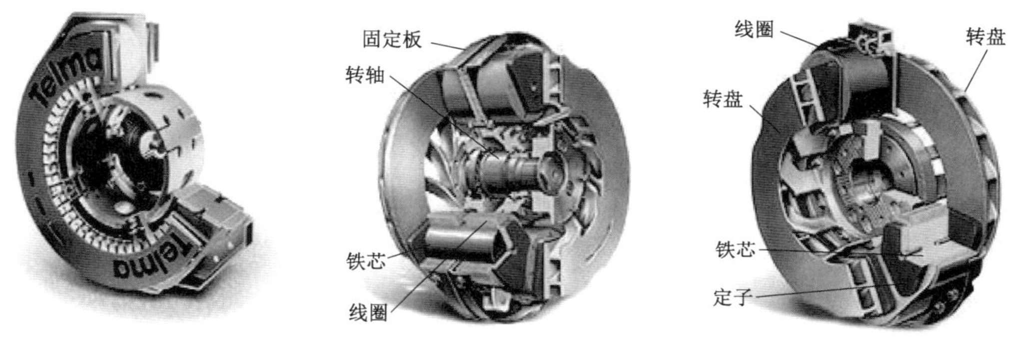

图 3-4　Telma 侧极式电涡流缓速器

顶极式电涡流缓速器典型产品是日本东京部品工业会社生产的电涡流缓速器(图 3-5),转鼓与转轴连为一体,线圈在定子上呈辐射状安装,转鼓内产生涡电流。

图 3-5　顶极式电涡流缓速器

3.1.3　电涡流缓速器分类

(1)根据转子盘的结构和布置方式不同可分为单转盘式、双转盘式和转筒式电涡流缓速器。单转盘电涡流缓速器的优点是转子质量小,但电效率低、制动力矩小,通常用于中小型车辆。双转盘电涡流缓速器除电效率高、制动力矩大以外，由于两个转子盘对称分布于定子两侧，电涡流缓速器工作时，定子对转子盘产生的轴向力能相互抵消，该类型缓速器应用广泛。转筒式缓速器质量及尺寸都很小，磁场呈径向分布，低速制动性能良好，但由于其制动力矩较小，应用较少。

(2)根据磁场的励磁方式不同可分为电磁型和永磁型缓速器。电磁型磁场为电磁场，励磁装置为励磁线圈组件(由线圈、铁芯、磁轭组成)，永磁型磁场为永磁场，励磁装置为永磁体，详见本书第5章。

(3)根据安装方式不同可分为有中心轴和无中心轴两种缓速器。有中心轴的缓速器其定子中心有轴承座和轴承，其优点是缓速器自成整体，对车辆变速器、驱动桥无任何影响，但必须占用传动轴约30cm的一段距离，故用于发动机前、中置的车辆。无中心轴的缓速器定子通过固定支架固定在变速器输出端或驱动桥上，转子通过连接凸缘或过渡环固定在变速器或驱动桥的凸缘上，基本不占用传动轴长度，这种缓速器在客车中应用较为广泛。

3.1.4 缓速器安装方式

电涡流缓速器在汽车上的安装位置和形式主要分为两种。

1)中央减速安装方式

中央减速安装方式把电涡流缓速器安装在动力传动系统的中部，控制整个车桥的制动减速。电涡流缓速器产生的制动力矩先作用在传动轴上，再分配于左右两侧的驱动轮上。即使两侧驱动轮的制动力矩大小有所差距，但他们只承受部分制动力矩，只占有整个制动力矩的很少部分，这样能有效抑制左、右轮制动力不同而引起的制动跑偏问题。中央减速安装方式分为三种，即安装在变速器输出轴端、传动轴之间和主减速器输入端部位。

图3-6所示为变速器输出端安装方式，为了保证有足够的连接强度，变速器壳体必须配套加工。该连接形式适用于后置发动机后驱动的大客车以及前置发动机前驱动的车辆。

图3-7所示为传动轴之间安装方式。这种形式不要求与变速器等部件配套加工，安装非常灵活，适用于前置发动机后驱动的任何车型。

图3-6 变速器输出端安装方式

图3-7 传动轴之间安装方式

图3-8所示为主减速器输入端安装方式，适用于后置发动机后驱动的大型客车以及半

挂车非驱动桥，尤其适用于大型公交客车。由于该连接形式的缓速器属于非悬挂质量部分，因此，该方案较前两种在平顺性方面略有逊色。

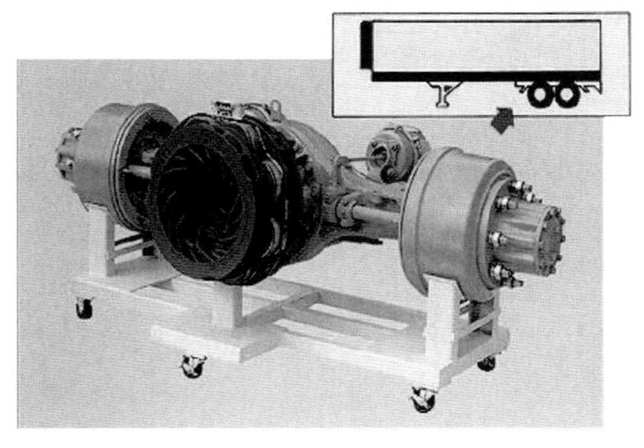

a)侧极式

b)顶极式

图3-8　主减速器输入端安装方式

2)车轮减速安装方式

对于用于矿山挖掘等特殊作业车辆、具有特殊要求的特大型车辆以及用于港口集装箱运输的车辆，适宜在每个车轮上安装一个电涡流缓速器。根据各个车轮的不同工况，电涡流缓速器可与制动器进行灵活的匹配，得到均匀、连续、无冲击的制动力，制动十分平稳，可以实现车辆平稳、柔和制动的要求。

3.1.5　电涡流缓速器特点

3.1.5.1　电涡流缓速器的优点

(1)提高行驶安全性。

电涡流缓速器可以分流30%～80%的制动负荷，使得行车制动器使用次数显著减少，避免制动器热衰退引发的安全事故。据日本TBK公司的试验资料，在箱根新道18min的下坡行驶中，不使用缓速器时下坡踩制动踏板13次，制动鼓最高温度达575℃；使用缓速器4挡下坡，只需踩1次制动踏板，制动鼓最高温度仅为64℃。

(2)提高经济性。

加装缓速器后由于轮胎温升降低，轮胎的热黏滞抱死现象也极少发生，调节制动器和更换制动蹄总成等日常维护等成本也降低。

如果要求在7%的坡道上以30km/h的速度行驶6km，由于高挡位的发动机制动和排气制动的制动效果比低挡位的差，因此，靠挡位控制车速只能使车辆以低速行驶，单凭发动机制动或排气制动很难满足要求。而缓速器不存在与挡位关联的制动力变化，因此，下坡时利用缓速器可以维持较高的车速，有效提高运输效率。

(3)提高舒适性。

安装缓速器的车辆，不但可以减少制动踏板的使用频次，也可以减少制动所需的踏板力。不需要频繁变换挡位增加发动机和排气制动的效果，也不需要关注低挡位运行时发动机超速运转，从而有效减轻了驾驶人的疲劳感，同时可减小制动所造成的冲击和噪声，提高了舒适性。

(4)提高环保性能。

由于转子和定子不接触,工作时没有摩擦材料接触,不会产生噪声。传统摩擦片材料在制动时会产生有害粉尘,如石棉粉、化学黏合剂微粒等,对环境和人体健康构成危害。缓速器的使用可以显著减少制动器的粉尘污染。

(5)低速制动性能好。

电涡流缓速器可以在较宽的转速范围内提供较大的制动力矩,如在传动轴转速为400r/min、车速15km/h时即可达到最大制动力矩的80%。

(6)制动响应快。

电涡流缓速器的制动反应时间约为40ms,而液力缓速器制动时间是电涡流缓速器的20倍。

3.1.5.2 电涡流缓速器的缺点

(1)消耗电能。

电涡流缓速器由车辆直流电源供电,制动时电流可达200A以上,达到最大挡位时缓速器耗电量大。

(2)质量大。

电涡流缓速器具有较大的质量,使得车辆的整备质量提高,其单位质量制动力矩大约是液力缓速器的1/3。

(3)制动力矩不稳定。

电涡流缓速器制动力矩受转子盘温度影响较大,当转子盘和励磁线圈的温度升高时,制动力矩会出现明显的衰减现象,其稳定性有待提高。

(4)热损害。

转子盘与传动轴刚性连接,产生的热量通过连接凸缘传导到传动轴上,一定程度上会降低传动轴强度,增加传动轴变形量,另外还将产生一定的热应力;由于热辐射,在缓速器周围区域应对易燃易爆物体进行隔热处理。

3.2 缓速器本体设计

3.2.1 缓速器主要参数的确定

1)最大制动力矩

在设计缓速器时,首先应该考虑其产生的制动力矩是否能够满足汽车的减速制动要求。电涡流缓速器所能产生的最大制动力矩不应大于地面最大附着力,即:

$$\frac{T_{\max} i_0}{r} \leqslant F_{z2}\varphi \tag{3-1}$$

而

$$F_{z2} = \frac{G}{L}\left(a - \frac{h_g}{g} \times \frac{\mathrm{d}u}{\mathrm{d}t}\right)$$

即:

$$T_{max} \leqslant \frac{G\varphi r}{i_0 L}\left(a - \frac{h_g}{g} \cdot \frac{du}{dt}\right) \tag{3-2}$$

式中：T_{max}——缓速器最大制动力矩，N · m；

F_{z2}——后轮法向反力，N；

φ——路面附着系数；

i_0——主减速比；

r——轮胎滚动半径，m；

G——车辆重力，N；

L——汽车轴距，m；

a——车辆质心距前轴距离，m；

h_g——车辆质心高度，m；

$\frac{du}{dt}$——车辆减速度，m/s^2。

2）最大功率

缓速器功率随转速的增加而增大，所能达到的最大功率应当根据车辆的最高车速和后轴最大附着条件确定。

后轴附着力为：

$$F_{\varphi 2} = F_{z2}\varphi = \frac{G}{L}\left(a - \frac{h_g}{g} \cdot \frac{du}{dt}\right)\varphi \tag{3-3}$$

式中：$F_{\varphi 2}$——后轮附着力，N。

即设计的电涡流缓速器制动功率 P 应满足：

$$P \leqslant P_{max} = \frac{F_{\varphi 2} V_{a_{max}}}{3600} \tag{3-4}$$

式中：$V_{a_{max}}$——最高车速，m/s；

P_{max}——缓速器最大功率，kW。

3）气隙

存在于转子和定子之间的气隙也是缓速器设计的一个重要参数。气隙的大小对磁阻的影响很大，为了减小磁阻，设计时应尽量减小气隙，以增大缓速器的最大制动力矩，亦能使最大制动力矩向低速区移动。但是，由于加工或装配公差以及转子、定子受热膨胀的影响，气隙太小可能会导致转子盘旋转时接触到定子。因此，综合考虑各因素，电涡流缓速器的气隙一般选在0.76～1.70mm之间。

4）磁体材料

电涡流缓速器磁路中的铁芯和转子盘通常选用电工纯铁或低碳钢的高导磁低剩磁性材料。选用相对磁导率较高的材料是为了减小磁路磁阻。同时，由于转子盘与传动系统刚性连接，始终保持旋转状态，如果转子盘的剩磁较高，在不需要对车辆缓速制动时依然在转子盘上存在一定的制动力矩。

5）转子盘结构参数

电涡流缓速器磁轭形状为一扇形，通常转子盘的内外半径与磁轭的扇形内外半径是相当的。气隙的作用面积 S_p 与转子盘的电阻率、厚度、磁场强度及磁场变化角速度有关，如下式所示：

$$S_p = \sqrt{\frac{\pi\rho P}{\Delta_h B^2 \omega^2}} \tag{3-5}$$

式中：S_p——气隙作用面积，m^2；

P——制动功率，kW；

ρ——转子盘的电阻率，$\Omega \cdot m$；

Δ_h——转子盘厚度，m；

B——转子盘磁场强度，A/m；

ω——磁场变化角速度，rad/s。

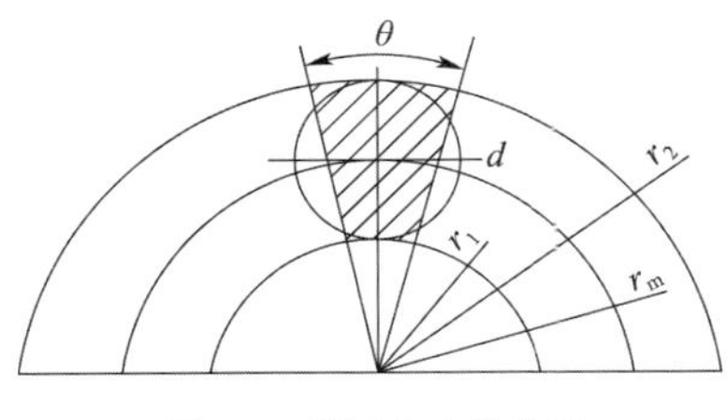

图 3-9 转子盘内外半径

转子盘内外半径如图 3-9 所示。

根据几何关系可得：

$$S_p = \int_{r_1}^{r_2} \frac{\pi\theta}{180} r\mathrm{d}r = \frac{\pi\theta(r_2^2 - r_1^2)}{360} \tag{3-6}$$

式中：r_1——转子盘(磁轭)的内半径，m；

r_2——转子盘(磁轭)的外半径，m；

θ——扇形磁轭的圆心角，一般取 28°～32°。

内、外半径分别为：

$$r_1 = \left(\frac{90}{\theta} - 1\right) \times \sqrt{\frac{S_p}{\pi}} \tag{3-7}$$

$$r_2 = \left(\frac{90}{\theta} + 1\right) \times \sqrt{\frac{S_p}{\pi}} \tag{3-8}$$

6) 磁极对数的选择

电涡流缓速器的磁极对数是根据电枢直径大小、机械特性要求以及材料消耗等指标进行选择的。当外形尺寸一定时，电涡流缓速器的最大转矩与磁极对数成正比，在一定范围内，磁极对数越大，制动力矩也越大，但磁极对数过大则极间漏磁增加，有效磁通量减小。

由于汽车上可提供的励磁电压为 24V DC 或 12V DC，励磁电流受到蓄电池容量的限制，一般在 100A 以内，当电枢直径随车辆安装空间确定后，根据选定的最大允许电流值，可通过以下方法确定合理的磁极对数。

线圈纵截面尺寸如图 3-10 所示，当确定了缓速器的电枢内径 $D = 2R$ 和磁极根径 $d = 2r$ 后，按极对数 p 把圆周分为 p 等分，每等分弧长为 s，$s = \frac{\pi d}{p}$，取 $a = \frac{s}{3} = \frac{\pi d}{3p}$。在每等分空间里除了铁芯所占的面积外，剩余面积为绕制线圈的截面积，取以 a 和 h 为边长的矩形作为实际线圈的截面积($h = R - r$)，则：

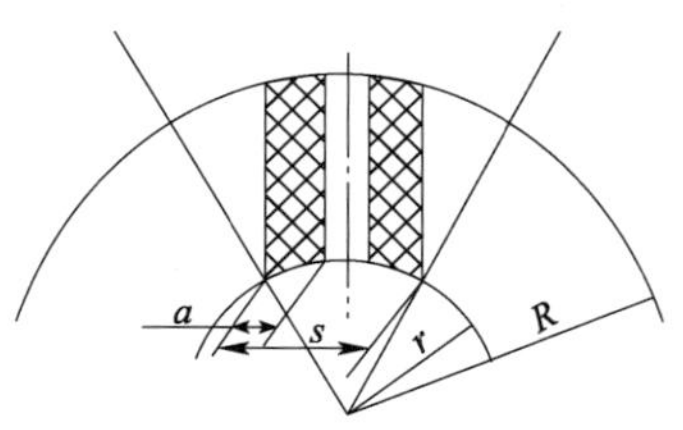

图 3-10 线圈纵截面尺寸

截面可绕制的线圈层数：$w_h = h/\phi$，ϕ 为线径；

每层的匝数：$w_a = a/\phi$；

每组线圈的匝数：$w = w_a \cdot w_h = ah/\phi^2$。

若线圈横截面尺寸如图 3-11 所示，则：

每匝平均长度：$l_m = 2H + 6a$；

每组线圈总电阻：$R = l_m \cdot w \cdot \mu$，其中 μ 为导线电阻率；

每组线圈的电流：

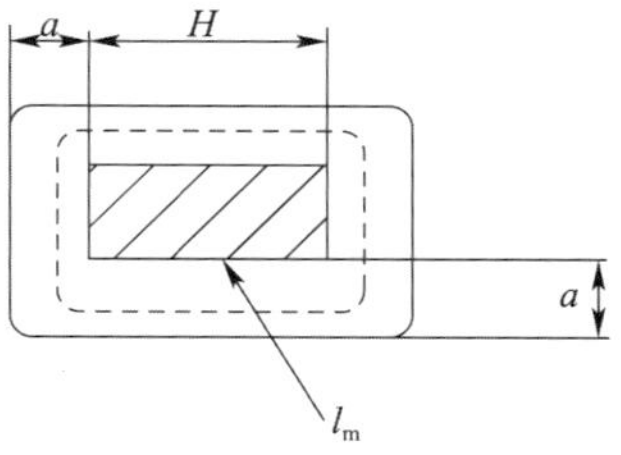

图 3-11 线圈横截面尺寸

$$I = \frac{V}{l_m w \mu} = \frac{V}{(2H + 6a) \cdot \frac{ah}{\phi^2}\mu} \tag{3-9}$$

每组线圈的磁动势(安匝数)：

$$I_w = \frac{V}{l_m \mu} = \frac{V}{\mu(2H + 6a)} \tag{3-10}$$

将 $a = s/3 = \pi d/3p$ 代入上式后关于 p 求导，得：

$$(I_w)' = \frac{V2\pi d}{\mu\left(2H + \frac{2\pi d}{p}\right)^2 p^2} \tag{3-11}$$

由求导结果可知，安匝数 I_w 随磁极增加而单调增加，但在实际上极数不能无限制地增加，它除受铁芯安装结构的限制外，还受通过电流的限制。当线径一定后，通过线圈的电流随磁极数增加而增加，当导线中电流密度达到一定值后，从降低线圈温度考虑，线圈的发热问题不允许电流过大。

由 $I = \frac{v}{\left(2H + \frac{2\pi d}{p}\right)\frac{\pi dh\mu}{3p\phi^2}}$ 可知，当蓄电池提供的电流温度确定后，p、ϕ 之间关系即已确定，选定蓄电池能提供的电流为 40A，$H = 60$，代入上式可得 p、ϕ 的关系为：

$$\varphi^2 = \frac{\pi dh\mu\left(120 + \frac{2\pi d}{p}\right)40}{3pv} \tag{3-12}$$

其中：$\mu = 37 \times 10^{-11}$。

磁极数与线圈线径的关系如图 3-12 所示。

另外，将不同极对数和对应的线径代入上面有关公式，得到不同磁极数能产生的单极磁感应强度的关系(图 3-13)。

由图 3-13 可知，当极数过少时，磁感应强度过大造成磁场过饱和，极数过多则磁感应强度不足而导致磁场强度偏低，只有在图示的阴影范围时，单极的感应强度在铁芯的磁饱和区附近，是最为合理的。综上分析可以确定，设计缓速器的涡流制动器选 12 极时处在合理区域，故确定为 6 对 12 极。

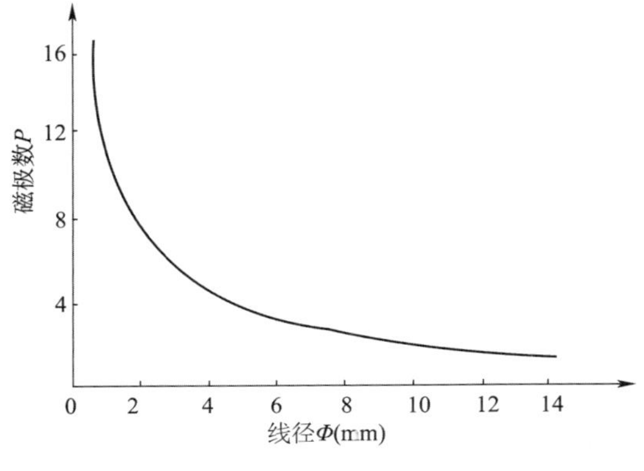

图 3-12 磁极数与线圈线径的关系图

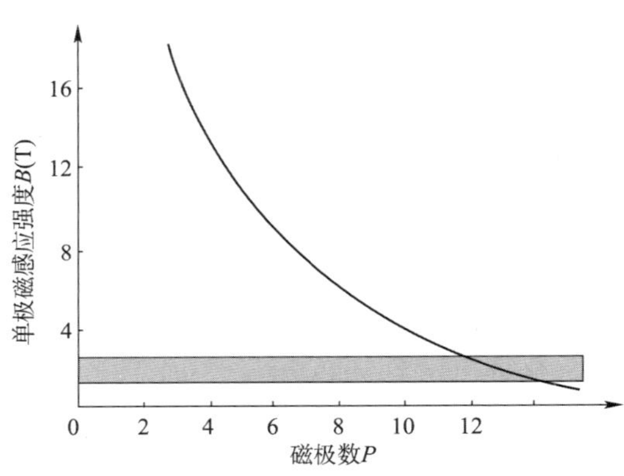

图 3-13 磁极数与单级磁感应强度关系图

3.2.2 缓速器制动力矩计算

3.2.2.1 W. R. Smythe 模型

为求解制动力矩,1942 年美国加州理工学院 W. R. Smythe 首先计算了磁感应强度 B。电涡流缓速器工作时,转子盘内产生柱状的电涡流,电涡流的大小不仅取决于外部磁场的磁感变化,还受到圆盘内部电涡流的磁感变化的影响。由于退磁效应,磁路的磁阻抗变大,使得励磁磁通渗入转子盘的深度减小,其数值也减小。当圆盘转动时,总的磁通量可以表示为:

$$\phi = \phi_0 - \frac{\beta^2\gamma^2\omega^2\phi}{R} = \frac{R\phi_0}{R+\beta^2\gamma^2\omega^2} \tag{3-13}$$

经积分后的制动力矩为:

$$T = \omega\gamma\phi^2 D = \frac{\omega\gamma R^2\phi_0^2 D}{(R+\beta^2\gamma^2\omega^2)^2} \tag{3-14}$$

式中:ϕ——圆盘的磁通量,Wb;

T——制动力矩,N · m;

ω——角速度,rad/s;

ϕ_0——转子盘静止时的渗透通量;

D——常系数,取决于磁极的分布;

R——电磁铁的磁阻;

β——常系数;

γ——系数。

与实验数据相比,该模型在低速时与实际较为符合,但是当转速很高时制动力矩衰减加快。

3.2.2.2 D. Schieber 模型

1972 年,麻省理工学院的 D. Schieber 采用通用的解决旋转体系统的方法计算制动力矩。其表达式为:

$$T = \frac{1}{2}\sigma\delta\omega\pi r^2 m^2 B_z^2 \left\{1 - \frac{(r/a)^2}{[1-(m/a)^2]^2}\right\} \tag{3-15}$$

式中：σ——圆盘的电导率，S/m；

δ——圆盘的厚度，m；

ω——角速度，rad/s；

r——电磁铁半径，m；

m——磁极面中心到圆盘轴的距离，m；

a——圆盘半径，m；

B_z——z 方向的磁感应强度，T，z 指向电磁极的中心方向。

该公式仅适用于低转速工况。

3.2.2.3 J. H. Wouterse 模型

在以上模型的基础上，1991 年荷兰爱因霍芬科技大学的 J. H. Wouterse 提出，当电涡流缓速器的圆盘制动时，被激发的电场 $E = n \times B$ 同时正交于圆盘的切线速度 v 和电磁感应强度 B。如果转速处于低转速区域（相对于最大制动力矩的临界转速而言），与转子盘在零速度下的初始磁感应强度 B_0 相比，由电流方式激发的磁感应强度则可以忽略不计，此时，正交于转子盘平面的磁感应强度可以假定等效于 B_0。根据这个现象，Wouterse 提出了低速时的制动力 F 表达式：

$$F = \frac{\pi}{4\rho} D^2 d B_0^2 c v \tag{3-16}$$

式中：$c = \dfrac{1}{2}\left[1 - \dfrac{1}{4\left(1 + \dfrac{r_1}{A}\right)^2 \left(\dfrac{A - r_1}{D}\right)^2}\right]$；

A——转子盘外圆半径，m；

ρ——转子盘电阻率，Ω · m；

r_1——磁极中心到转子盘中心的距离，m；

v——圆盘的切线速度，m/s；

B_0——初始磁感应强度，T；

D——铁芯所对应的圆盘直径，m；

d——转子盘厚度，m。

该公式的计算结果在低速时接近 Smythe 的计算结果。但在最大制动力的临界转速附近，平均磁感应强度明显小于初始磁感应强度 B_0，而在高速状态下磁感应强度的大小趋向于进一步衰减。针对这一问题，Wouterse 提出了高转速的计算公式：

$$F(v) = F' \frac{2}{\dfrac{v_k}{v} + \dfrac{v}{v_k}} \tag{3-17}$$

式中：$F' = \dfrac{1}{\mu_0}\sqrt{\left(\dfrac{c}{\xi}\right)\dfrac{\pi}{4} D^2 B_0^2}\sqrt{\dfrac{x}{D}}$，$v_k = \dfrac{2}{\mu_0}\sqrt{\dfrac{1}{c\xi}\dfrac{\rho x}{dD}}$；

ρ——转子盘电阻率；

d——转子盘厚度，m；

D——铁芯所对应圆的直径，m；

ξ——在磁极的周围，渐进电流分布区域的宽度与气隙的比率；

c——比率因子，是圆盘表面的电阻与圆盘磁极下部分表面的电阻之比；

v——圆盘的切线速度，m/s；

v_k——临界转速，即制动力最大时的转速，m/s；

B_0——初始磁感应强度；

x——气隙宽度，m。

尽管 Wouterse 给出了高转速和低转速区域的两个模型，但从模拟和控制的角度来看，在判断临界转速或过渡区域时存在困难。另外，对于高转速区域公式，参数 ξ 的值不能准确获得，通常假设为一固定值，这样当 ξ 存在误差时，会引起制动力矩计算结果产生误差。

3.3 缓速器控制装置设计

3.3.1 缓速器工作方式

电涡流缓速器的控制装置的任务是：

(1)根据驾驶人的操作意图，结合汽车运行工况控制缓速器，完成辅助制动过程。

(2)自动诊断缓速器的控制电路，及时报告缓速器故障，提醒驾驶人作出相应处理。

汽车行驶时，驾驶人做出的与制动有关的操作一般是对加速踏板、制动踏板和离合器踏板的控制。对于装有其他辅助制动装置的汽车，缓速器控制系统不仅能根据驾驶人的操作完成自身辅助制动的控制，而且能很好地配合其他辅助制动装置工作。

在汽车行驶速度较低时，不需要辅助制动。因此，控制装置应监测当前车速，判断是否需要缓速器参与制动。

驾驶人可根据行驶需要和辅助制动装置的状态，设置辅助制动与主制动是否联动、缓速器是否与其他辅助制动联动等。因此，应设置相应手动选择开关，即主制动联动开关和辅助制动联动开关。根据驾驶人对汽车加速踏板、制动踏板和离合器踏板的操作，控制装置应随时监测其状态，并作出判断，控制缓速器的工作。

根据以上要求，总结出缓速器的工作方式见表 3-1，并由控制装置予以实现。

缓速器工作方式　　表 3-1

主制动联动开关		ON			OFF		
辅助制动联动开关		OFF	1th	2th	OFF	1th	2th
车速		大于 10km/h					
加速踏板	踏下	—	—	—	—	—	—
	放松	—	EB	RB + EB	—	EB	RB + EB
制动踏板	踏下	RB + MB	RB + EB + MB	RB + EB + MB	MB	EB + MB	RB + EB + MB
	放松	—	EB	RB + EB	—	EB	RB + EB
离合器踏板	踏下	—	—	—	—	—	—
	放松	—	EB	RB + EB	—	EB	RB + EB

注：RB-缓速器制动；EB-排气制动；MB-主制动器制动。

3.3.2　缓速器控制方式

3.3.2.1　分级控制(励磁线圈控制)

分级控制，即分挡位控制，一般分为5个挡位。当开关位于0挡，所有线圈均不通电，此时缓速器不工作，转子与定子之间不存在相互作用力；当开关位于1挡，1号线接通搭铁，继电器盒内Ⅰ号继电器吸合，与之对应的第一组线圈接通电源，此时缓速器产生的制动力矩是最大制动力矩的四分之一；当开关位于2挡，1号线与2号线同时接通搭铁，继电器盒内Ⅰ号与Ⅱ号继电器均吸合，与之对应的第一组和第二组线圈接通电源线，此时缓速器产生的制动力矩是最大制动力矩的二分之一；当开关位于3挡，1号线、2号线与3号线同时接通搭铁，继电器盒内Ⅰ号、Ⅱ号和Ⅲ号继电器均吸合，与之对应的第一组、第二组和第三组线圈接通电源线，此时缓速器产生的制动力矩是最大制动力矩的四分之三；当开关位于4挡上，4条线同时接通搭铁，继电器盒内Ⅰ号、Ⅱ号、Ⅲ号与Ⅳ号继电器均吸合，与之对应的4组线圈全部接通电源线，此时缓速器提供缓速器最大制动力矩。

3.3.2.2　无级控制(励磁电流控制)

在车辆减速制动时，可根据需要调节电涡流缓速器定子绕组的励磁电流的大小控制磁场强弱，以获得相应的制动效果。电涡流缓速器的工作线圈阻值较小，工作电流可达几十安，而控制信号只有几十毫安。显然，采用模拟晶体管放大电路难以实现工作电流的精细控制，且由于晶体管制造工艺等问题，电路的稳定性和放大倍数的一致性难以保证。

应用脉冲宽度调制(Pulse Width Modulation，PWM)技术可以解决电涡流缓速器工作电流无级调节的问题。PWM控制技术是利用半导体开关器件的导通和关断控制电压脉冲宽度或周期，达到变压的目的，由于PWM可以有效地进行谐波抑制，而且动态响应好，因此，可以利用PWM控制技术实现对励磁绕组工作电流的控制。图3-14为PWM电压输出波形图。

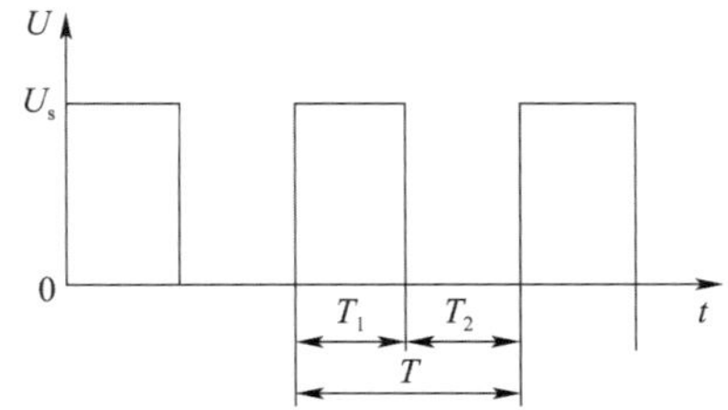

图3-14　PWM电压输出波形

设施加在电涡流缓速器励磁绕组两端的电源电压为U_S，则励磁绕组电压的平均值为：

$$U_R = \frac{T_1}{T_1 + T_2} U_S = \frac{T_1}{T} U_S = \alpha U_S \tag{3-18}$$

式中：α——一个周期T中晶体管导通时间T_1与周期T的比率，称为占空比，$\alpha = T_1/T \times 100\%$。

由式(3-18)可知，当电源电压$U_S = 24V$保持不变的情况下，励磁绕组两端电压的平均值U_R取决于占空比α的大小，改变α值可以改变励磁绕组两端电压的平均值，从而根据欧姆定律达到调节励磁绕组工作电流的目的。

3.3.3　制动控制方式特性影响

下面就分级控制和无级控制两种不同制动力矩控制方法对电涡流缓速器制动特性和耗能特性的影响进行分析。

传统的分级控制方法使用继电器控制电涡流缓速器分挡，继电器在控制过程中会产生电弧造成安全隐患，因此，采用电子控制装置取代继电器实现上述功能逐步成为电涡流缓速器控制器市场的主流。在制动过程中，假设电压源额定电压恒定不变，但是电涡流缓速器总电阻值随着挡位变化而不同，其总耗电量可表示为：

$$E_F = \frac{U_0^2}{2R_0}t_1 + \frac{U_0^2}{2R_0}t_2 + \frac{U_0^2}{2R_0}t_3 + \frac{U_0^2}{2R_0}t_4 \tag{3-19}$$

式中：　U_0——励磁绕组两端电压，V；

t_1、t_2、t_3、t_4——第1、2、3、4组励磁绕组的工作时间，s。

分级控制方法输出的制动力矩逐级改变而造成电涡流缓速器制动时舒适性差，为克服分级控制方法的缺陷，利用直流斩波器改变与车载电源的导通时间，控制施加在励磁绕组两端的等效电压，可以无级调节电涡流缓速器输出的制动力矩。基于无级控制方法的电涡流缓速器耗电量表达式为：

$$E_F = N_P\frac{U_0^2}{2R_0}t \tag{3-20}$$

此时电压源输出的实际电压值为：

$$U_0 = 2R_0 \cdot \frac{F_c + \frac{B}{\mu_0}l_g + f_1(B)h + f_2(B)\Delta_h}{N} \tag{3-21}$$

式中：l_g——气隙长度，m；

h——励磁线圈骨架长度，m；

Δ_h——涡流肌肤深度，$\Delta_h = \sqrt{\frac{2\rho_{Fe}}{\omega\mu_0\mu_r}}$，m；

μ_0——真空磁导率，H/m；

μ_r——转子盘相对磁导率，H/m；

ρ_{Fe}——转子盘电阻率，Ω·m；

B——气隙磁感应强度，T；

ω——磁场变化角速度，rad/s；

N_p——励磁线圈磁极对数；

N——转子盘转速，r/min。

其中气隙磁感应强度为：

$$B = \sqrt{\frac{16T\pi\rho_{Fe}\omega_n}{k\Delta_h(\omega S_P)^2}} \tag{3-22}$$

式中：S_P——涡流作用区域面积，m^2；

k——转子盘内圆盘个数；

T——电涡流缓速器制动力矩，N；

ω_n——转子盘角速度，rad/s。

根据上文建立的电涡流缓速器非线性数学模型进行仿真研究，在仿真过程中忽略轮胎和道路之间的滑移率，具体仿真参数如下：汽车总质量为14500kg；主减速器传动比为4.87；轮胎滚动半径为0.505m；汽车行驶坡度为2%。

初始车轮转速为1400r/min左右，然后控制电涡流缓速器以维持汽车恒速行驶。两种控制方法均能快速地控制汽车达到恒定的车轮转速为740r/min。随后无级控制方法控制电涡流缓速器的制动力矩维持在530N·m左右，其输出的制动力矩存在细微的波动，两种控制方法的制动力矩曲线如图3-15所示。分级控制方法输出的制动力矩在400～780N·m之间依次变换，即电涡流缓速器在1挡和2挡之间频繁切换。1挡输出的制动力矩明显地逐渐衰减，2挡输出的制动力矩同样如此。同时，电涡流缓速器处于1挡的时间越来越短，处于2挡的时间却越来越长。

两种控制方法的转子盘转速曲线如图3-16所示，无级控制方法能够很好地控制汽车车速使其保持恒定，但是分级控制方法的车轮转速却在700～760r/min之间振荡波动。车轮转速波动的区间是根据控制要求设定，区间设置得越宽，驾驶人的舒适感越差。

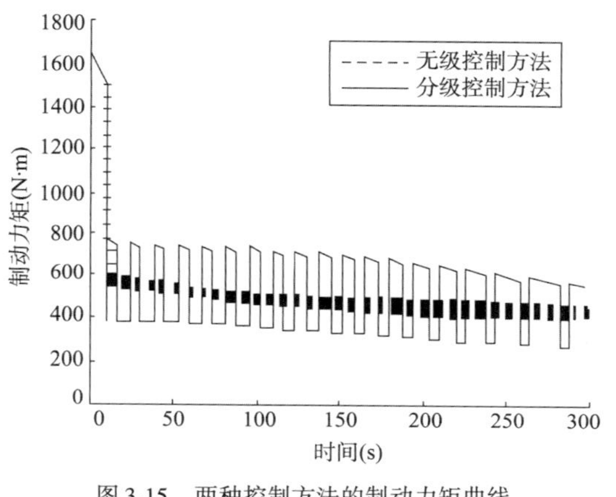

图3-15　两种控制方法的制动力矩曲线

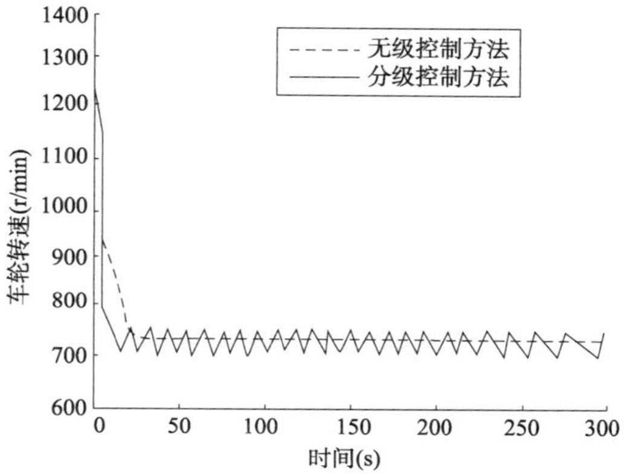

图3-16　两种控制方法的转子盘转速曲线

两种控制方法的转子盘温度曲线如图3-17所示，这表明在两种控制方法下转子盘温度变化趋势和数值都很接近，因此，两种控制方法下转子盘吸收的热量基本相同，即电涡流输出的制动功率相同，分级控制方法输出的平均制动力矩和平均转速均近似等于无级控制方法的输出。两种控制方法的励磁绕组温度曲线如图3-18所示，由此可知，在制动过程中基于分级控制方法的1挡励磁绕组的温度远大于基于无极控制方法的励磁绕组温度。产生这种现象的原因是分级控制方法两个励磁绕组的使用时间并不均衡，导致1挡励磁绕组的温度上升过快。

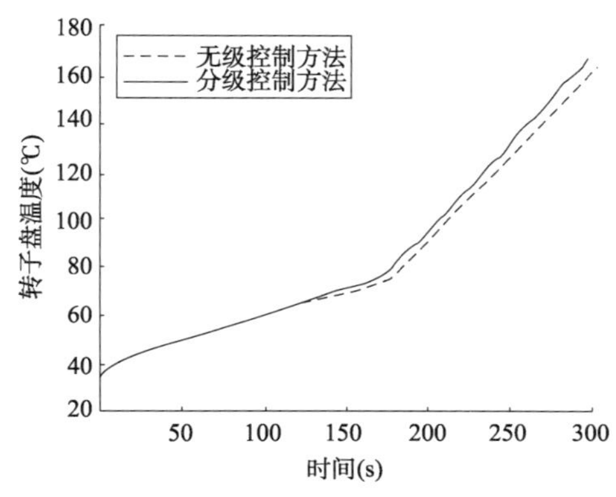

图3-17　两种控制方法的转子盘温度曲线

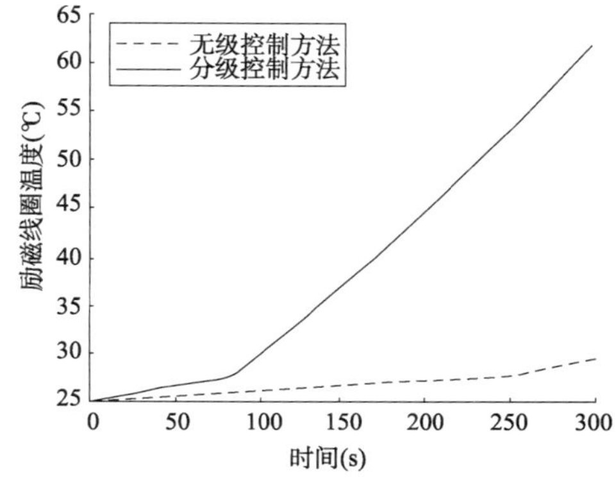

图3-18　两种控制方法的励磁绕组温度曲线

两种控制方法的耗电量曲线如图 3-19 所示。由图 3-19 可知,使用分级控制方法的耗电量大于无级控制方法。同时,在使用分级控制方法时,由于 1 挡励磁绕组一直处于导通状态,其耗电量大约为 2 挡励磁绕组耗电量的 1.5 倍(图 3-20)。而为便于比较,在仿真实验中无级控制方法只使用两个励磁绕组工作,所以它们的耗电量相同。

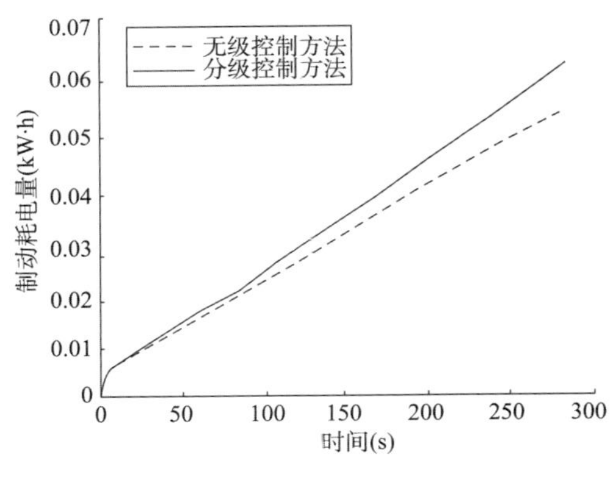

图 3-19 两种控制方法的耗电量曲线

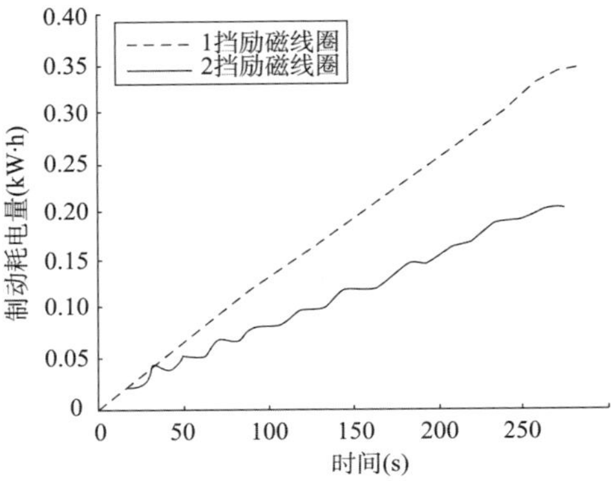

图 3-20 分级控制方法 1 挡和 2 挡耗电量曲线

使用两种控制方法,在转子盘温度相同且均有两组励磁绕组工作的情况下,分级控制方法耗电量大于无级控制方法的原因主要是制动任务分配不均匀。分级控制方法将过多的制动任务分配给 1 挡励磁绕组,导致其温度迅速升高。根据图 3-15 分析得到,1 挡励磁绕组的电阻变大导致其励磁电流和制动力矩均减小,造成 2 挡励磁绕组的工作时间增加和耗电量的额外增加。由此可以预见,当电涡流缓速器在 3 挡或 4 挡之间切换时,无级控制方法的节能效果就不会很明显;但当电涡流缓速器输出制动力矩较小且工作时间较长时,无级控制方法的节能效果会非常显著。所以为减小缓速器的能源消耗,应均匀地将制动任务分配给 4 个励磁绕组,以保证单个励磁绕组的温度不至于过高而增大能耗。

3.3.4 缓速器控制电路设计

缓速器系统由中央控制单元、工作状态显示屏、工作驱动单元、温度信号处理单元及电涡流缓速器本体等组成,其框图如图 3-21 所示。

3.3.4.1 控制信号

1)输入信号

(1)驾驶人设的开关量信号(2 路):主制动联动开关,辅助制动联动开关。

(2)脚踏板位置开关量信号(3 路):加速踏板位置开关,制动踏板位置开关,离合器踏板位置开关。

(3)自诊断开关量信号(1 路)。

(4)车速信号(1 路)。用高频接近开关作车速传感器,测量缓速器转子转速(输出频率量),计算汽车速度。

(5)缓速器工作温度信号(4 路):缓速器电涡流线圈温度传感器(2 路),缓速器电涡流转子温度传感器(2 路)。对缓速器温度的控制,主要是为了保护电涡流线圈过热烧毁、转子过热变形。因此,温度控制只是对预设的温度点监测。可设计专门温度检测电路,对连续变化的温度传感器模拟量,以预设的控制温度点转换成开关量,即四路温度控制开关量信号,简化监控信号。

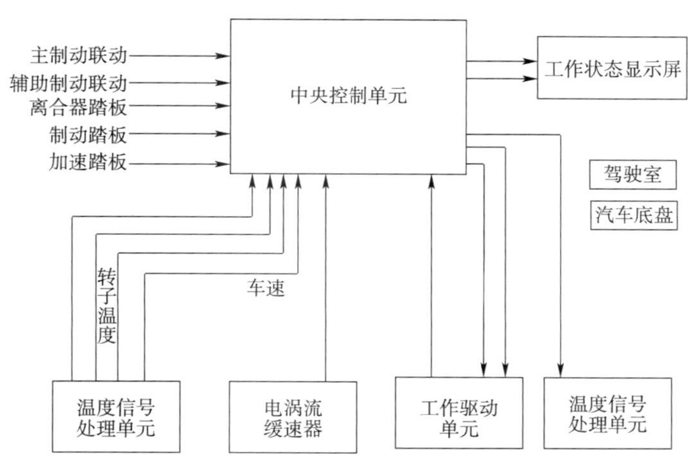

图 3-21 缓速器系统框图

2)输出信号

(1)电涡流缓速器工作电源继电器控制开关信号(1 路)。电涡流缓速器工作电流较大,其供电与其他汽车电器分开,由专用继电器独立供给。继电器通断由缓速器控制单元控制。

(2)线圈电流通断控制开关信号(2 路)。线圈分为两组,由两路信号分别控制。

3.3.4.2 控制单元电路设计

缓速器中央控制单元以工业级 MCS-51 单片机(AT89C2051)为核心,采用光电隔离技术整合电路,使其具有结构简单、工作可靠、适应性强等特点。

1)缓速器操纵信号整合处理

根据实际驾驶操纵过程,由以上对缓速器工作方式的分析可知,车速大于设定车速 10km/h 时,缓速器可参与制动。加速踏板或离合器踏板踩下时,必须断开辅助制动(缓速器制动和排气制动);操纵踏板的其他情形,随主制动联动开关和辅助制动联动开关的设置而定。因此,可对三个踏板状态信号和两个联动开关状态信号作简单整合,三路踏板变成一路信号到单片机,即可实现对缓速器的各种方式的控制。缓速器操作信号整合原理如图 3-22 所示。

2)输入信号的标准化处理

由于踏板状态信号、速度信号随传感器形式的不同,其输出信号也有大有小,MCS-51 单片机要求信号是 0 ~ 5V 的信号。因此,必须对输入信号做标准化处理。采用光电隔离器件,依次对速度信号与踏板信号进行处理,具有电路简单、适应性强的特点。

3.3.4.3 驱动电路设计

驱动电路原理如图 3-23 所示。

驱动电路提供缓速器继电器的控制信号、驱动线圈工作。除此以外,设置了缓速器故障诊断线,提供诊断信号。诊断原理如下:

（1）缓速器驱动信号断开（为高电平），继电器断开，诊断信号为高电平，即继电器有故障。

（2）缓速器驱动信号断开（为高电平），继电器闭合，诊断信号为低电平，即线圈驱动开关管有故障。

（3）缓速器驱动信号闭合（为低电平），继电器闭合，诊断信号为高电平，即线圈驱动开关管有故障。

依此原理，可得到缓速器工作前和工作中发生故障的六个故障码。

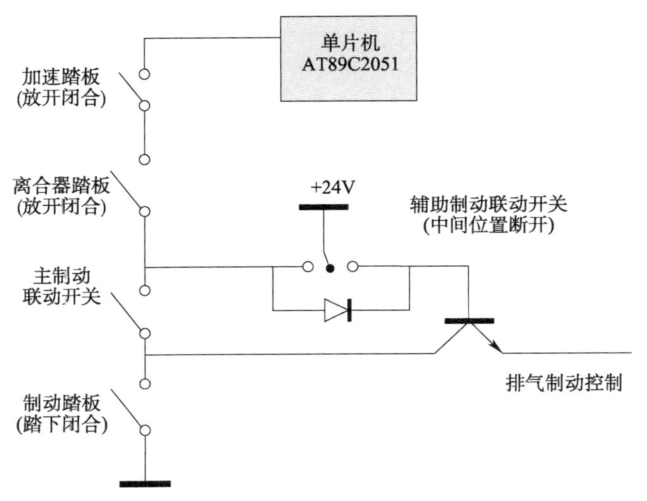

图 3-22　缓速器操作信号整合原理

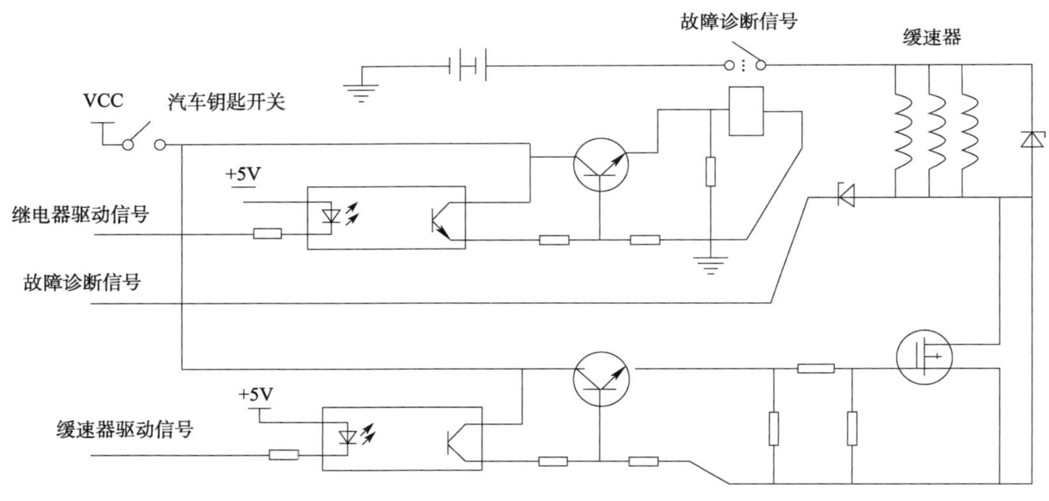

图 3-23　驱动电路原理

3.3.4.4　温度检测电路设计

缓速器本体温度检测原理如图 3-24 所示。对温度传感器信号，根据传感器的类型，首先进行高精度放大、滤波处理，输入比较器；比较器根据预设的基准电压，即可输出标准的反转信号（高电平或低电平），供控制单元的单片机判断。

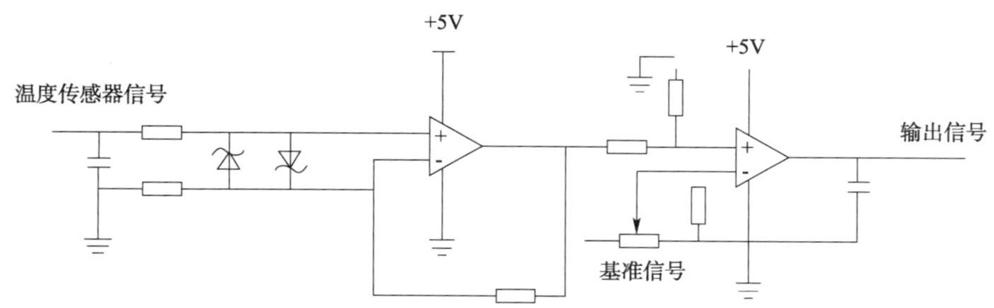

图 3-24 缓速器本体温度检测原理

比较器的基准电压,即可表示温度控制点。通过调整比较器基准端的电位器,就可方便地设置控制温度。

对温度传感器的故障诊断,可通过计算缓速器持续工作时间(预设最长连续工作时间),检测温度信号端的电平变化,间接判断温度传感器的好坏,可得到四个温度传感器的故障码。

3.3.5 缓速器操纵控制方式

3.3.5.1 手柄控制

图 3-25 所示为缓速器手控装置,其采用分级控制方式,它仅提供给操作者一种手动操作控制方式。手柄安装在转向盘下方或仪表板上,有五个挡位,分别为 0 挡(无制动能力)、1 挡(1/4 制动能力)、2 挡(2/4 制动能力)、3 挡(3/4 制动能力)、4 挡(最大制动能力),把开关拨至各有效制动挡位上,缓速器即被启动。

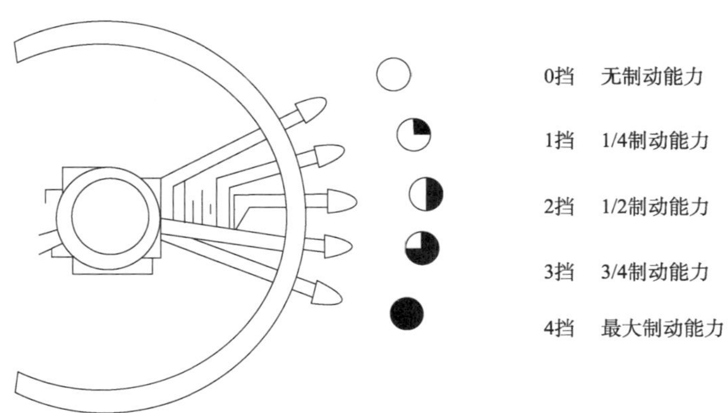

图 3-25 缓速器手控装置

恒速制动功能采用弹性按键方式控制,以按键按下时刻的车辆行驶速度为基准,跳转至恒速巡航模块以实现制动力矩的连续快速调节,从而稳定车辆行驶速度。驾驶人可根据汽车的负载情况和运行状态以及路面交通状况对控制手柄进行调整,相应挡位的指示灯亮起。该操作方式主要用于在公路上行驶的车辆。在弯道和其他一些要求进一步减速的地方,需要利用行车制动来实现。

恒速制动功能一般采用无级控制方式。驾驶人通过按键可把当前车速储存起来,在车辆下坡时,在缓速器的制动功率范围之内,通过控制缓速器励磁电流,使车速自动恒定在该速挡上,而无须反复操作手动开关。

3.3.5.2 踏板控制

图 3-26 所示为目前比较常用的缓速器踏板控制装置。当车辆达到一定的行驶速度上时,操作者踩下制动踏板,继电器盒对缓速器定子线圈通电,产生制动力矩。

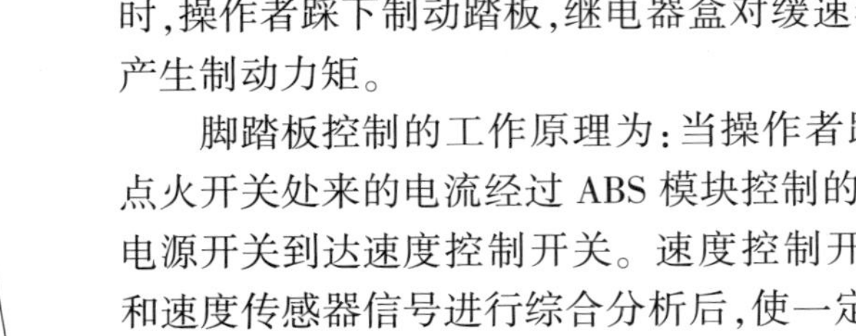

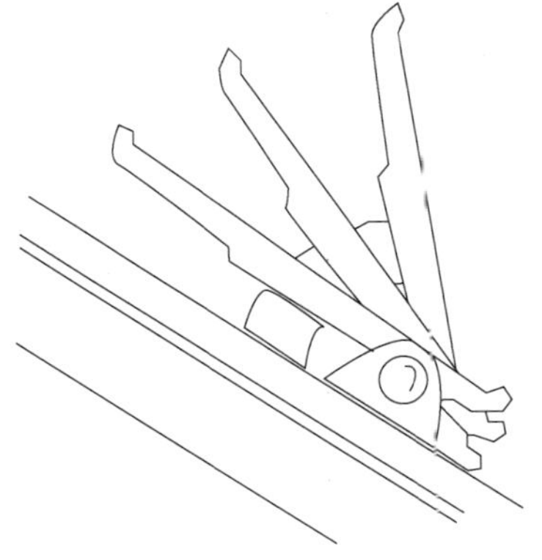

图 3-26 缓速器踏板控制装置

脚踏板控制的工作原理为:当操作者踩下脚踏板后,从点火开关处来的电流经过 ABS 模块控制的继电器,再由脚控电源开关到达速度控制开关。速度控制开关对里程表信号和速度传感器信号进行综合分析后,使一定的电流流入气压开关总成。同时在踩脚踏板后,缓速器上的比例阀相应开启,比例阀的开启程度与脚踏板的运动行程成正比。比例阀开启后,相应气压的气压开关总成与不同的气压开关所能承受的气体压力不同,1 挡开关承受的气体压力最小,所以最先闭合。闭合后,从速度开关上来的电流便由气压开关到继电器盒,使继电器触点闭合。从蓄电池来的大电流便由继电器到相应的各挡定子线圈上,缓速器开始工作,同时相应的指示灯亮起。

另外,综合手柄和踏板两种控制方式的混合控制,在手动和脚动开关联用时,同样能实现四个缓速挡位,手柄和脚踏开关可同时或单独工作,在此情况下也可以实现恒速制动功能(依靠手动开关上的键钮)。这种控制方式主要安装在城市客车和长途线路上运营的大型客车上。

3.3.6 缓速器控制系统实例

图 3-27 所示为一安装于传动轴间的电涡流缓速器及其控制系统,对图中所示各部分的名称及作用简要说明如下。

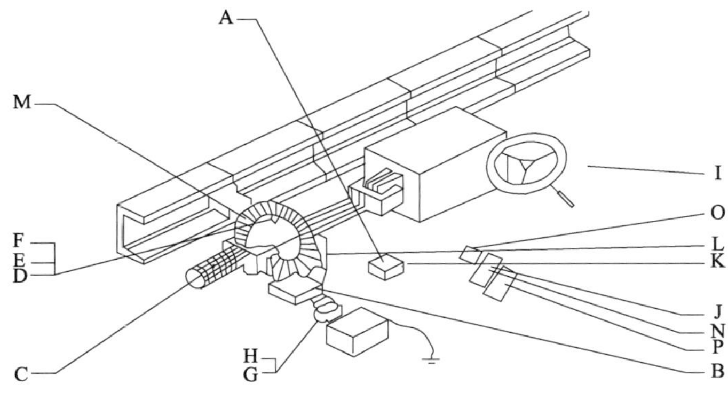

图 3-27 电涡流缓速器及其控制系统

A——控制器,安装在驾驶舱仪表板下的空腔内,它的主要作用是分析处理传感器采集到的各种输入信号,并输出控制缓速器是否工作的指令信号。

B——驱动器,安装于车架内侧,作用是当接收到控制器的动作指令时,驱动器向缓速器本体线圈输入电流,产生制动力。

C——缓速器本体,安装于传动轴上,作用是当产生制动力时,使转子的动能转化为转子的热能。

D——轮毂温度传感器1,安装于缓速器本体的电磁线圈励磁铁芯中部,主要作用是通过测量轮毂附近的空气温度来测得轮毂的温度变化。

E——轮毂温度传感器2,安装于缓速器本体的电磁线圈励磁铁芯内,当轮毂温度传感器1发生故障时,代替其工作。

F——线圈温度传感器,安装于缓速器本体的线圈内部,用来测定制动时的线圈温度。

G——主继电器,安装于变速器后部车架内侧,接收到由控制器发送的控制信号时产生动作,供给缓速器本体线圈电流。

H——熔断丝,安装于主继电器旁,起到对缓速器本体线圈的过电流保护作用。

I——故障指示灯,安装于仪表板上,显示缓速器是否在工作中。

J——主制动器联动开关,安装于制动踏板的制动间隙之间,当制动器联动开关打开时,缓速器发挥作用。

K——故障灯开关,安装于仪表板上,用来显示故障脉冲。

L——车速传感器,安装于缓速器转子与传动轴连接的凸缘部,使缓速器在低转速或制动温度较高时暂不起作用。

M——缓速器操纵开关,放于Ⅱ挡位置时使制动器与缓速器能够同时起作用。

N——停车灯继电器,位于停车灯电路上,使缓速器可以与制动器联动作用。

O——离合器开关,位于离合器踏板间隙,当离合器踩下时缓速器不起作用。

P——加速开关位,位于加速踏板下,当加速踏板踩下时,缓速器不起作用。

3.3.7 缓速器自诊断

3.3.7.1 控制程序运行状态监控

为保证缓速器正常运行,除硬件系统的检测外(缓速器本身的自检系统),还须对软件系统进行实时监控。在主控制循环程序一次循环结束时,增加对软件的判断子程序。当程序进入判断子程序时,子程序控制改变检测指示通道的电平,若软件系统运行正常,指示灯闪烁。若程序运行不正常,指示灯停止闪烁,从而提醒驾驶人关闭自动控制系统,采用手动控制或其他制动装置,保证汽车安全下坡。

3.3.7.2 缓速器自动保护

电涡流缓速器工作时电流最大可达100A,短时间产生高温,放出大量的热。为了保护电磁线圈和涡流体,对线圈和转鼓温度设置监控电路。

当缓速器温度过高时,系统进入保护状态,提示将异常状况反馈给驾驶人。该工作也通过一个子程序来完成。子程序首先通过轮毂温度传感器和线圈温度传感器判断是否进入保护状态,再根据保护状态的最高挡判断加速度大小。若加速度 a_n 大于零,则表明持续制动系统无法保持稳定车速,程序控制在指示灯通道输出高电位,指示灯发光。这时,驾驶人须采用其他制动装置才能保证汽车以期望车速行驶,缓速器温度保护与监控子程序框图如图3-28所示。

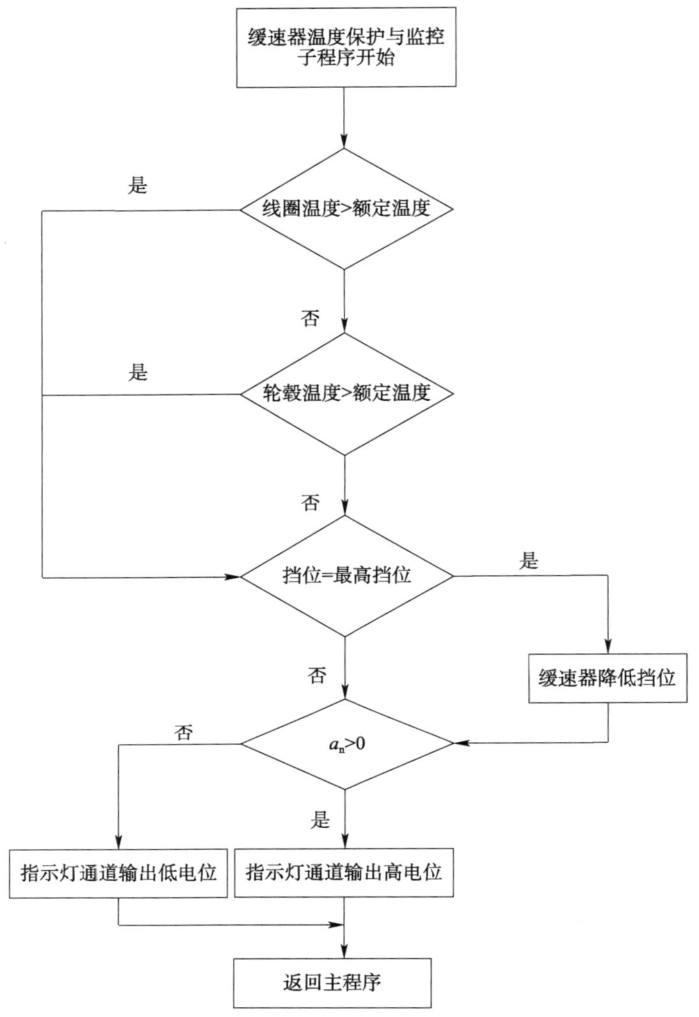

图 3-28 缓速器温度保护与监控子程序框图

3.4 缓速器特性

3.4.1 缓速器温度特性

从能量转换的角度看,电涡流缓速器制动过程是利用电磁效应形成制动阻力,对汽车产生制动作用,从而消耗机械能,使行驶中车辆的动能或势能减小,被消耗的动能或势能再转化为热能,耗散到大气中。

缓速器的散热性能直接影响其工作特性和使用寿命,保持缓速器处于较低温度工作,即保持缓速器良好的温度特性,使电磁线圈工作在合适的温度范围内,能有效保证缓速器具有稳定的力矩特性。

3.4.1.1　温度特性分析

缓速器的热量来自两部分,第一部分是电磁铁芯线圈自身的阻抗引起的热量,第二部分是涡电流流过转子盘(或铁圈),因转子盘(或铁圈)阻抗引起的热量。第一部分热量由供电系统的功率损耗引起,第二部分热量由车辆下坡时机械能的损耗引起。

1)铁芯线圈功率损耗引起的热量

电源向缓速器供电,缓速器产生制动作用,使车辆减速。在这个过程中,电所扮演的角色是维持电磁铁芯线圈产生一定的磁感强度,即扮演电磁铁电源的作用。由安培环路定律可知,当线圈管的长度 L、线圈匝数 N 和铁磁质的磁导率 μ_0 确定后,电磁铁芯线圈的磁感强度 B 与励磁电流的关系成正比,即$B=(\mu_0 N/L)I$。由法拉第电磁感应定律可知,旋转铁盘切割磁感线时,在转子盘中产生涡电流,当线圈或极对数确定后,在一定旋转转速下所产生的感应涡电流与磁感强度 B 成正比,按照楞次定律,所产生的制动力矩也就越大。因此,为了获得足够的制动力矩,必须要求电磁铁芯线圈有足够的磁感强度,即要求提供较大的供电电流。

由焦耳定律,线圈上因电流产生的热量与电流平方及线圈电阻成正比。因此,当励磁电流确定后,为了降低线圈上的热量,在保证较小电阻的同时,应尽可能减小通过每个线圈的电流。

2)转子盘中感应涡电流产生的热量

涡电流产生的热量是由外部机械能的损耗引起的。按照楞次定律,闭合的导线回路中所产生的感应电流,总是使它自己所产生的磁场反抗任何引起电磁感应的变化。将楞次定律应用到缓速器的涡电流与制动力矩的关系解释上,可以描述为:旋转的转子导体在一铁芯线圈产生的磁场中运动时,处在变化磁场中的转子将产生感应涡电流,载流转子在磁场中受到力的作用,其作用方向与转子的旋转方向相反,阻碍转子盘旋转,从而产生制动效能。楞次定律是符合能量守恒定律的,要使转子盘旋转,就要外力对其做功,这样,就把外部的机械能转换为感应涡电流通过转子导体时所放出的能量。下坡时,车辆动能(或势能)的损耗转化成了涡电流通过转子导体时放出的热量。

由于转子导体的电阻很小,涡电流可达到较大的值,从而产生很强的热效应。如果仅靠转子盘上的散热叶片散热,转子涡流区的温度会高达600℃以上,严重影响缓速器性能。

3.4.1.2　温度升高对缓速器性能的不利影响

温度升高对缓速器的不利影响主要体现在如下两方面:

(1)使铁圈(或转子盘)变形,造成制动效果变差,并影响转子的工作稳定性,严重时危及安全,温度过高还会烧毁线圈。

(2)使电磁铁芯线圈的温度过高,励磁电流随温度升高而减小,降低了电磁铁芯线圈的磁感强度,制动力矩减小。

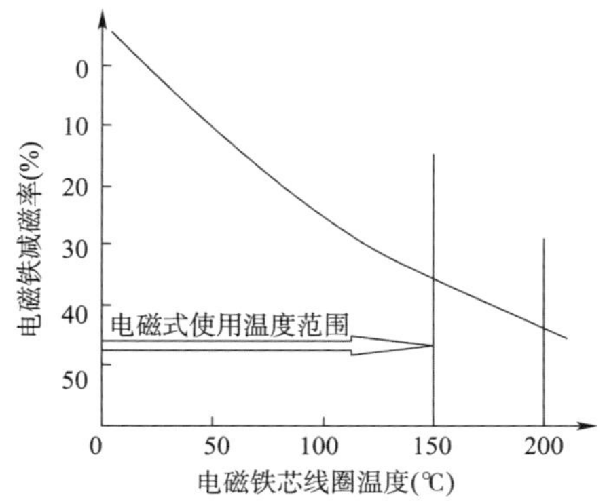

图3-29　电涡流缓速器线圈温度对电磁铁减磁率的影响曲线

图3-29所示为电涡流缓速器线圈温度对电磁铁减磁率的影响曲线。当线圈温度达到100℃时,减磁

率达到25%，即磁感强度降低25%；当温度达到150℃时，减磁率达到35%；当温度达到200℃时，减磁率达到43%，电磁铁芯线圈的磁感应强度受到严重影响，使涡电流强度减弱，制动力矩减小。

由于线圈除自身电阻阻碍励磁电流产生热量使温度升高外，转子盘中涡电流产生的热量也会通过辐射与对流使线圈温度升高，因此，如果不采取任何控制措施，线圈温度很容易达200℃以上，使缓速器的制动能力大打折扣。

3.4.1.3 电涡流缓速器瞬时温度预测方法

制动盘电磁参数随温度变化曲线如图3-30所示。制动过程中励磁绕组和转子盘温度的升高，使得软磁材料的电阻率和相对磁导率、铜导线的电阻率改变，对电涡流缓速器输出制动力矩产生直接影响。相对磁导率随温度变化曲线如图3-30a)所示，由此可知，相对磁导率随温度的升高而不断降低，且当转子盘温度达到300℃时，相对磁导率温度曲线的斜率出现拐点。因此，可以利用分段线性化的方法对相对磁导率μ_r随温度变化的曲线进行处理：

$$\mu_r=\begin{cases}\mu_1+a_1t_1, & 0\leqslant t_1\leqslant 300\\ \mu_2+a_2t_1, & t_1\geqslant 300\end{cases} \tag{3-23}$$

式中：μ_1、μ_2——相对磁导率常数；

a_1、a_2——转子盘磁导率的温度系数；

t_1——转子盘温度，℃。

电阻率随温度变化曲线如图3-30b)所示。由此可知，转子盘的电阻率与温度成正比，其实铜导线也有类似的特性。考虑到电涡流缓速器散热能力较强和励磁绕组温度变化范围较窄，可以直接将两者电阻率随温度的变化曲线进行线性化：

$$\begin{cases}\rho_{Fe}=\rho_1[1+b_1(t_1-t_0)]\\ \rho_{Cu}=\rho_2[1+b_2(t_2-t_0)]\end{cases} \tag{3-24}$$

式中：ρ_1、ρ_2——常温下转子盘和铜导线的电阻率；

b_1、b_2——转子盘和铜导线电阻率的温度系数；

t_2——铜导线温度，℃；

t_0——环境温度，℃。

励磁绕组温度升高导致单个励磁线圈的电阻值增加，进而降低励磁电流，削弱励磁磁场；而转子盘温度升高时，电涡流缓速器输出的制动力矩也有一定程度的衰减。由于通过安装温度传感器来提高电涡流缓速器控制精度成本较高，因此，有必要研究电涡流缓速器在制动过程中的瞬时温度的预测方法。

为简化建模，作如下假设：

(1)将电涡流缓速器周围的空气温度设定为环境温度。

(2)电涡流缓速器在持续制动时，热传导只存在各个主要部件之间，对外界的散热可忽略不计。

(3)由于转子盘导热性能强，在持续制动期间认为其温度分布是均匀的。

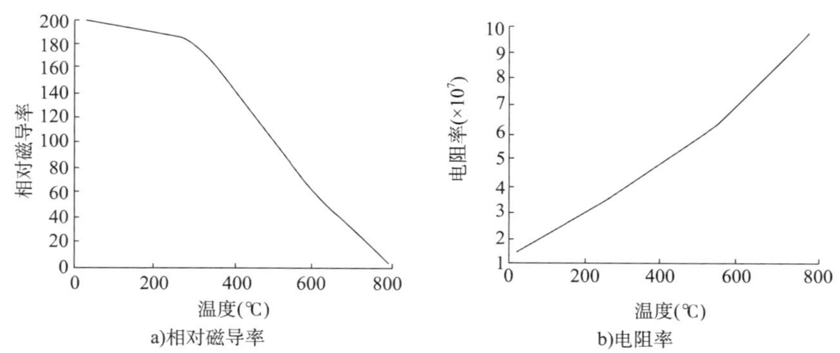

图 3-30 制动盘电磁参数随温度变化曲线

电涡流缓速器工作时吸收汽车的制动能量,这些制动能量一部分储存在转子盘中,另一部分被不断旋转的转子盘散发到空气中。依据能量守恒定律,有:

$$Q = P_e - P_d \tag{3-25}$$

式中:P_e——单位时间内电涡流缓速器吸收的热量,W;

P_d——单位时间内转子盘散发的热量,W;

Q——单位时间内转子盘内储存的热量,W。

单位时间内转子盘散发的热量为:

$$P_d = h_d A_d (T_{d1} - T_{d0}) \tag{3-26}$$

式中:h_d——转子盘对流换热系数和辐射换热系数之和;

A_d——转子盘的有效散热面积,m^2;

T_{d0}、T_{d1}——制动前后转子盘温度,℃。

转子盘单位时间内储存的热量为:

$$Q = \frac{M_d c_d (T_{d(t+\Delta t)} - T_{dt})}{\Delta t} \tag{3-27}$$

式中:M_d——转子盘的质量,kg;

c_d——转子盘的比热;

$T_{d(t+\Delta t)}$——转子盘在 $t+\Delta t$ 时刻的温度,℃;

T_{dt}——转子盘在 t 时刻的温度,℃。

若上式中 $\Delta t \to 0$,则其转化为:

$$Q = M_d c_d \lim_{\Delta t \to 0} \frac{T_{d(t+\Delta t)} - T_{dt}}{\Delta t} = M_d c_d \dot{T}_d \tag{3-28}$$

综上,可得转子盘瞬时温度的预测模型为:

$$M_d c_d \dot{T}_d = T\omega_n - h_d A_d (T_{d1} - T_{d0}) \tag{3-29}$$

预测励磁绕组瞬时温度与上文分析类似,在此不再赘述。而在预测过程中忽略对流换热的影响,其瞬时温度估算模型为:

$$M_c c_c \dot{T}_c = I^2 R - h_c A_c (T_{c1} - T_{c0}) \tag{3-30}$$

式中：M_c——励磁绕组的质量，kg；

c_c——励磁绕组的比热；

T_{c1}、T_{c0}——制动前后励磁绕组的温度，℃；

h_c——励磁绕组辐射换热系数。

3.4.2 缓速器温度采集

3.4.2.1 缓速器温度 K 型热电偶采集

K 型热电偶作为一种温度传感器，通常与显示仪表、记录仪表及电子调节器配套使用，直接测量 0～1300℃范围的液体蒸汽和气体介质以及固体表面温度。K 型热电偶由两种不同的金属丝组成，且不受大小和端头的限制，外有保护套管，结构简单，使用方便。根据安装方式不同，K 型热电偶可分为螺栓型和圆柱型（图 3-31）。

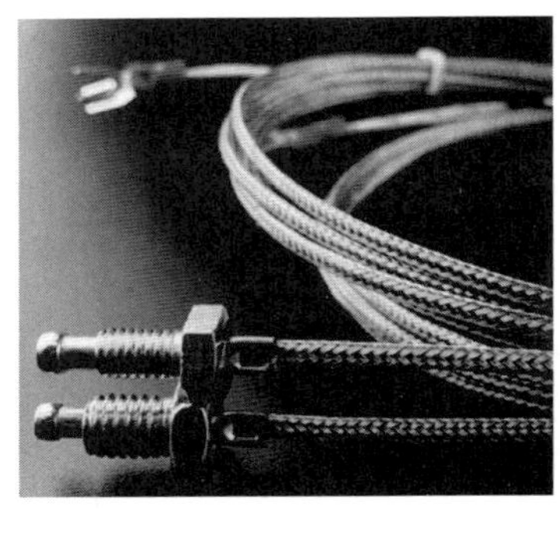

a)螺栓型

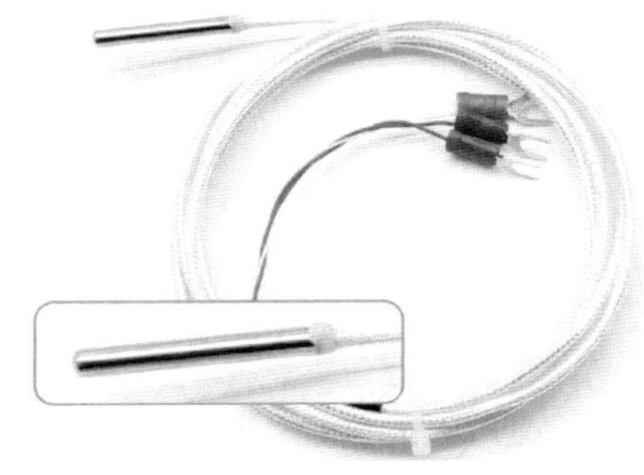

b)圆柱型

图 3-31 K 型热电偶

对于转子盘的温度采集，一般采用螺栓型 K 型热电偶，将螺栓端头内嵌于转子盘中；缓速器线圈的温度采集可采用圆柱型 K 型热电偶，将其固定在线圈内部。

K 型热电偶一般采用标准冷端补偿数据变送器进行温度到数字量的信号转换，常见冷端补偿数据变送器为 Maxim 公司 Max6675 和 Max31855 两款芯片（图 3-32）。Max6675 热电偶冷端补偿和数字化 K 型热电偶信号输出 12 位分辨率、SPI 兼容、只读型、带开路检测，转换器的精度为 0.25℃、温度转换范围为 0～1024℃，工作温度范围为 −20～85℃。Max31855 热电偶冷端补偿和数字化 K 型热电偶信号输出 14 位分辨率、SPI 兼容、只读型、带开路检测，转换器的精度为 0.25℃、温度转换范围为 −200～700℃，工作温度范围为 −40～125℃。

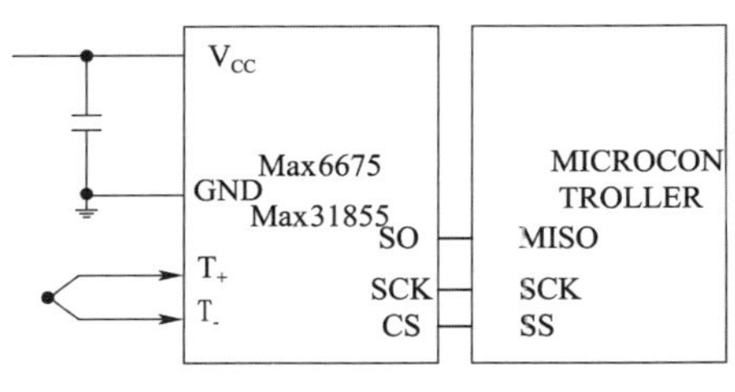

图 3-32 K 型热电偶冷端补偿数据变送器数据采集系统

3.4.2.2 缓速器转子盘温度传输

由于缓速器转子盘在车辆行驶过程中随着传动轴旋转，数据传输线的安装比较困难，对于缓速器转子盘温度采集的常见方式包括非接触式红外温度采集和接触式温度采集。非接触式红外温度传感器解决了信号线的安装问题，但是非接触式传感器存在数据采集滞后和不准确的问题；接触式缓速器转子盘温度采集后通过无线发射装置，将温度数据发送到数据采集端，进行转子盘温度的监测。

K型热电偶的原理是将热信号转换为电信号，所以电信号的电流非常小，一般只有毫安级别，首先通过K型热电偶专用的数据放大调理电路芯片MAX6675/MAX31855进行温度信号的放大。单片机通过软SPI与MAX6675/MAX31855进行通信，把采集到的电流信号转换为数字信号，经过数据的标定预处理得到制动鼓的温度；最后通过无线收发装置把温度信号传输给接收终端。

根据缓速器温度采集和无线收发装置的设计要求，设计缓速器无线采集模块。由于无线收发模块需要安装在高速旋转的轮轴上，为了减轻旋转离心力对模块的损伤，采用微体积传感器布设方案，低功耗无线收发芯片采用NRF24L01，供电采用高速旋转滑环。无线收发装置发送数据之前首先要通过匹配收—发装置的地址和数据长度，以保证配对成功。发送数据时，单片机把采集到的温度信号送入NRF24L01的发射数据存储区，然后开启发射势能电平信号，NRF24L01将在延时一段时间后将数据发送到接收装置。在接收数据时，当NRF24L01接收到包含自己地址的数据包后，会自动处理数据包，把数据信号写入接收数据缓冲区，单片机通过SPI协议读取制动鼓温度信号。NRF24L01具有自动应答机制，当接收数据成功且无丢失时，会自动发送正确接受应答信号，接受失败后，会自动发送重发信号，以保证缓速器温度信号的连续性。温度测量无线传输模块试验样机原理图如图3-33所示，温度测量无线传输模块实物图如图3-34所示。

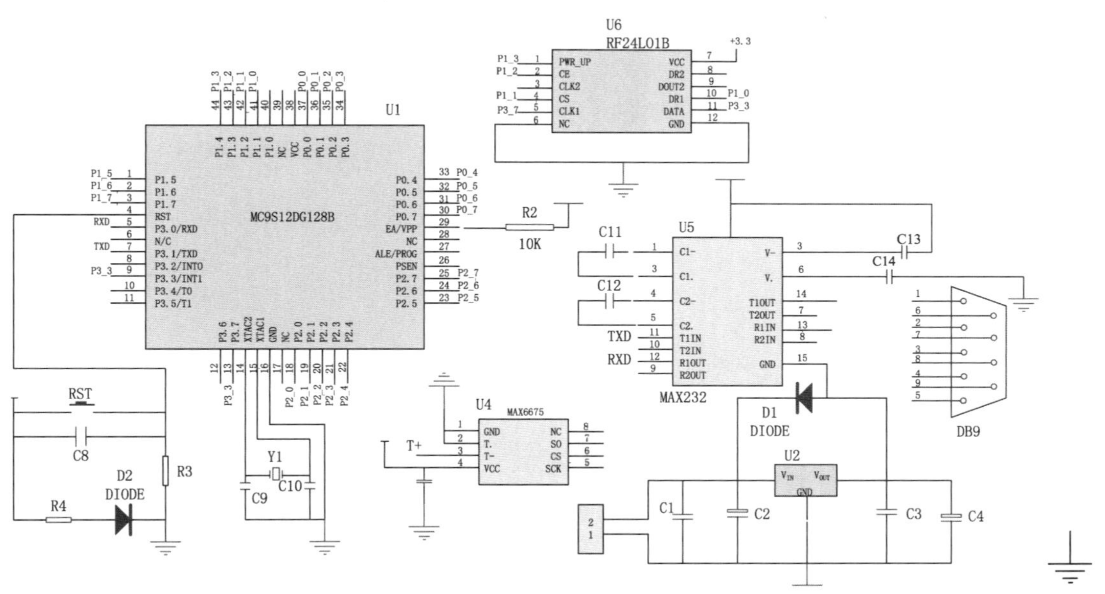

图3-33　温度测量无线传输模块原理图

为了解决原理试验样机体积较大的问题，可将无线收发模块NRF24L01、主控、MAX6675/MAX31855、热电偶、电源模块等芯片集成封装，将以MAX6675/MAX31855热电偶温度采集数字化、无线收发一体化模块用于缓速器温度采集。

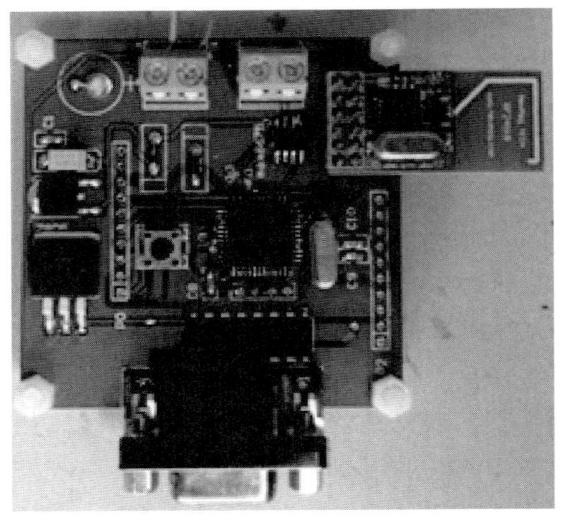

图 3-34　温度测量无线传输模块实物图

3.4.3　缓速器温度控制

3.4.3.1　电涡流缓速器温度开关控制策略

为防止线圈温度过高影响缓速器的制动性能,常采用两种方法解决这一问题。其一是加大缓速器本体的尺寸、增加散热容量,同时通过散热叶片的形状设计提高送风能力,加速热量散发。其二是当转子盘温度超过某一值时,切断励磁电流,或减少工作线圈的数量,经过短暂的时间后恢复通电,使温度保持在缓速器工作允许的范围内。

限制线圈温度升高是通过对转子盘的温度控制实现的。温度控制原理图如图 3-35 所示,控制单元将来自缓速器转子盘温度传感器的信号与阈值进行对比,向执行单元发出断电或通电指令,执行单元按指令切断或接通全部(或部分)线圈的电源,使缓速器处于部分线圈工作或停止状态。

图 3-36 所示为控制后的温度与制动力矩曲线,在时间①处,驾驶人根据道路情况人工断电;在②处接通电源,缓速器恢复工作;在③处,转子盘温度达到界限温度,控制系统自动切断一部分线圈的电流,制动力矩呈阶跃减小,将线圈温度控制在界限温度以内;在④处,所有线圈的电流被切断,转子盘温度迅速下降经过短暂时间后,在⑤处接通所有线圈的电流;在⑥处,转子盘温度又达到界限温度,控制系统随即切断部分线圈的工作电流,制动力矩也随之减小。

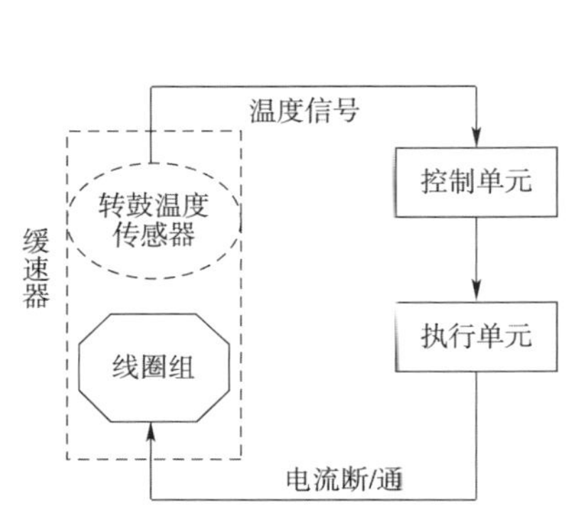

图 3-35　温度控制原理图

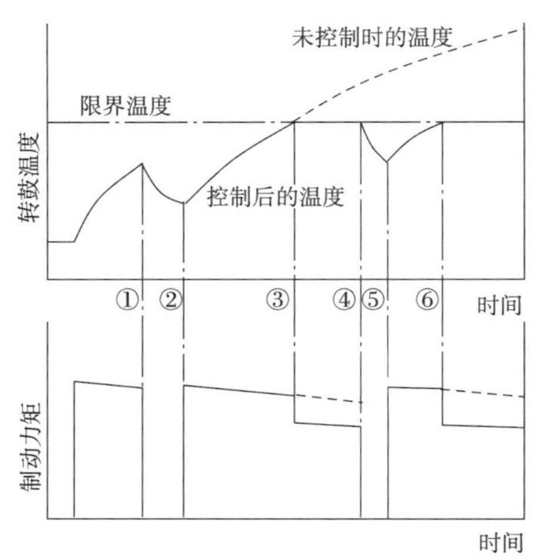

图 3-36　控制后的温度与制动力矩曲线

①-人工断电;②-人工通电;③-部分线圈自动断电;④-全部线圈人工断电;⑤-全部线圈人工通电;⑥-部分线圈自动断电

一般将转子盘涡流区的界限温度设置为 500 ~ 600℃,此时电磁铁芯线圈的最高温度不超过 150 ~ 200℃。

3.4.3.2　电涡流缓速器温度 PWM 控制策略

1) PWM 控制电路

传统电涡流缓速器多采用大电流继电器分级控制,继电器的固有特性造成了控制电流无法连续平稳变化,因此,无法满足恒电流、恒转矩及恒转速等高级控制需求,进而也无法对电涡流缓速器温度做到精确控制。基于温度 PWM 控制驱动电路能够通过实时检测缓速器温度与转速实现缓速器温度的闭环自动控制。

为实现对线圈温度的精确控制,可采用 PWM 电路对线圈绕组进行供电。图 3-37 是基于 PWM 的电涡流缓速器温度控制系统原理图,系统由温度检测、信号采集、处理与状态显示四部分组成。PWM 控制器取代了继电器组后,绕组中的电流可以连续变化,和电源电压、绕组电流、运行速度、制动器温度等传感器以及信号采集与处理单元共同构成闭环控制电路,从而在保证缓速器安全的前提下实现恒电流、恒转矩及恒转速控制,在缓速器温度可控范围内最大程度发挥缓速器的制动能力。

上述系统中,PWM 电路的开关频率一般为 20kHz,定子绕组由 8 个线圈组成,分为 4 组。以某小型缓速器为例,每个线圈阻值为 0.34Ω,每组线圈阻值为 0.68Ω。主回路采用 24V 供电时,电流最大为 140A,此时所产生的制动力矩大约为 1100N · m。

2) PWM 控制电路改进

由于系统工作电流较大,若采用开关管,大电流工作功耗较大,升温较快,当某个开关管发生故障时,控制电路中其他开关管负荷进一步增加,易引起控制电路失效。为避免这种情况,图 3-37 中增加了保护电路,PWM 驱动控制保护电路原理图如图 3-38 所示。

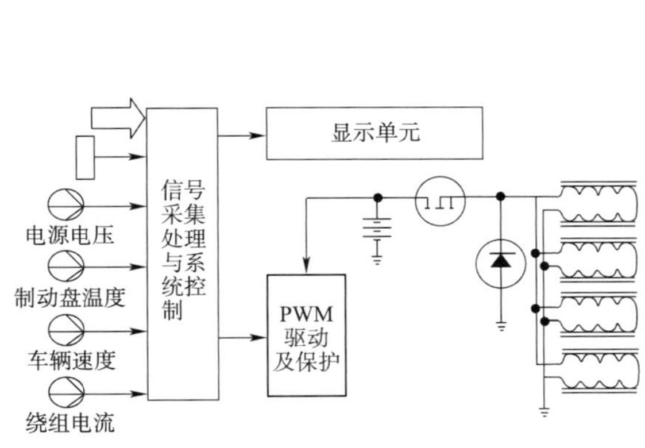

图 3-37　基于 PWM 的电涡流缓速器温度控制系统原理图

PWM驱动及保护电路及继电器驱动电路
J1 T1 N S
J2 T2 N S
J3 T3 N S
J4 T4 N S

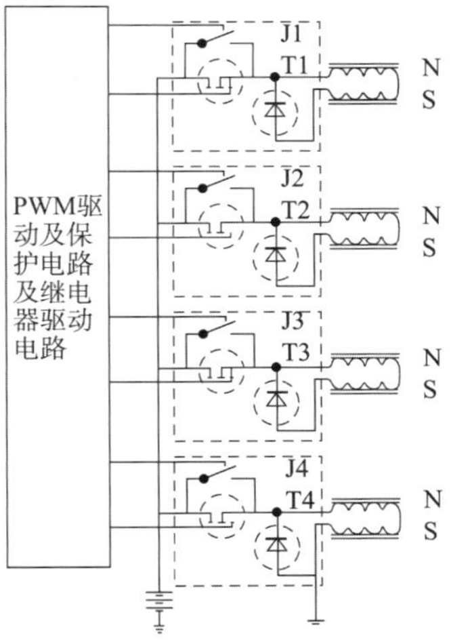

图 3-38　PWM 驱动控制保护电路原理图

PWM 驱动控制保护电路保留了原有的 4 个大电流继电器,其与开关管构成并联开关电路。当系统中某个开关管故障时,可以用旁路继电器或者继电器手动控制实现手自一体切换。为保证开关管工作功率大致均衡,一般采用功率累计均衡控制策略,在保证制动效能的条件下均衡使用每个开关管,大幅降低缓速器控制系统的温度,提高系统使用寿命。

3.4.4 缓速器性能评价指标

1）额定制动力矩

额定制动力矩指缓速器处于冷态制动时能够产生的最大制动力矩。缓速器的额定制动力矩越大，表明汽车在短时间内获得的最大制动减速度就越大，适合于评价短距离制动时整车的制动效果。额定制动力矩是缓速器铭牌上的标称力矩，是整车厂家对缓速器进行选型的重要指标，也为设计者提供缓速器外形尺寸参考。额定制动力矩反映了缓速器的基本性能，是评价缓速器性能优劣的基本指标之一。

2）空载制动力矩

空载制动力矩是指缓速器处于非工作状态时产生的制动力矩。空载制动力矩来自两个方面：一是由于缓速器处于非制动状态时，磁场未被完全屏蔽，从而产生了一定的制动力矩；二是由于转子旋转时产生风阻。如果空载制动力矩过大，则会导致整车一直处于制动状态，增加油耗，降低汽车的经济性，因此，需将空载制动力矩控制在一定范围内。空载制动力矩的大小直接影响缓速器的综合性能。

3）平均制动力矩

平均制动力矩是指在一次制动过程中的主制动时间内，制动力矩曲线与主制动时间轴所围成的面积与主制动时间的比值，该指标的提出是基于当量能量原则。试验时按照一定的转速，拖磨 12min 得出制动力矩与时间的关系曲线。1900N · m 的缓速器在转子转速为 795r/min 时，拖磨 12min 得出的制动力矩-时间关系曲线如图 3-39 所示。

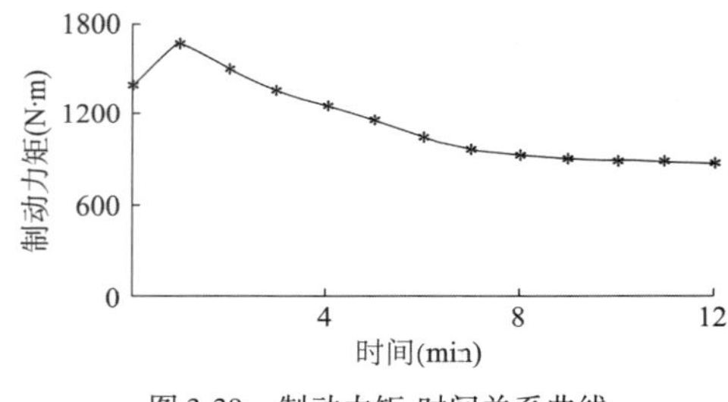

图 3-39　制动力矩-时间关系曲线

对制动力矩和时间的关系曲线进行积分，即将曲线与时间轴的包围面积除以时间（12min），获得缓速器的平均制动力矩 T_a：

$$T_a = \int_0^{12} \frac{T_t \mathrm{d}t}{12} \tag{3-31}$$

平均制动力矩能体现出缓速器性能稳定的程度，反映缓速器抗热衰退能力的强弱。缓速器的平均制动力矩越大，在一定时间内消耗的能量越大，则长时间制动过程中效果越好。

4）抗热衰退系数

抗热衰退系数是衡量缓速器持续工作能力的指标，反映了缓速器的制动力矩随温度升高而下降的程度。计算公式为：

$$K = \frac{T_1 - T_2}{T_1} \tag{3-32}$$

式中：K——抗热衰退性系数；

T_1——室温时缓速器的最大制动力矩，N · m；

T_2——高温时在同一转速下缓速器的制动力矩，N · m。

缓速器分别在室温和高温下制动力矩-转速关系曲线如图 3-40 所示。

抗热衰退系数越小，高温下缓速器制动力矩的下降幅度越小，缓速器抗热衰退性越好。

5）制动响应时间

制动响应时间是指缓速器非工作状态与工作状态之间的切换时间，即从开启制动操作到缓速器开始产生制动力矩所需要的时间。该性能指标主要反映缓速器动作的灵敏性。制动响应时间越短，说明缓速器动作灵敏度越高，缓速器的性能也就越好。

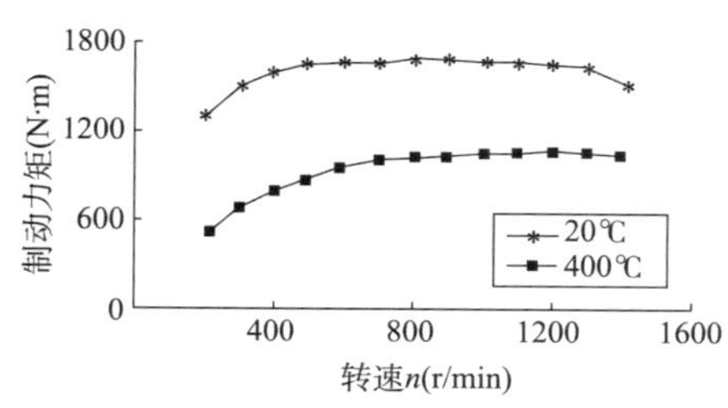

图3-40 制动力矩-转速关系曲线

6）制动效能

电涡流缓速器在工作时消耗电能，且励磁线圈的电流 I 越大，缓速器制动力矩越大，消耗的电能也越多。为表示两者之间的关系，提出缓速器制动效能 k_b，$k_b=\eta_1/\eta_2$，η_1 为缓速器制动功率，η_2 为输入电功率，即：

$$k_b=\frac{\eta_1}{UI} \tag{3-33}$$

式中：U——缓速器工作电压，V。

7）单位质量制动效能

一般来说，缓速器制动力矩越大，其质量 M 也越大，导致汽车整备质量增加，相应减少了装载质量，从而使汽车的运输效率下降。在考虑了缓速器的质量后，提出缓速器单位质量制动效能 k_G：

$$k_G=\frac{k_b}{M} \tag{3-34}$$

缓速器单位质量制动效能越大，在缓速器质量相同的情况下，能够输出的制动力矩越大，则缓速器性能越好。

3.5 其他结构缓速器

3.5.1 自励式缓速器

自励式缓速器是一种近年来发展起来的新型缓速器，实质上属于电涡流缓速器，但其具有自发电、无须外接电源等特点。其结构主要由缓速装置和发电装置组成，可以看作是将一个发电机集成在电涡流缓速器当中。在车辆减速制动时，发电装置将汽车动能转化为电能，并通过整流稳压电源直接给缓速装置中的励磁线圈供电，使得缓速器工作，从而达到缓速制动的目的。与传统电涡流缓速器相比，自励式电涡流缓速器具有自发电功能，无须额外增加蓄电池，可根据底盘实际空间结构进行调整，安装维护简单。

3.5.1.1 自励式缓速器结构

总体上，自励式缓速器由机械部分和电控部分构成，其中机械部分又分为发电装置和缓速装置。以一款自励式缓速器样机为例，该缓速器的机械部分由外转子、定子、内转子、铁芯、固定装置、励磁线圈、永磁体等组成。内转子与定子内侧的永磁体、电枢绕组等共同组成自励式缓速器的发电装置,外转子则与定子外侧的励磁线圈、气隙等共同组成自励式缓速器的缓速装置。电控部分包含控制装置和整流装置,将交流电整流为直流电后输出给励磁线圈,控制缓速装置的制动力矩大小,这个特点决定了自励式缓速器的控制装置有别于其他缓速器。

1)缓速装置

自励式缓速器缓速装置结构如图 3-41 所示,与电涡流缓速器相似,自励式缓速器的缓速装置分为定子、转子,且分别与发电装置的定子、转子集成,经凸缘连接在一起。

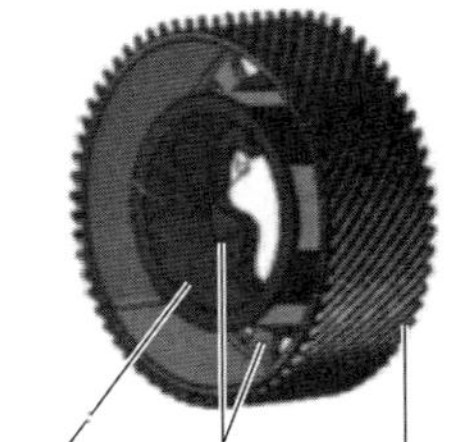

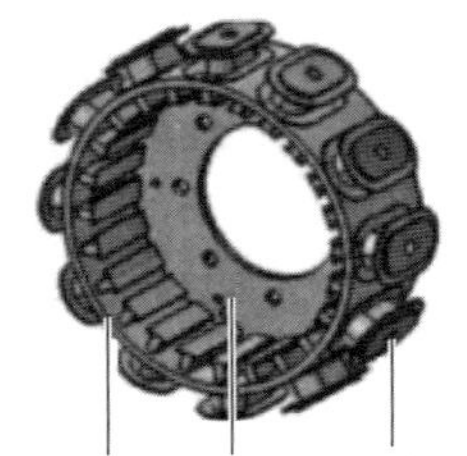

图 3-41　自励式缓速器缓速装置结构

转子呈圆筒状结构,选用导磁性能高且剩磁率低的金属材料制成,实际生产中常选用电工纯铁、低碳钢或合金钢等材料。为了及时将涡流产生的热量散发掉,转子上铸有散热齿槽。转子通过连接凸缘与传动轴相连,并随传动轴自由转动。定子由定子支架、励磁线圈及铁芯构成。励磁线圈一般为 8 ~ 12 个,均匀分布在定子支架的圆周上,支架一般选用非导磁材料制成。转子和定子磁极间保持有极小的、均匀的气隙,以使转子旋转时不会剐蹭到定子。

2)发电装置

自励式缓速器的发电装置是一个稀土永磁发电机,由内转子和定子内侧上的稀土永磁体等组成,发电装置结构如图 3-42 所示。内转子通过凸缘和花键与传动轴连接,随传动轴转动,位于自励式缓速器的最内侧。定子由固定装置固定在车架上不转动,24 个永磁体分布于定子内侧。稀土永磁体的电磁性能优越,但成本高。发电装置的电枢绕组嵌入定子的电枢齿槽,共 24 个,采用三相单层整数槽绕组。控制模块与发电机励磁绕组通过导线相连,以对发电装置发出的交流电进行整流,调节流入缓速装置的励磁电流大小。发电装置输出的额定电流大小约为 30A。

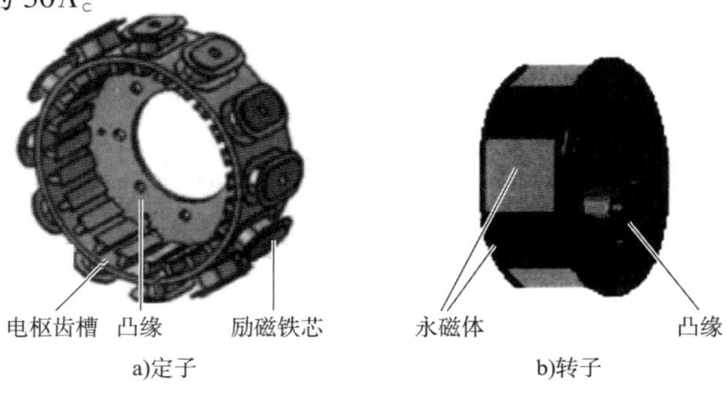

a)定子　　b)转子

图 3-42　发电装置结构

3)控制系统

自励式缓速器发电装置输出的是交流电,其发电的幅值和频率随车速的变化而变化。控制系统的整流装置将交流电整流为直流电后输出给励磁线圈。这个特点决定了自励式缓速器的控制装置有别于其他缓速器。

其他缓速器的控制装置一般选用触点式驱动控制器,以结构简单、便于控制的继电器作为驱动元件。但继电器触点在开合时会有电弧烧灼的问题,影响其工作寿命。触点式控制器一般设置“高”“低”“停”三个挡位。当驾驶人按下“高”挡时,励磁线圈全部参与工作,按下“低”挡时,部分线圈工作,部分不工作。这种控制方式在低挡位驱动时会出现线圈部分工作的情况,由此导致线圈使用不均匀。另外,触点式控制器会导致制动力矩阶跃性变化较大,无法对制动力矩进行连续调节。

将无触点式驱动控制器作为控制装置的主要组成部分,控制方式更平稳、柔和,使用寿命更长。控制器电路由可控硅整流电路、驱动电路、短路检测电路以及双向开关电路构成。微处理器根据挡位信号、主制动系统信号及输出电压判断自励式缓速器应选择的挡位。控制系统以可控硅导电角为控制对象,以供给缓速装置的励磁电流大小划分挡位。这种控制方式可以实现输出力矩的连续调节,使自励式缓速器的工作状态更平稳。在制动时所有线圈都参与工作,解决了线圈老化不均匀的问题。但无触点驱动控制器控制复杂,并且成本较高。

3.5.1.2 自励式缓速器工作原理

当需要自励式缓速器工作时,通过控制开关接通缓速装置与发电装置的连接。发电装置上旋转的内转子与定子内侧的永磁体和电枢绕组之间发生相对运动,产生感应电动势。交流电经过控制系统整流后为定子外侧的励磁线圈供电。励磁线圈通电后产生电磁场,向外发出磁感线,外转子随传动轴转动切割电磁场的磁感线,使其磁通量发生变化,外转子上产生感应电涡流。电涡流产生后,根据楞次定律,会对外转子产生阻力。输出的制动力矩阻碍了外转子的旋转,进而阻碍了传动轴的旋转,从而实现自励式缓速器的减速制动,保证汽车缓速行驶。当自励式缓速器不工作时,驾驶人关闭自励式缓速器的挡位开关,控制装置断开发电装置与励磁线圈的连接,此时没有电流流过励磁线圈,缓速装置也不起作用。

3.5.2 新型液冷式电涡流缓速器

传统电涡流缓速器的冷却方式一般采用风冷,以空气作为冷却介质,当制动时间过长时会出现热衰退现象。针对这一问题,国内开展了液冷式缓速器的研究。

以变速器后置式安装方案为例,其冷却系统布置结构如图3-43所示。在发动机水泵压力的作用下,冷却液从散热器流向发动机,然后流经缓速器进行冷却,最后到达节温器。当冷却液温度较高时,从节温器流出的冷却液流向散热器,使冷却液温度降低;当冷却液温度较低时,从节温器流出的冷却液直接流向发动机,使冷却液温度升高。节温器能使发动机和缓速器的工作温度稳定在一定范围内。

3.5.2.1 双凸极液冷电涡流缓速器

双凸极液冷电涡流缓速器结构如图3-44所示。该结构的缓速器主要由定子、转子、线圈组成。线圈绕组集中绕制，线圈固定在定子外壁上。缓速器的转子为 H 型双凸极齿形转盘，为了便于安装，两个齿形转盘分别铸造而成，再通过螺栓固定在一起，转子与汽车传动轴相连。

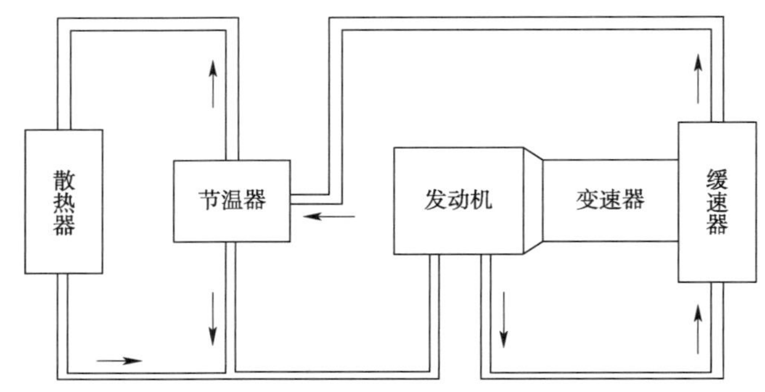

图 3-43 冷却系统布置结构

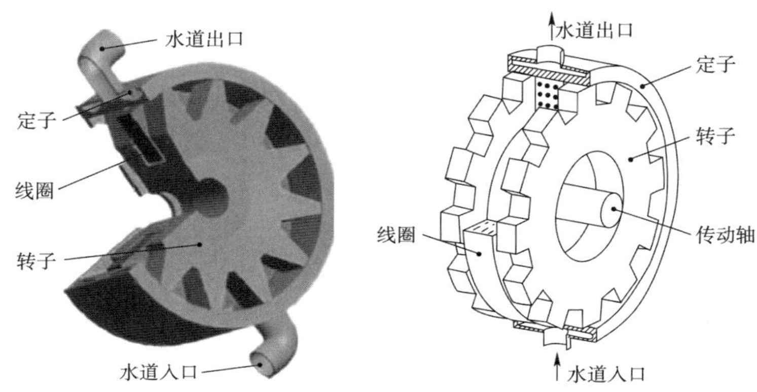

图 3-44 双凸极液冷电涡流缓速器结构

线圈通电时，缓速器转子、气隙、定子之间会形成闭合回路的磁场，当转子随传动轴转动时，定子和转子之间形成相对运动，通过凸极齿的磁感线不断切割定子外壁，定子对转子产生相对的阻碍作用，同时在定子外壁上形成电涡流，汽车的动能通过电涡流转化成热能，热能被水道中的冷却液带走，从而达到制动的目的。然而，该类缓速器外定子与内转子结构安装具有一定的局限性，对水道密封性要求高。

3.5.2.2 外转子液冷电涡流缓速器

外转子液冷电涡流缓速器结构包括外转子、定子和励磁线圈（图 3-45），这种缓速器由两个主要零件组成，是结构较为简单的缓速器。外转子为带齿的转筒，外转子通过连接盘及凸缘和传动轴相连；定子为 H 型转盘，固定在车架或发动机上。

缓速器定子与外转子同轴安装，且定子外表面与外转子内表面之间留有一定的气隙。励磁线圈直接绕制在定子上，线圈和定子均为静止部件，无须电刷，结构简单安全可靠。定子内铸有串联式水道，定子采用先进的铸造工艺，水道一体化铸成，密封性好；定子上特定部位开有进水口和出水口；水道与汽车发动机的冷却系统相连，或者与缓速器自身的冷却系统相连。

3.5.2.3 转子内嵌式液冷电涡流缓速器

以上两种液冷电涡流缓速器的转子转动惯量都比较大,动载荷大,对汽车传动系统有一定影响;另外,由于导磁齿在线圈两侧,轴向安装空间较大。针对这一问题,有研究者提出了转子内嵌式液冷电涡流缓速器,其结构如图3-46所示。转子内嵌式液冷电涡流缓速器包括定子、转子和励磁线圈等部分。其定子内外两层均为圆筒形,定子内部有冷却水道,外层表面有进出水口,励磁线圈绕制成型后,直接固定在定子内部。转子分为导磁齿部分和连接部分,导磁齿部分在连接部分的一侧,嵌在定子内外层之间,转子连接部分通过花键与传动轴连接。

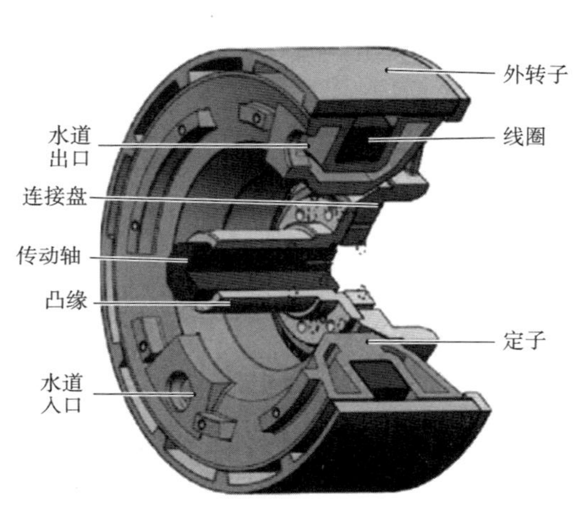

图3-45 外转子液冷电涡流缓速器结构

图3-46 转子内嵌式液冷电涡流缓速器结构

转子内嵌式液冷电涡流缓速器结构保持了外转子和双凸极缓速器可靠性高、热衰退小的特点。双凸极液冷电涡流缓速器转子质量除包括两侧的凸极以外,还包含了底磁路铁芯的质量,外转子缓速器转子质量包含了上磁路铁芯的质量,其转动惯量非常大。而转子内嵌式液冷电涡流缓速器,底磁路、上磁路以及侧磁路都在定子上,转子导磁齿上下同时工作,数量减小一半,因此,其转子质量以及转动惯量都非常小,对传动系统几乎没有影响。由于导磁齿上下同时工作,缓速器轴向宽度小,有利于节省安装空间,使得结构更加紧凑。

第4章 液力缓速器

液力缓速器是液力耦合器的派生类型,在液力变矩器及液力耦合器的基础上发展起来。液力缓速器以油液为工作介质,由定子、转子和缓速器壳体组成,壳体上设有工作油液进出口,定子固定在缓速器壳体上。

当装有液力缓速器的车辆制动时,由于车辆驱动轮连接着液力缓速器的转动轴,转动轴带着液力缓速器的动轮转动,动轮搅动油液,油液有带动定轮运动的趋势,但由于定轮固定在缓速器壳体上,油液会在缓速器内部腔体中不断通过摩擦等方式消耗缓速器动轮所传递的能量,车辆动能不断转化为油液的热能,从而达到车辆减速的目的。

4.1 液力缓速器概述

4.1.1 液力缓速器工作原理

液力缓速器工作时,其工作腔内的液流运动复杂,同时伴随着能量交换的过程。一个工作循环通常分为充油过程、制动力矩产生过程、工作油液热交换过程以及回油过程,这四个工作过程不存在时间上的先后次序,而是互相交织在一起,形成一个完整有序的循环,周而复始,直到制动结束。液力缓速器工作过程示意图如图4-1所示。

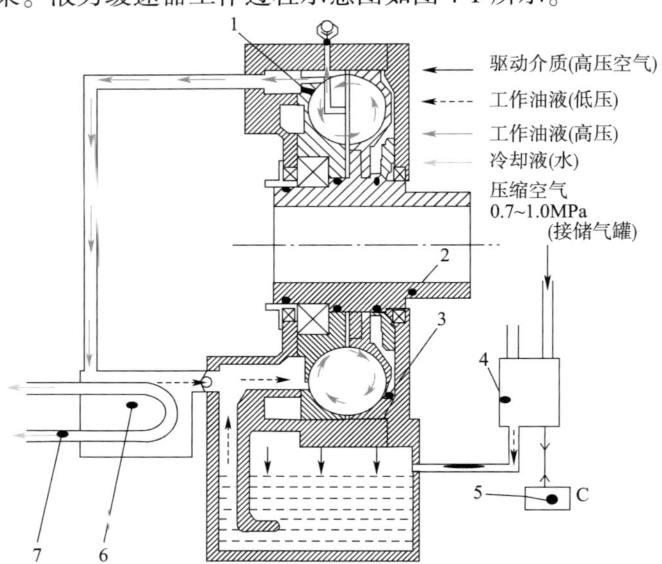

图4-1 液力缓速器工作过程示意图

1-定子叶轮;2-中心轴;3-转子叶轮;4-控制阀组;5-控制盒;6-换热器油道;7-换热器水道

当液力缓速器制动时，控制阀组将一定压力的压缩空气迅速压入储油箱上部，工作介质在压缩空气的驱动下沿壳体进油道与定子进油口快速进入定子与转子对置形成的工作腔，转子在中心轴的带动下高速旋转，工作介质在工作腔内作涡旋损耗运动，工作油液沿两个方向运动，即沿着轴向的“公转”和沿着径向的“自转”。工作油液甩向定子时，油液的“公转”运动冲击定子叶片，将转子作用于工作油的动量矩传向定子叶片。此时，静止的定子叶片也会对工作油产生动量矩。当工作油从定子流入转子时，同样将动量矩传向转子，对转子形成阻力矩，阻碍转子转动，进而对车辆产生制动作用。由于液力缓速器是一种泵类装置，涡旋损耗运动后的高温介质经定子出油口与壳体回油道进入换热器油道进行冷却，冷却后的工作介质继续循环进入定、转子工作腔，直至制动指令解除。缓速器工作腔内油液流向如图4-2所示。

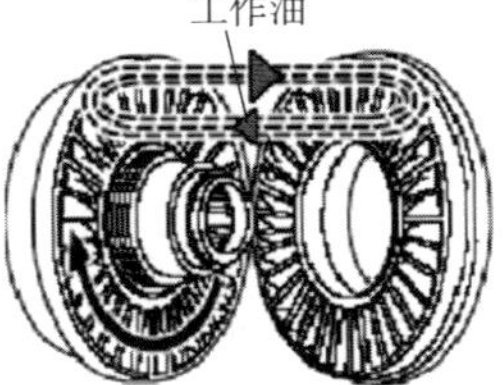

图4-2　液力缓速器工作腔内油液的流向

4.1.2　液力缓速器结构

液力缓速器一般包括五大总成，分别是定子总成、浮球总成、转子总成、控制总成及换热总成。图4-3为福伊特（VOITH）液力缓速器结构简图。

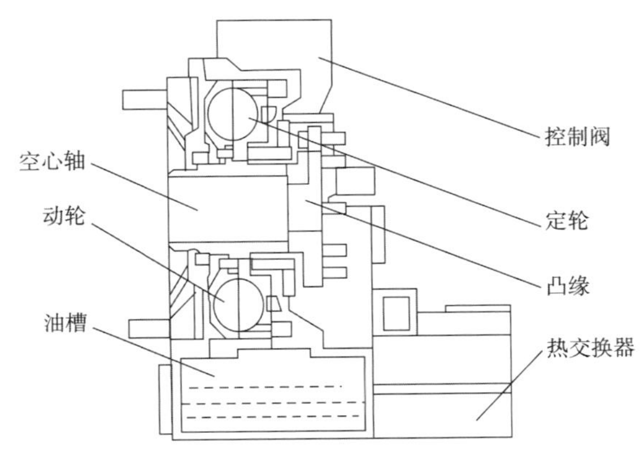

图4-3　VOITH液力缓速器结构简图

（1）定子总成。定子总成包括定子叶轮、壳体、端盖、支撑环、骨架油封、轴承、进出油口及流道等。

（2）浮球总成。浮球总成包括浮球与浮球室，其中浮球室与定子排气口对应，浮球随油液在浮球室内上下浮动，实现液力缓速器制动过程中的排气。

（3）转子总成。转子总成包括中心轴与转子叶轮，中心轴通过花键齿结构与车辆传动轴相连接，转子叶轮与中心轴通过凸缘结构相连接。

（4）控制总成。控制总成包括控制器组、控制盒、排气口、气源口、进气管道、压力传感器、冷却液温度传感器以及油温传感器等，其中气源口通过管路与车辆储气罐连接。

（5）换热总成。换热总成包括换热器油道与换热器水道，其中换热器水道与发动机散热系统串联，经涡旋损耗被加热后的油液通过定子回油道与壳体回油道进入换热器油道进行散热冷却，冷却后的油液经定子进油道进入工作腔。如此往复循环，直至制动结束。

4.1.3 液力缓速器分类

液力缓速器按照功能可划分为单一减速制动型液力缓速器和牵引-制动复合型液力缓速器两种类型。

单一减速制动型液力缓速器只是在汽车需要辅助制动时提供制动力矩,工作时根据不同的制动要求,通过向控制系统发出不同的信号,调节供油压力,控制进入工作腔内的油量,提供不同强度的辅助制动。当解除制动时,将工作油液排出工作腔,停止制动作用。

牵引-制动复合型的液力缓速器是液力缓速器与液力变矩器的集成。车辆无制动时,该类型液力缓速器只有传递力矩的功能,而在制动工况下转子制动或反转,达到制动效果。此时工作原理与单一减速制动型的液力缓速器工作原理类似,不同之处在于无论是车辆正常运行还是制动,其工作腔内都充满了油液。

液力缓速器按照循环圆个数可分为单循环圆式(单腔式)与双循环圆式(双腔式)液力缓速器。双循环圆式液力缓速器由两个定轮和一个动轮形成一个工作腔,其径向尺寸小,能抵消动轮的大部分轴向力,改善轴承受力状况。

4.1.4 液力缓速器的安装方式

根据与变速器相对位置的不同,液力缓速器的安装方式可分为串联式和并联式。串联式即液力缓速器与变速器在同一轴线上进行安装,而并联式则是将液力缓速器与变速器集合为一个整体进行安装。由于液力缓速器工作时需要借助发动机的冷却系统进行工作油液的冷却,因此,这两种安装方式都需要安装冷却水管,以保证工作油液的热交换。

1)串联式安装

串联式安装又可根据液力缓速器与变速器的距离分为液力缓速器贴附安装与独立安装两种类型(图 4-4、图 4-5),其中,E 代表发动机,G 代表变速器,R 代表液力缓速器。贴附安装是在汽车变速器的输出端将液力缓速器通过一个安装架进行安装。变速器、液力缓速器和汽车传动轴的位置保持在同一轴线上,缓速器占据一定的轴向尺寸。由于液力缓速器质量较轻,这种安装不必另加中间支撑。独立安装的液力缓速器不紧贴汽车变速器,二者之间具有一定的距离,变速器、液力缓速器和汽车传动轴三者仍然在同一轴线上,液力缓速器仍旧占有一定的轴向尺寸。

图 4-4　液力缓速器贴附安装示意图　　图 4-5　液力缓速器独立安装示意图

液力缓速器按照与汽车变速器的前后位置可以分为输入端液力缓速器和输出端液力缓速器。图 4-4 所示结构亦为输出端液力缓速器安装示意图,图 4-6 则为输入端液力缓速器安装示意图。

2)并联式安装

并联式安装就是液力缓速器与变速器集成为一体,液力缓速器成为变速器的一部分进行设计制造。并联式安装可以保证汽车传动轴的尺寸不变,适合系列化生产。液力缓速器并联式安装示意图如图4-7所示，并联式安装可以在变速器和液力缓速器之间安装增速齿轮，增加转子转速从而增大制动力矩。

图4-6　输入端液力缓速器安装示意图　　图4-7　液力缓速器并联式安装示意图

4.1.5　液力缓速器的特点

相对于传统制动系统而言，液力缓速器具有以下优点：

1）车辆高速制动时制动力矩大

根据液力相关理论，液力缓速器制动力矩 m 可以表示为：

$$M=\lambda\rho g n^2 D^5 \tag{4-1}$$

式中：λ——液力缓速器的制动力矩系数；

ρ——工作油液密度，kg/m^3；

n——转子转速，r/min；

D——循环圆有效直径，m。

由此可知，制动力矩的大小除了受到液力缓速器自身结构参数的影响外，还受液力缓速器转子转速的影响，具有相同结构参数及工作油液的液力缓速器在工作时，产生的制动力矩与其转子转速的平方成正比。

2）车辆长时间连续制动时安全性更高

研究表明，液力缓速器的辅助制动作用可以减少行车制动器负荷的40%～75%，对于延长车辆制动系统使用寿命具有重要意义，在一定程度上降低了车辆制动时由于制动器热衰退引发的事故。

3）车辆制动舒适性有所提高

车辆制动时，由于液力缓速器承担了一部分行车制动系统的负荷，行车制动系统机械摩擦有所减小，进而减少了车辆制动时产生的噪声与冲击，大大提高了制动时的舒适性。同时，由于液力缓速器的辅助制动作用，减小了驾驶人对制动踏板的操作频率，可减轻驾驶人负担。

液力缓速器在实际应用中也存在以下不足之处：

（1）车辆低速运行时制动效果较差。由于液力缓速器产生的制动力矩与转子转速的平方成正比，当车速较低时，制动力矩较小。

（2）存在泵气损失。车辆未制动时，工作油液被排出工作腔，虽然没有工作油液的影响，但是工作腔内空气取代了工作油，转子随着车辆的运行转动，带动空气产生循环气流。由气流影响造成的能量损失称为泵气损失，现阶段通过改进缓速器结构，可在一定程度上减少泵气损失。

（3）对整个控制系统要求较高。当驾驶人踩下制动踏板时，希望车辆能在短时间内实现制动。此时液力缓速器应在短时间从无油状态转变为充油状态，这就要求液压控制系统具有较快的响应速度。另外，车辆制动时要平稳舒适，应尽量避免过大的冲击，这也同时要求液力缓速器的充油变化率相对稳定。因此,需通过不同的制动信号与液力缓速器充油压力控制信号的配合实现工作油液的动态平衡,对控制系统提出了较高要求。

4.2 液力缓速器介质参数影响分析

4.2.1 液力缓速器的黏温特性分析

液力缓速器中的空气介质和油液介质在温度变化时其物理参数也会发生变化。空气介质的物理参数如密度、动力黏度的值相对油液介质较小,同样的温度变化,空气介质物理参数的变化量远小于油液介质,如温度从 40℃ 变化到 100℃,空气密度变化量的绝对值为 0.182kg/m^3,动力黏度变化量的绝对值为 $0.28\times10^{-5}\text{Pa}\cdot\text{s}$,而油液介质相应的变化量分别约为 30kg/m^3 和 $0.05319\text{Pa}\cdot\text{s}$。为了真实地反映液力缓速器工作介质的黏温特性,分析温度为 30 ~ 100℃ 时某液力缓速器油液介质的黏温特性和空气介质的黏温特性,具体数据见表 4-1。

液力缓速器工作介质黏温数据 表 4-1

T (℃)	μ_{oil} (Pa·s)	μ_{air} (Pa·s)	$\mu_{0.95}$ (Pa·s)	$\mu_{0.68}$ (Pa·s)	$\mu_{0.38}$ (Pa·s)	$\mu_{0.05}$ (Pa·s)
30	0.098109	0.000019	0.093205	0.066720	0.037293	0.004923
40	0.064931	0.000019	0.061686	0.044159	0.024686	0.003265
50	0.044990	0.000020	0.042741	0.030599	0.017108	0.002268
60	0.032421	0.000020	0.030801	0.022053	0.012332	0.001640
70	0.024165	0.000021	0.022958	0.016439	0.009196	0.001228
80	0.018545	0.000021	0.017619	0.012617	0.007060	0.000947
90	0.014596	0.000022	0.013867	0.009932	0.005560	0.000750
100	0.011744	0.000022	0.011158	0.007993	0.004476	0.000608

其中,μ_{oil} 表示油液介质的动力黏度,μ_{air} 表示空气介质的动力黏度,μ_a($a=0.95,\cdots,0.05$ 表示在 $a\times100\%$ 充液率下气液混合工作介质的表观动力黏度)由下式求得:

$$\mu_a=\mu_{oil}a+\mu_{air}(1-a) \tag{4-2}$$

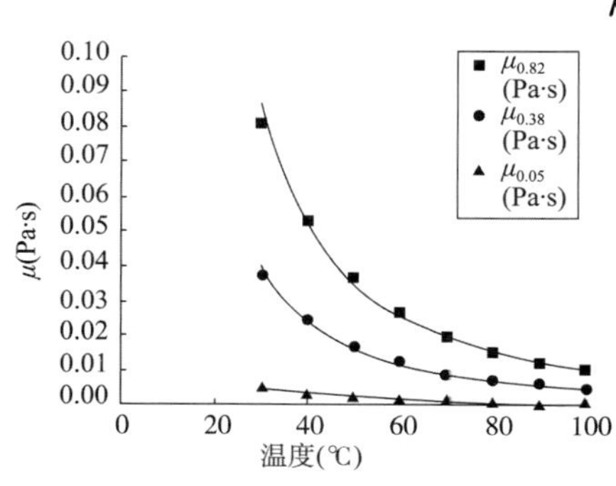

图 4-8 不同充液率下介质黏温特性

如,$\mu_{0.95}$ 表示在 95% 充液率下气液混合工作介质的表观动力黏度。由表 4-1 可知,无论是在 95% 充液率下还是在近似全部是空气介质的 5% 充液率下,μ_a 均随温度的升高而减小。将表 4-1 中的数据用曲线的形式表示,得介质表观动力黏度与制动力矩关系,如图 4-8 所示。

由此可知,在不同充液率下工作介质的表观动力黏度都是随温度的升高而减小,当介质温度高于 100℃ 时表观动力黏度几乎趋于稳定。不同充液率下工作介

质表观动力黏度和温度关系的拟合曲线方程均为幂指数函数,即:

$$\mu_a = KT^{-1.8} \tag{4-3}$$

式中:T——温度,℃;

K——充液率系数,由下式确定。

$$K = 0.4523F_f - 0.1949 \tag{4-4}$$

式中:F_f——充液率,%,充液率越高,K 值越大。

4.2.2 介质黏度对液力缓速器性能影响分析

1)充液率 95%、介质温度 95℃

充液率 95%、介质温度 95℃保持不变,在转速 460~900r/min 范围内,每隔 100r/min 取一个实验点,介质表观动力黏度与制动力矩关系如图 4-9 所示。

由实验结果可知,在充液率 95%、介质温度 95℃时,液力缓速器的制动力矩随工作介质表观动力黏度的增大而减小。

2)充液率 38%、介质温度 70℃

充液率和介质温度保持不变,在转速 600~1000r/min 范围内,每隔 100r/min 取一个实验点,制动力矩与介质黏度的关系如图 4-10 所示。

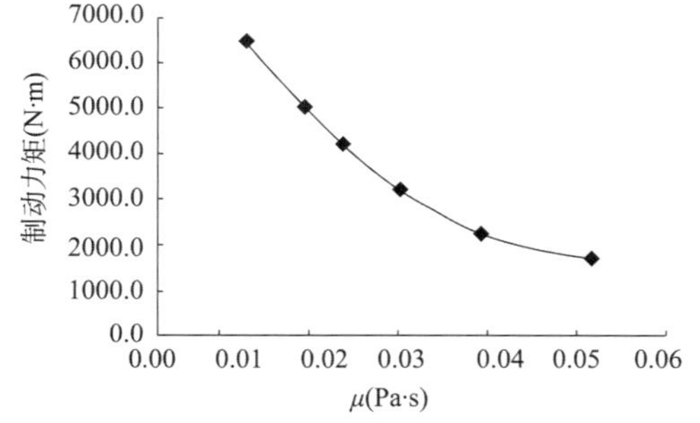

图 4-9 介质表观动力黏度与制动力矩关系(F_f = 95%,T = 95℃)

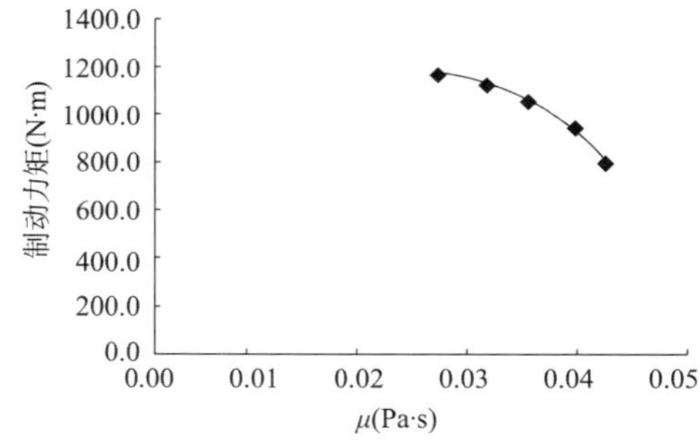

图 4-10 不同转速下介质黏度与制动力矩关系(F_f = 38%,T = 70℃)

由实验结果可知,在充液率 38%、介质温度 70℃时,液力缓速器的制动力矩随介质表观动力黏度的增大而减小。

综上,在充液率和介质温度一定的情况下,介质黏度减小,介质流速增大,液力缓速器的制动力矩也增大。

4.2.3 介质温度对液力缓速器性能影响分析

为了分析介质温度对液力缓速器制动性能的影响,在充液率为 95%(控制气压 0.28MPa)和 38%(控制气压 0.066MPa)两种情况下,保持设定转速不变,改变介质温度,观察介质温度与制动力矩的关系。

充液率 95% 时取设定转速 600r/min,得制动力矩-介质温度关系如图 4-11 所示;充液率 38% 时,取设定转速 600r/min 和 1000r/min,得制动力矩-介质温度关系如图 4-12 所示。

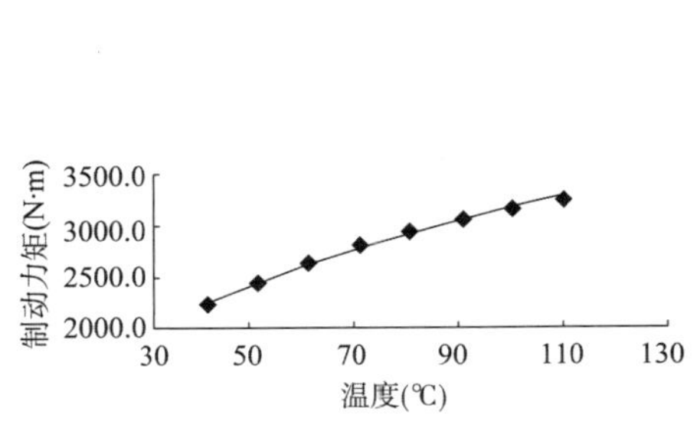

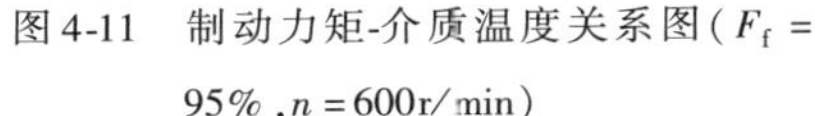
图4-11 制动力矩-介质温度关系图(F_f = 95%, n = 600r/min)

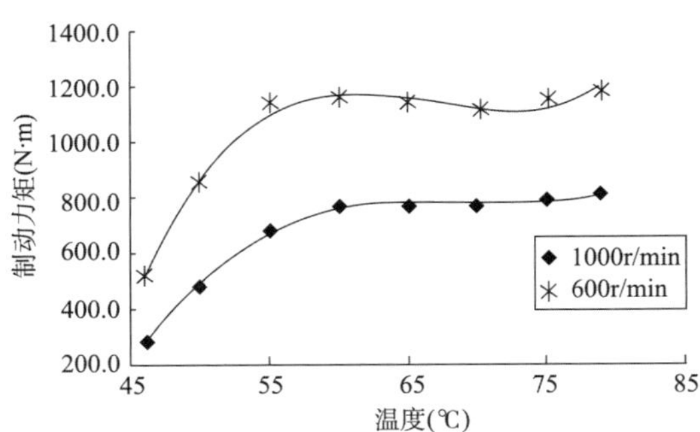

图4-12 制动力矩-介质温度关系图(F_f = 38%, n = 600r/min 和 1000r/min)

从图4-11和图4-12可知,在充液率和转速一定的情况下,制动力矩随温度的升高而增大,但是到一定温度后制动力矩的增量减小,直至趋近于某一值。由图4-12还可看出,在38%充液率下,温度相同时,转速越大,则力矩越小。

4.3 液力缓速器计算与设计

4.3.1 液力缓速器计算

4.3.1.1 液力计算

液力缓速器工作流道内流液的运动非常复杂,为简化问题,可使用束流理论进行分析与计算。

束流理论通常基于下述假设:

(1)叶轮中的流液能够看作是由无数单位流束构成且流动轴对称。

(2)叶轮中叶片的数量为无穷多,且叶片的厚度无穷小,液体质点的运动轨迹与叶片的形状和方向一致。

(3)液体流过工作轮时,可以用具有平均值的中间流线的流动状况来代表液流与叶片间的相互作用,这样整个工作轮中液体流动就可用中间流线来代替。

(4)每一个工作轮入口处的液体流动情况仅受到它前一个工作轮出口处的液体流动情况的影响。

(5)每一个工作轮出口处的液力流动情况不受其入口处的液体流动情况的影响。

由上述假设,就可将液体在流道内复杂的空间三维流动简化为简单的一元束流流动。这些理想液体在工作腔中的运动就可以分解为无数多条完全相同的流束的运动,在液力缓速器的理论分析与设计计算中,均以此理论为基础。然而,束流理论中的许多假设与液力缓速器中的实际流动不完全吻合,因此,应依据实践经验与实验分析予以修正,使理论分析与计算接近于实际实验结果。

当液体在旋转工作轮的流道内流动时,任意液体质点的绝对速度,都是由液体质点沿流道的相对运动速度和随工作轮一起运动的牵连运动速度组成的。取液力缓速器工作腔内的循环液体为自由体,根据力学中的动量矩原理分析各个工作轮进口与出口速度三角形的变化,来研究稳定工况下各工作轮的力矩大小和平衡关系。

液力缓速器的叶片分为直叶片和倾斜叶片,径向直叶片和倾斜叶片如图4-13所示。对于径向直叶片液力缓速器,其进、出口均为径向放射状,所有叶片位于同一轴面内,若用一个回转曲面切割工作轮,在其展开图上叶片和截面的交线同外环与截面的交线垂直。对于倾斜叶片的液力缓速器,每个叶片所在平面与进、出口边轴面有一个夹角,称为叶片倾斜角,若用一个回转曲面切割工作轮,在展开图上叶片和截面的交线同外环与截面的交线存在夹角。当叶片倾斜方向与工作轮旋转方向相同时称为前倾,反之,称为后倾。在循环圆尺寸相同的情况下,具有前倾叶片的液力缓速器能够产生较大的力矩。

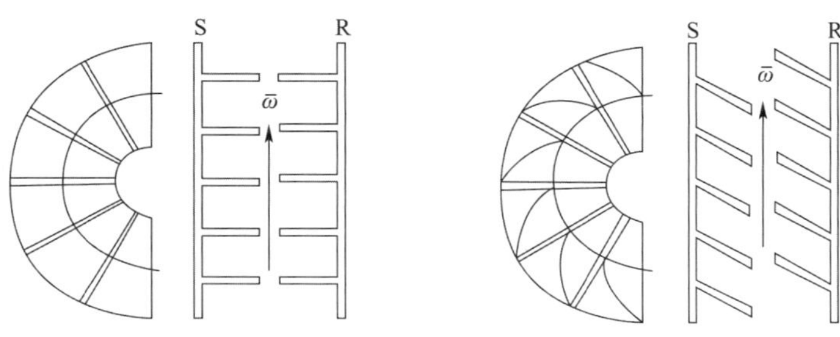

图4-13　径向直叶片和倾斜叶片

以下根据叶片的不同,分两种情况进行缓速性能计算。下标R表示动轮的有关参数,下标S表示定轮的有关参数。

1)径向直叶片

分析缓速器在稳定工况(即不考虑加、减速工况产生惯性力矩)下所受力矩。假设缓速器工作腔内充满液体,动轮以转速 n_R 顺时针方向旋转,在动轮进、出口半径 R_{R1} 和 R_{R2}(中间流线回转曲面与叶片进、出口处轮廓线交点处的半径)处分别产生牵连速度 u_{R1} 与 u_{R2},动轮液流运动分析轴面视图如图4-14a)所示,工作液相对叶片的相对速度为 W_{R1} 与 W_{R2}。动轮液流运动分析正面视图如图4-14b)所示,牵连速度 u_R 和相对速度 W_R 的合成速度为绝对速度 v_R,a_{n1}、a_{n2} 为绝对速度口 v_R(v_{R1}、v_{R2})与牵连速度 u_R(u_{R1}、u_{R2})的夹角。取单个叶片进行研究,工作液所形成速度三角形,在出口处分别得到相对速度 W_{R2}、牵连速度 u_{R2} 和绝对速度 v_{R2}。

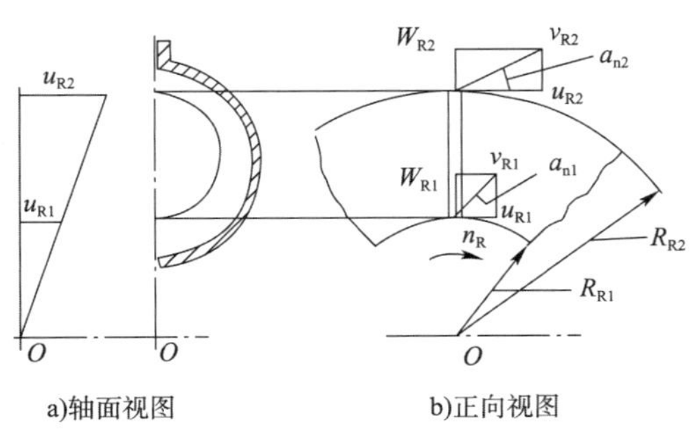

图4-14　动轮液流运动分析

动轮进口处的绝对速度 v_{R1},取决于定轮出口处液流的绝对速度 v_{S2},并由 u_{R1} 与 v_{R1} 向量之差得 W_{R1} 的大小和方向,图中所画的 W_{R1} 恰好与叶片进口方向一致,这是 n_S 等于 n_R 的工况。当 n_S 和 n_R 变化时,速度三角形的形状也随之改变。

根据动量矩原理,可以得到动轮叶片作用于液流上的力矩为:

$$M_R = \rho Q(R_{R2}u_{R2} - R_{R1}u_{R1}) \tag{4-5}$$

或

$$M_R = \rho Q(R_{R2}v_{R2}\cos\alpha_{R2} - R_{R1}v_{R1}\cos\alpha_{R1}) \tag{4-6}$$

式中：ρ——工作流液的密度，kg/m^3；

Q——单位时间通过转子的液流流量，m^3/s。

同理，可以得到液力缓速器定轮作用于液流的力矩 M_s，定轮液流运动分析如图 4-15 所示（其中，a_{S1}、a_{S2} 分别为 v_{S1} 与 u_{S1}、v_{S2} 与 u_{S2} 的夹角）。

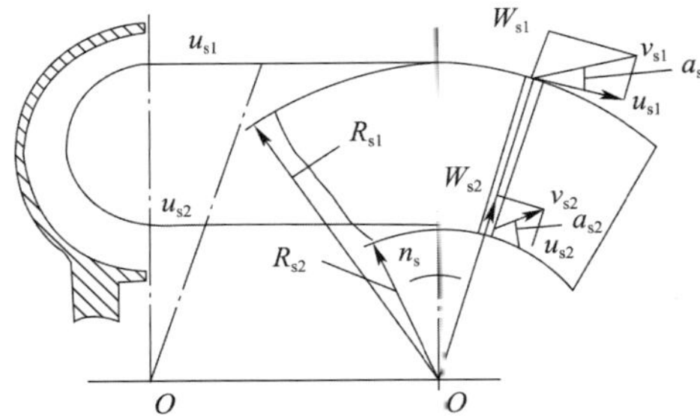

图 4-15　定轮液流运动分析

$$M_S = \rho Q(R_{S2}u_{S2} - R_{S1}u_{S1}) \tag{4-7}$$

或

$$M_S = \rho Q(R_{S2}v_{S2}\cos\alpha_{S2} - R_{S1}v_{S1}\cos\alpha_{S1}) \tag{4-8}$$

将式（4-5）和式（4-7）相加，可以得到：

$$M_S + M_R = \rho Q[(R_{S2}u_{S2} - R_{S1}u_{S1}) + (R_{R2}u_{R2} - R_{R1}u_{R1})] \tag{4-9}$$

当工作液在两工作轮间无叶片流道中流动时，将其视为理想液体，忽略工作液与轮壁间不大的摩擦力，且认为垂直于叶轮壁的压力对旋转轴的力矩为零，这样工作液在此区段流动时动量矩不变，即：

$$v_u R = C \tag{4-10}$$

式中：C——常数。

因此，可以得到：

$$\begin{aligned} R_{R2}u_{R2} &= R_{S1}u_{S1} \\ R_{S2}u_{S2} &= R_{R1}u_{R1} \end{aligned} \tag{4-11}$$

整理可得：

$$M_S + M_R = 0 \tag{4-12}$$

式（4-12）表明液力缓速器工作轮作用于液流上的力矩代数和为零，在任何工况下等式都成立。

上述研究是以径向直叶片、工作轮对称布置的液力缓速器为例，并且假设工作腔内充满液体，定轮处没有外力矩输入。对于倾斜叶片、工作轮非对称布置的液力缓速器来说，在工作轮内部部分充液，并且定轮有外力矩输入的情况下，式（4-12）依然成立，因为这符合运动系统等速转动时，作用于系统上的全部外力矩之和等于零的力学原理。

2）前倾叶片

倾斜叶片动轮入口和出口处的速度三角形如图 4-16 所示，根据动量矩定理，得动轮与工作轮液体相互作用的力矩 M_R 为：

$$M_R = \rho Q(R_{R2}v_{uR2} - R_{R1}v_{uR1}) \tag{4-13}$$

式中：v_{uR1}、v_{uR2}——液力缓速器工作液在动轮进口处、出口处绝对速度在与轴面垂直的圆周分速度，可由下式计算出：

$$v_{uR2} = u_{R2} + v_{mR2}\cot\beta_{R2} = \omega R_{R2} + v_{mR2}\cot\beta_{R2} \tag{4-14}$$

$$v_{uR1} = u_{R1} + v_{mR1}\cot\beta_{R1} = \omega R_{R1} + v_{mR1}\cot\beta_{R1} \tag{4-15}$$

式中：v_{mR1}、v_{mR2}——液力缓速器动轮中工作液在进口、出口处的绝对速度在动轮轴心线剖面上的轴面分速度；

β_{R1}、β_{R2}——液力缓速器动轮进口、出口处的叶片角。

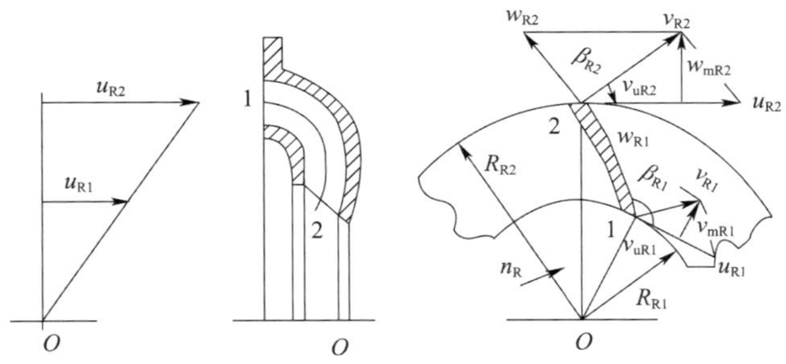

图4-16　倾斜叶片动轮入口和出口处的速度三角形

同理，具有倾斜叶片的定轮，定轮与工作液相互作用的力矩 M_S 为：

$$M_S = \rho Q(R_{S2}v_{uS2} - R_{S1}v_{uS1}) \tag{4-16}$$

式中：v_{uS1}、v_{uS2}——液力缓速器工作液在定轮进口处、出口处绝对速度在与轴面垂直的圆周分速度，可由下式计算出：

$$v_{uS2} = u_{S2} + v_{mS2}\cot\beta_{S2} = \omega R_{S2} + v_{mS2}\cot\beta_{S2} \tag{4-17}$$

$$v_{uS1} = u_{S1} + v_{mS1}\cot\beta_{S1} = \omega R_{S1} + v_{mS1}\cot\beta_{S1} \tag{4-18}$$

式中：v_{mS1}、v_{mS2}——液力缓速器定轮中工作液在进口、出口处的绝对速度在定轮轴心线剖面上的轴面分速度；

β_{S1}、β_{S2}——液力缓速器定轮进口、出口处的叶片角。

由液力缓速器产生的力矩可以看出，液力缓速器循环圆流量 Q 是影响缓速器制动力矩的关键因素，分析研究循环流量 Q 对于研究液力缓速器制动性能具有重要意义。

在进行液力缓速器的循环流量分析时，仍假设缓速器定轮转速 n_s 可以在 $0 \sim n_R$ 之间变化，缓速器的速比 i 定义为定轮转速与动轮转速之比，即：

$$i = \frac{n_s}{n_R} \tag{4-19}$$

循环圆中某处液体流量 Q 的大小由该处流动液体绝对速度的轴面分速度 v_m 与该处过流断面面积 F 决定，Q、v_m 与 F 之间有如下关系式：

$$Q = v_m \times F \tag{4-20}$$

对于结构一定的液力缓速器，F 是一定的。因此，Q 的变化规律依赖于 v_m 随 i 的变化，可以利用能量平衡关系来研究此变化规律。液力缓速器的能量平衡关系可以表示为：液力缓速器中动轮对工作液所做的功、工作液对定轮所做的功以及液体运动时各能量损失之和相等。

根据流体力学中的欧拉方程，液力缓速器中由动轮所建立的能头值 H_R 可用如下关系式表示：

$$H_R = \frac{1}{g}(u_{R2}v_{uR2} - u_{R1}v_{uR1}) \tag{4-21}$$

同理，缓速器中液流对定轮作用的能头值（定轮所吸收的能头）H_S 为：

$$H_S=\frac{1}{g}(u_{S2}v_{uS2}-u_{S1}v_{uS1}) \tag{4-22}$$

动轮入口处的冲击损失 H_{cjR} 为：

$$H_{cjR}=\frac{\xi_{cjR}}{2g}(v_{uR1}-v_{uS2})^2 \tag{4-23}$$

定轮入口处的冲击损失 H_{cjS} 为：

$$H_{cjS}=\frac{\xi_{cjS}}{2g}(v_{uR2}-v_{uS1})^2 \tag{4-24}$$

如果取液力缓速器动轮和定轮的冲击损失系数相同，即：

$$\xi_{cjR}=\xi_{cjS}=\xi_{cj} \tag{4-25}$$

可得液力缓速器总的冲击损失表达式为：

$$\sum H_{cj}=\frac{\xi_{cj}}{2g}[(v_{uR1}-v_{uS2})^2+(v_{uR2}-v_{uS1})^2] \tag{4-26}$$

摩擦损失为：

$$\sum H_{mc}=\xi_{mc}\frac{v_m^2}{2g} \tag{4-27}$$

式中：ξ_{mc}——总的摩擦阻力系数。

液体由动轮所建立的能头 H_R 消耗在以下几个方面：

(1)被定轮所吸收的能头 H_S，该值为负。

(2)工作轮中液体流动所产生的摩擦损失 $\sum H_{mc}$，包括液体的内摩擦，液体与工作轮壁面之间的摩擦，流道的扩散、收缩，液流拐弯时形成脱流和漩涡等造成的损失。

(3)动轮和定轮进口处叶片头部产生的液流冲击损失 $\sum H_{cj}$。

液力缓速器中的能量平衡方程如下：

$$H_R+H_S-\sum H_{mc}-\sum H_{cj}=0 \tag{4-28}$$

对于径向直叶片液力缓速器，有以下关系式成立：

$$\left.\begin{aligned}v_{uR2}&=u_{R2}\\ v_{uR1}&=u_{uS2}\\ v_{uS2}&=u_{S2}\\ u_{R2}&=\omega_R R_{R2}\\ u_{R1}&=\omega_R R_{R1}\\ u_{S2}&=\omega_S R_{S2}\\ R_{S2}&=R_{R1}\\ \omega_S&=\omega_R i\end{aligned}\right\} \tag{4-29}$$

将这些关系式代入上面各损失中，整理可得：

$$\frac{\omega_R^2R_{R2}^2}{g}(1-ia^2)-\frac{\omega_R^2R_{R2}^2}{g}i(1-ia^2)-\frac{\xi_{cj}\omega_R^2R_{R2}^2}{2g}(1-i)^2(1+a^2)-\xi_{mc}\frac{v_m^2}{2g}=0 \tag{4-30}$$

当 $i=0$(即 $n_S=0$)时，化简上式可得到：

$$v_{m}=\omega_{R}R_{R2}\sqrt{\frac{2-\xi_{cj}-\xi_{cj}a^{2}}{\xi_{mc}}} \tag{4-31}$$

式中：$a=\frac{R_{R1}}{R_{R2}}$。

这样就得到了径向直叶片液力缓速器液流绝对速度轴面分速度 v_m 的表达式，进一步可以求得液力缓速器工作轮产生的力矩为：

$$M_{R}=\rho F\omega_{R}^{2}R_{R2}\sqrt{\frac{2-\xi_{cj}-\xi_{cj}a^{2}}{\xi_{mc}}}(R_{R2}^{2}-R_{R1}^{2}) \tag{4-32}$$

同理，对于具有倾斜叶片的液力缓速器可以得到：

$$\frac{\omega_{R}R_{R2}}{g}(\omega_{R}R_{R2}+v_{m}\cot\beta_{R2})-\frac{\xi_{cj}}{2g}(\omega_{R}R_{R1}+v_{m}\cot\beta_{R1})^{2}-\frac{\xi_{cj}}{2g}(\omega_{R}R_{R2}+v_{m}\cot\beta_{R2})^{2}-\xi_{mc}\frac{v_{m}^{2}}{2g}=0 \tag{4-33}$$

根据此式，将设计后所确定的液力缓速器的 R_{R1}、R_{R2}、$\cot\beta_{R1}$、$\cot\beta_{R2}$、经验数据 ξ_{mc} 及 ξ_{cj} 代入，可计算出动轮转速为 ω_R 时的 v_m。再将其代入 $Q=v_m\times F$ 中计算出循环圆的流量 Q，继而进一步求液力缓速器中倾斜叶片工作轮所产生的制动力矩。

4.3.1.2 相似计算

相似设计方法是液力元件设计的方法之一，主要理论依据是相似原理。通常用相似设计法对液力元件进行放大或者缩小设计、系列化设计以及通过模型试验等确定实物的性能。采用相似设计方法可以大大减少设计工作量，缩短设计周期，同时还可得到性能良好的样机。

相似原理亦即力学相似原则，主要包括边界条件相似（几何相似）、起始条件和流动图形相似（运动相似）及动力相似三方面内容。

几何相似要求所设计的液力元件和原模型的液力元件过流部分相似，即流道和循环圆的形状相似、对应尺寸成比例、对应叶轮的进出口叶片倾角相等。

运动相似要求流场中各点液流的速度三角形相似，即各点速度大小成比例，且方向相同。

动力相似要求工作腔内各点的作用力性质相同，且这些力构成的力多边形相似，即力的作用方向相同，大小成比例。

在这三个相似条件中，几何相似是基础，没有几何相似就没有运动相似，没有运动相似就没有动力相似。但是一般情况下，完全符合相似原理的流场是不存在的，因此只能在实际运用中忽略次要的力，着重考虑主要的作用力，即满足部分力学相似条件。

在液力元件的流场中，主要考虑惯性力和黏性力，忽略液体的重力、表面张力等。液力元件流场中惯性力和黏性力的比值为雷诺数 R_e，因此用雷诺数 R_e 判断两液力元件是否动力相似。如果两流场中的雷诺数数值相等，即两流场的流动液体惯性力和黏性力比例相同，就可认为这两个流场符合动力相似的条件。

雷诺数 R_e 的公式为：

$$R_{e}=\frac{nD^{2}}{v} \tag{4-34}$$

式中：n——转子转速，r/min；

D——叶轮循环圆直径，m；

v——流体的运动黏度，m^2/s。

根据相似原理可以推算出两个相似液力元件的几何尺寸及运动速度的关系，如式(4-35)所示：

$$\left.\begin{aligned}&\frac{R_{B1M}}{R_{B1S}}=\frac{R_{B2M}}{R_{B2S}}=\frac{R_{T1M}}{R_{T1S}}=\frac{R_{T2M}}{R_{T2S}}=\frac{R_{D1M}}{R_{D1S}}=\frac{R_{D2M}}{R_{D2S}}=\frac{R_{DM}}{R_{DS}}=C_1\\&\frac{v_{1M}}{v_{1S}}=\frac{u_{1M}}{u_{1S}}=\frac{\omega_{1M}}{\omega_{1S}}=\frac{v_{m1M}}{v_{m1S}}=\frac{v_{u1M}}{v_{u1S}}=\frac{v_{2M}}{v_{2S}}=\frac{u_{2M}}{u_{2S}}=\frac{\omega_{2M}}{\omega_{2S}}=\frac{v_{m2M}}{v_{m2S}}=\frac{v_{u2M}}{v_{u2S}}\cdots\\&=\frac{D_M n_{BM}}{D_S n_{BS}}=\frac{D_M n_{TM}}{D_S n_{TS}}=C_2\end{aligned}\right\}\tag{4-35}$$

式中，下标 M 代表原模型的相关参数，下标 S 代表相似设计后得到模型的相关参数，下标 B 代表泵轮，下标 T 代表涡轮，下标 D 代表导轮，C_1 和 C_2 均为常量。

根据相似原理可以推导出两个相似液力元件在流量、能量、功率、力矩等方面的相似定律，即第一相似定律、第二相似定律、第三相似定律和第四相似定律。下面对其进行详细阐述。

1）第一相似定律

第一相似定律是指符合几何相似条件的液力元件，在倾角相等的情况下流量 Q、工作轮有效直径 D 和泵轮转速 n 三者之间的关系。根据前述分析，液力元件循环流量 Q 的计算公式为：

$$Q=Fv_m=\pi Db_m\psi v_m\tag{4-36}$$

式中：v_m——液力缓速器工作液绝对速度在工作轮轴心线剖面上的轴面分速度，m/s；

ψ——叶片的截面阻塞系数；

b_m——轴面上流道的宽度，m。

根据相似原理，对应线性尺寸的比值为常数，假设阻塞系数 $\psi_M=\psi_S$，则有：

$$\frac{Q_M}{Q_S}=\frac{D_M b_{mM}\Psi_M v_{mM}}{D_S b_{mS}\Psi_S v_{mS}}=\left(\frac{D_M}{D_S}\right)^3\frac{n_{BM}}{n_{BS}}\tag{4-37}$$

由此可知，两个符合相似原理的液力元件，其内循环流量之比和循环圆直径比值的三次方及泵轮转速之比成比例。

2）第二相似定律

第二相似定律是指符合几何相似条件的液力元件，在倾角相等的情况下能头和循环圆直径、泵轮转速三者之间的关系。

根据欧拉方程：

$$H=\frac{1}{g}(u_2v_{u2}-u_1v_{u1})\tag{4-38}$$

由上式可得，原模型和新样机的能头比值为：

$$\frac{H_M}{H_S}=\frac{u_{2M}v_{u2M}-u_{1M}v_{u1M}}{u_{2S}v_{u2S}-u_{1S}v_{u1S}} \tag{4-39}$$

由上式可知,能头之比为任一速度的平方之比,即:

$$\frac{H_M}{H_S}=\frac{u_M^2}{u_S^2}=\left(\frac{D_M n_{BM}}{D_S n_{BS}}\right)^2=\left(\frac{D_M}{D_S}\right)^2\left(\frac{n_{BM}}{n_{BS}}\right)^2 \tag{4-40}$$

由此可知,两个符合相似原理的液力元件,其能头之比与循环圆直径之比的平方及泵轮转速之比的平方成正比。

3)第三相似定律

第三相似定律是指符合几何相似条件的液力元件,在倾角相等的情况下功率和循环圆直径、泵轮转速三者之间的关系。

在液力元件中,由工作油液传递的功率为:

$$P=\rho gQH \tag{4-41}$$

根据相似原理、第一相似定律和第二相似定律有:

$$\frac{P_M}{P_S}=\frac{\rho_M gQ_M H_M}{\rho_S gQ_S H_S}=\frac{\rho_M}{\rho_S}\times\left(\frac{D_M}{D_S}\right)^3\frac{n_{BM}}{n_{BS}}\times\left(\frac{D_M}{D_S}\right)^2\left(\frac{n_{BM}}{n_{BS}}\right)^2=\left(\frac{D_M}{D_S}\right)^5\left(\frac{n_{BM}}{n_{BS}}\right)^3\frac{\rho_M}{\rho_S} \tag{4-42}$$

由上式可知,两个符合相似原理的液力元件,其功率之比和循环圆直径之比的五次方、泵轮转速之比的三次方及工作液密度之比成正比。

4)第四相似定律

第四相似定律是指符合几何相似条件的液力元件,在倾角相等的情况下转矩和循环圆直径、泵轮转速三者之间的关系。

功率、力矩和转速的关系为:

$$T=9549\frac{P}{n} \tag{4-43}$$

根据第三相似定律,有下式成立:

$$\frac{T_M}{T_S}=\left(\frac{D_M}{D_S}\right)^5\left(\frac{n_{BM}}{n_{BS}}\right)^2\frac{\rho_M}{\rho_S} \tag{4-44}$$

由此可知,两个符合相似原理的液力元件,它们的力矩之比和循环圆直径之比的五次方、泵轮转速之比的平方及工作液密度之比成正比。

液力耦合器与液力缓速器也具有相似性,具体表现在以下方面。

(1)几何相似。在几何结构上,液力耦合器和液力缓速器都是由两个叶轮相对组装而成,其中泵轮为主动轮,与动力输入端相连;涡轮是被动轮,作为输出端,在缓速器中,涡轮固定不动。

(2)运动相似。在液力耦合器的运动中,泵轮为主动轮,由动力输入装置带动旋转,并引起腔内液体的流动,从而在液流的冲击下,使得涡轮也旋转,由此完成运动或能量的传递;对于液力缓速器,其运动过程与液力耦合器相似。

(3)动力相似。在动力传递方面,两者均依靠泵轮的旋转将能量传递给液体,获得能量的液体高速冲击涡轮叶片。在耦合器中,涡轮获得能量使得涡轮旋转,并由此来传递运动或能量;而在缓速器中,由于涡轮固定不动,液体冲击涡轮时将本身的动能大部分转化为热能并被液体带走,从而消耗了系统的能量,使泵轮转速降低,起到减速作用。

综上,液力耦合器和液力缓速器都是一种液力传动元件,二者在几何、运动、动力原理上是相似的,因此,可将相似原理应用于液力缓速器的设计计算和性能分析。

4.3.2 液力缓速器结构设计

液力缓速器结构设计的主要参数包括循环圆形状、最佳叶片数目和叶片倾角的选择。

4.3.2.1 循环圆形状

在液力缓速器的循环圆设计过程中,不仅要确保液流在内外环之间360°回转流动,同时也要注意循环圆的不同形状对液力缓速器缓速特性的影响。

(1)圆形循环圆。圆形循环圆能够在内环与外环比值一定时使曲率半径达到最大,这样可减小转向阻力系数,从而使循环流量增大。然而,由于圆形循环圆中液流中间流线各个点在与圆周方向垂直轴面方向的流速会发生改变,圆形循环圆会增加扩散损失和收缩损失。

(2)节面流速相等循环圆。这种循环圆形状可消除收缩和扩散损失,但流道线形会增加制造难度,同时也会使转子和定子出口处存在很大的折角。

(3)长圆形循环圆。这种循环圆形状是在圆形循环圆的基础上,以直线或圆弧连接上、下半圆流道。其优势在于当内外环直径比值一定时,该形状的循环圆比节面流速相等循环圆对液流的作用面积更大,避免了转子和定子出口处的折角,同时比圆形循环圆的轴向尺寸更小,使得扩散损失和收缩损失降低。然而,在外环直径不变时,这种循环圆形状的内环直径很小,使得叶片的数目受到限制。

(4)扁圆形循环圆。扁圆形循环圆是在圆形循环圆的基础上,在工作进口和出口处以直线连接左右半圆流道。扁圆形循环圆的优点在于流道宽度大,增大了液流和叶片的作用面积,使力矩系数变大,且使得叶片数目增加。然而,这种循环圆仍然存在较大的扩散损失和收缩损失,使高转速时缓速器力矩系数的增大受到限制,且轴向尺寸比圆形循环圆更大。

目前液力缓速器常选用长圆形循环圆,其具有制造成本低、加工难度小且便于安装的优势。

4.3.2.2 叶片数目

转子和定子的叶片数目对缓速性能会产生重要影响,且制动力矩系数随着叶片数目的增加先增大后减小。对其分析如下。

一方面,随着叶片数目的增加,液流的过流断面减小,液流流入叶轮时的收缩阻力系数与离开叶轮的扩大阻力系数增加,使得液流的循环流量减少,制动力矩减小;另一方面,液流质点沿与叶轮圆周方向垂直的轴面方向的分速度分布更加均匀,导致液流在叶轮出口处沿叶轮圆周方向的分速度大小产生变化,动轮处增大,定轮处减小,使得制动力矩增大。

这两点对液力缓速器制动力矩的影响是相反的,因此,对于某一液力缓速器存在使制动力矩最大的叶片数目,在设计液力缓速器时应对叶片数目进行合理选择。

4.3.2.3　叶片倾角

由于前倾叶片提高了循环流量并使转子出口和入口的动量矩之差更大,故叶片具有一定前倾角度的液力缓速器比径向直叶片能产生更大的制动力矩。同时,由于叶片数目是有限的,且叶片都有厚度,这就导致液流的相对速度即沿工作腔流道的运动与叶片骨线的切线方向并不一致,而是具有一定的偏移角。因此,具有叶片倾角的液力缓速器制动时产生的力矩更大。液力缓速器的合理叶片倾角为30°~45°。

对于叶片数目和倾角可以进行更加精确的选择,即构建转子和定子的三维模型进行虚拟装配,抽取油液流道模型,并对不同叶片数目和倾角的流道模型分别进行 Fluent 流体仿真,对液流流场进行速度流场分析,最终获得最佳叶片数目和叶片倾角。

4.3.3　液力缓速器起效时间

当汽车需要制动时,驾驶人操纵辅助制动装置,液力缓速器无法立刻产生辅助制动力矩。这是由于工作油液进入缓速器工作腔需要一定的时间,因此产生辅助制动力矩也存在着一定的时间迟滞,这段时间即为液力缓速器的起效时间,也叫充油时间。液力缓速器起效时间对汽车制动性能的影响如图 4-17 所示。

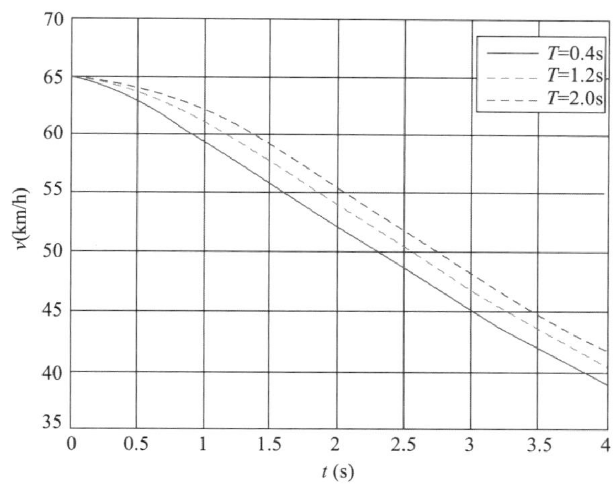

图 4-17　液力缓速器起效时间对汽车制动性能的影响

由此可知,在初始制动车速相同的条件下,起效时间为 0.4s 时,在 4s 的时间内汽车速度由 65km/h 减小到 39km/h,而当起效时间为 2s 时,在 4s 内汽车速度仅减小到 42.3km/h。因此,起效时间对液力缓速器的制动性能有较大影响,起效时间越短,液力缓速器的制动效果越好。

液力缓速器的起效时间和充液量应满足如下关系:

$$V = v_1 A_1 t - \int_0^t A_2 v_2 \mathrm{d}t \tag{4-45}$$

式中:V——液力缓速器的充液量,L;

v_1——油液在进油口处的速度,m/s;

v_2——油液在出油口处的速度,m/s;

A_1——进油口面积，m^2；

A_2——出油口面积，m^2。

在实际充油时，充油初期充油速度较快，随着缓速器工作腔内油液的增多，充油速度逐渐减缓，直到充液率达到目标值，充油阶段结束。

4.3.4 液力缓速器对整车制动性能的影响

4.3.4.1 工作特性

液力缓速器的制动力矩如式(4-1)所示，即 $M=\lambda\rho g n^2 D^5$。

由此可知，工作轮转速越高，制动力矩越大。对于直线型叶轮的液力缓速器，λ 为 0.006 ~ 0.009，通过使叶片倾斜可将其放大约 30 倍，但仅为单方向有效。

当缓速器布置在变速器前端，则无论变速器处于前进挡或者倒挡，在各种工况下叶轮均能有效工作；当缓速器布置在变速器后端，则其旋转方向随行驶方向的变化而变化，若双向都需缓速器作用，只得采用直线型叶轮。

若采用液力缓速器置于变速器之前的布置形式，则液力缓速器制动力矩 M_r 为：

$$M_r=\lambda\rho g D^5 n_r^2=\zeta\rho g D^5\left(\frac{u_a}{r}\right)^2(i_0 i_g)^2 \tag{4-46}$$

式中：$\zeta=\left(\frac{60}{2\pi}\right)^2\lambda$；

n_r——液力缓速器转速，r/min；

i_0——主减速比；

i_g——变速器速比；

u_a——车速，km/h；

r——车轮半径，m。

当液力缓速器布置于变速器前端时，变速器对液力缓速器起到增速作用，往往不需再增设专门的液力缓速器增速机构便能获得较高的制动力矩。车辆采用自动变速器时液力缓速器常采用该种布置形式。

若液力缓速器布置在变速器输出端，则液力缓速器制动力矩大小为：

$$M_r=\zeta\rho g D^5\left(\frac{u_a}{r}\right)^2 i_0^2 \tag{4-47}$$

此时，对于液力缓速器而言，起增速作用的汽车主减速比并非专门为液力缓速器所设，该速比的设计须满足汽车动力性要求，这就无法兼顾缓速器的工作要求。因此，需在变速器输出端与缓速器输入端之间设置专门的增速装置，此时制动力矩的大小如下式所示：

$$M_r=\zeta\rho g D^5\left(\frac{u_a}{r}\right)^2(i_0 i_r)^2 \tag{4-48}$$

式中：i_r——液力缓速器增速装置速比。

4.3.4.2 对整车制动性能的影响分析

在评价液力缓速器辅助制动性能时，常采用以下几种典型运行工况：

(1)平直路面制动工况。

(2)不同坡度下的恒速制动工况。

(3)在一定初速度下,不同挡位制动工况。

液力缓速器的性能可用四个特征参数描述,即额定转速 n_e、额定制动力矩 T_e、工作油液最高温度 T_{max}、缓速器可持续工作时间 T_t。

当车辆利用液力缓速器下坡时,汽车的行驶方程式为:

$$F_i - F_w - F_f - F_b = F_j \tag{4-49}$$

式中:F_i——车辆重力沿坡道方向分力(即下坡力),N;

F_w——车辆空气阻力,N;

F_f——车辆滚动阻力,N;

F_b——液力缓速器制动力,N;

F_j——车辆惯性力,N。

若汽车在平路上行驶,重力沿坡道方向分力 $F_i = 0$,式(4-49)变为:

$$-F_w - F_f - F_b = F_j \tag{4-50}$$

若此时变速器在挡,式(4-49)变为:

$$F_i - F_w - F_f - F_b - F_e = F_j \tag{4-51}$$

式中:F_e——发动机的制动力,N。

若汽车保持匀速下坡行驶,$F_j = 0$,式(4-49)变为:

$$F_i - F_w - F_f = F_b \tag{4-52}$$

当传动比不同时,汽车在不同的坡道上可获得不同的恒定行驶车速,针对不同的设计要求,可对各设计参数进行分析讨论,选取与整车参数相匹配的设计结果。

4.4　液力缓速器控制

4.4.1　液力缓速器控制原理

液力缓速器的控制原理如图4-18所示。通过分挡开关,控制电流通过控制器流向比例阀,该比例阀根据控制电流的强弱对油槽产生气动压力。气动压力根据工作状况(传动轴转速)向动轮和定轮之间的工作空间压入一定量的介质油液。介质油液在动轮的带动下,在工作空间中以闭合的循环流动方式旋转。由于定轮固定不动,介质油液的减速会降低动轮的转速,从而引起整车制动,将车辆动能转化为介质油液的热能,通过热交换器将热能耗散出去。

控制器的输入信号包括冷却液温度、油温、缓速器挡位、缓速器指示灯、工作腔压力及转速等,通过对这些信号进行分析处理从而控制缓速器,并通过总线和车辆的各控制单元进行协调,保证行车安全。

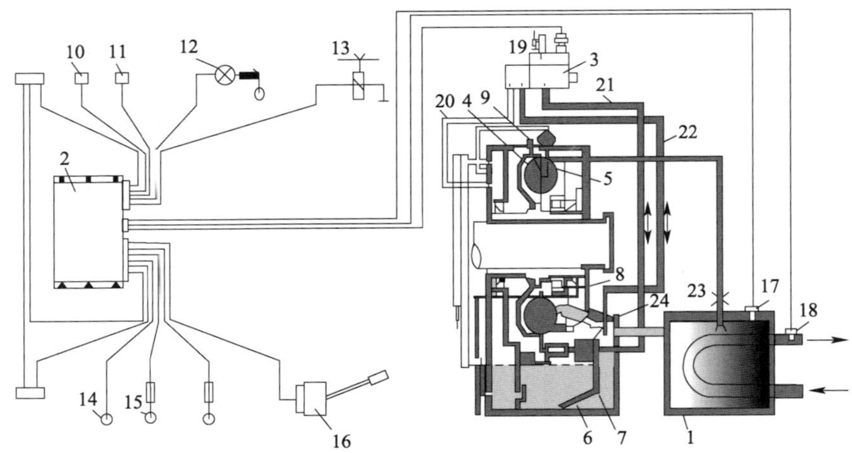

图 4-18　液力缓速器控制原理图

1-热交换器;2-控制器;3-比例阀;4-动轮;5-定轮;6-油池;7-充油道;8-回油道;9-油压检测信号;10-车速信号;11-ABS 信号;12-缓速器指示灯;13-停车继电器;14-转速信号;15-熔断丝;16-分挡开关;17-油温传感器;18-冷却液温度传感器;19-进比例阀的系统压力;20-排气管;21-进换向阀的控制压力;22-进开闭阀的系统压力;23-出油阀;24-进油阀

4.4.2　液力缓速器控制方案

4.4.2.1　液力缓速器的充液控制方案

由于液力缓速器的制动能力与工作腔充液量有关,在运行中改变缓速器工作腔的充液量便可调节其输出力矩和转速。

假设工作腔内充液量为 Q,若使其有 ΔQ 的变化,就必须使工作腔进、出口流量 Q_1、Q_2 满足 $\Delta Q = \Delta t(Q_1 - Q_2)$,$\Delta t$ 是调速时间。工作腔充液量的三种调节方式如下。

(1)进口调节。采用进口调节方式时,出口流量 Q_2 保持不变,通过改变进口流量 Q_1 来调整工作腔的充液量。其调速时间较长、反应不够灵敏,但结构较为简单、轴向尺寸较短。按结构不同,主要分为喷嘴导管、喷嘴阀门、喷嘴变量泵、固定导管阀门、固定导管变量泵等形式。

(2)出口调节。采用出口调节方式时,进口流量 Q_1 保持不变,通过改变出口流量 Q_2 来调整工作腔充液量。其调速时间短、调速精度高、反应灵敏,但结构较为复杂。出口调节主要包括转动导管式和伸缩导管式两种形式。

(3)进出口调节。采用进出口调节方式时,能同时改变进口流量 Q_1 和出口流量 Q_2 来调整工作腔充液量。该调节方式调速时间短、反应灵敏、能降低辅助系统的功率消耗、换热能力强,同时结构也较为复杂。主要分为导管阀控式、导管凸轮控制式及阀门控制式。

选择充液量调节方式需遵循如下几个原则:

(1)稳定运行。调到所需工况点后,进出口流量需保持平衡,保证缓速器稳定工作,即输出转速保持不变。

(2)热平衡。能保证将缓速器因转差损失所转化的热量通过工作液的循环带走。

(3)保证调速精度。即要求调速灵敏,能准确地按需调速。

(4)保证调速时间。即要求调速时间尽量短,反应灵敏。

(5)保证充满、排空时间。出口调节式缓速器工作油泵流量大,充满和排空时间短。进口调节喷嘴阀门式缓速器充满和排空时间长,固定导管缓速器因调节油泵功率小、流量小,所以充满时间较长,选择时应根据实际需要选择合适的调节方式。

(6)经济性好。各种调节方式成本不同,应在满足可靠性要求的前提下选择结构简单且成本低的调节方式。

4.4.2.2　液力缓速器不同控制方式对比

1)进口调节伸缩导管式液力缓速器

图4-19所示为进口调节伸缩导管式液力缓速器结构原理图。当传动轴带动转子转动时,设置在定子外壳上的喷嘴因其节流面积已调定,喷出近似恒流量的工作液,喷出的工作液在回转壳体油腔内受离心力的作用而形成油环,油环旋转产生动压力,当导管迎着液流旋转方向插进液环表层时,液体便在此动压力作用下沿导管和管路进入缓速器的冷凝器,冷却后的工作液经管路再回到缓速器工作腔。由于出口流量基本恒定,所以只要改变导管的伸缩程度即可改变油环厚度,从而改变工作腔的充液量。这种缓速器因有一个回转的壳体,所以又称为进口调节回转壳体式。

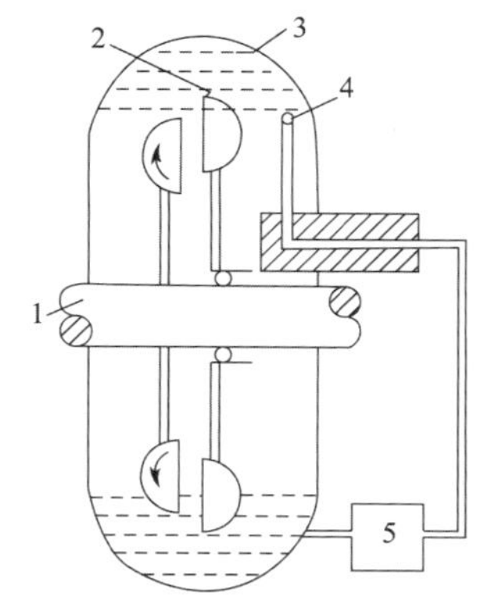

图4-19　进口调节伸缩导管式液力缓速器结构原理图

1-传动轴;2-喷嘴;3-辅腔;4-导管;5-冷凝器

进口调节伸缩导管式液力缓速器结构简单、紧凑,由于其自带回转壳体储油室,散热性能好,小功率缓速器可不加冷凝器,轴向尺寸较短,成本较低。然而,进口调节伸缩导管式液力缓速器制造工艺复杂,回转壳体外径较大,内部焊有导油片,难以保证内外同心;调速时液体质心发生变化,输出转速高时工作液进入工作腔,低速时又进入储油室,影响旋转体的动平衡,且回转壳体内储存较多液体,转动惯量大,调速时间较长,反应不灵敏,调速精度相对较差。

2)进口调节喷嘴阀控式液力缓速器

图4-20所示为进口调节喷嘴阀控式液力缓速器结构原理图,供油泵供出的油经冷凝器冷却后,再经阀门调节,然后进入工作腔。阀门开大,工作腔内进油量多,输出转速高;反之,阀门关小,工作腔内进油量少,输出转速低,缓速器调速时,在任一工作点上,进、出口流量都应当平衡。进口流量的变化由阀门调节,出口流量是由喷嘴面积、喷嘴所在位置的旋转半径以及喷嘴处的压强决定的。当缓速器确定后,出口流量的变化与压强有关。由公式 $p_r=\frac{\rho\omega^2}{2}(R_1^2-R_2^2)+p$ 知,喷嘴处的压强 p_r 与工作液密度 ρ、角速度 ω 的平方和喷嘴处半径 R_1 与工作液内环半径 R_2 的平方差成正比,同时还与供油压力 p 有关。式中,ρ、ω、R_1、p 为定量,只有 R_2 随进口流量变化而变化。进口流量大,工作腔内充液量多,R_2 减小,喷嘴处压强增大,出口流量加大;反之,当进口流量减小,工作腔内充液量少,R_2 增大,喷嘴处压强减小,出口流量减小。因此,存在一个平衡点,使得进、出口流量相等,缓速器可在此点稳定工作。

进口调节喷嘴阀控式液力缓速器的优点在于其结构简单,轴向尺寸短,成本较低;缺点是与出口调节相比,调速不够灵敏,尤其是主动喷嘴阀控式调速时间较长。

3)进口调节喷嘴泵控式液力缓速器

喷嘴泵控式液力缓速器与喷嘴阀控式液力缓速器结构基本相同。不同之处在于阀控式用阀门调节进口流量,而泵控式用变量泵调节进口流量。变量泵可以选用齿轮变量泵、液压调速装置或变频调速泵。

喷嘴泵控式液力缓速器结构简单,轴向尺寸短,成本较低,缺点是与出口导管式调节相比,反应不够灵敏。

4)进口调节固定导管阀控式液力缓速器

图4-21所示为进口调节固定导管阀控式液力缓速器结构原理图,该结构类型缓速器是在喷嘴阀门式缓速器的基础上将喷嘴排油改用固定导管排油。固定导管被安装在回转油室中,相当于一个油泵,将工作腔的油送至冷凝器冷却,然后再送回工作腔。由于整个油路系统的循环流量是固定的,若需增速,就要通过阀门向系统加油,因各管路及储油腔的容积不变,所以增加的油就进入工作腔,使工作腔充液量增加,输出力矩和转速增大;同理,若需减速,则通过阀门排油,减小系统中的油量,工作腔的充油量降低,则输出力矩和转速也随之减小。

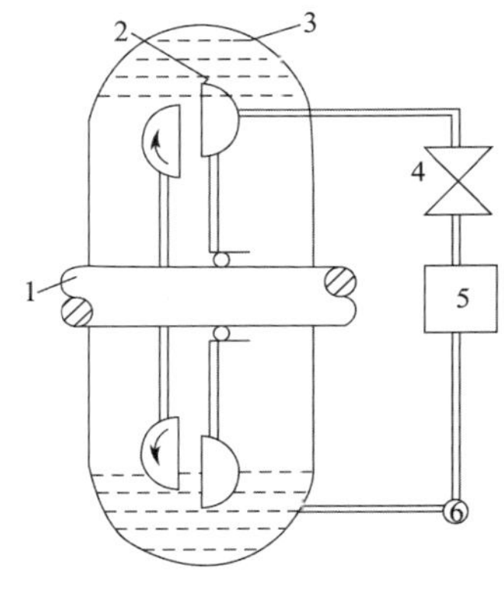

图4-20　进口调节喷嘴阀控式液力缓速器结构原理图

1-传动轴;2-喷嘴;3-辅腔;4-阀门;5-冷凝器;6-供油泵

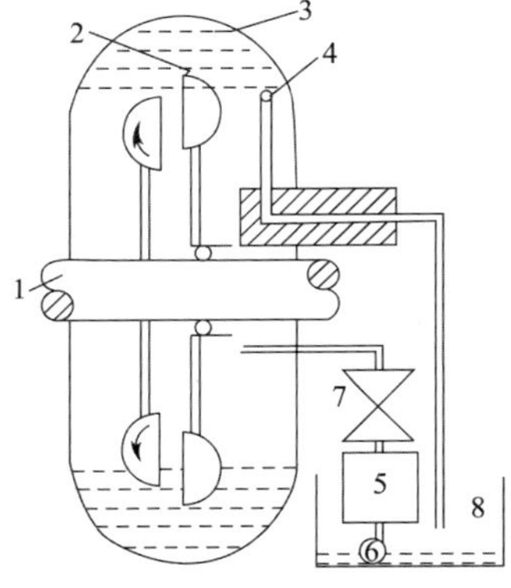

图4-21　进口调节固定导管阀控式液力缓速器结构原理图

1-传动轴;2-喷嘴;3-辅腔;4-导管;5-冷凝器;6-供油泵;7-阀门;8-储油箱

固定导管阀控式液力缓速器排油能力强,排油时间短,供油泵功率小,系统较为节能,轴向尺寸短,安装调试方便,使用维护简便。然而,由于其供油泵流量低,因此充油启动时间长,当固定导管的勺口位置较高时,易造成缓速器回转外壳和工作腔之间在最低转速时存在死油区,即缓速器工作腔的油无法全排空,造成缓速器散热不佳。

5)进口调节固定导管泵控式液力缓速器

图4-22所示为进口调节固定导管泵控式液力缓速器结构原理图,该结构类型缓速器与固定导管阀控式液力缓速器结构基本相同,均以固定导管为油泵进行工作液的循环冷却。不同之处在于阀控式用阀门调节充液量,而泵控式用变量泵调节充液量,这与喷嘴变量泵式缓速器原理相同,在此不再赘述。

进口调节固定导管泵控式液力缓速器的优点与固定导管阀控式调速缓速器相同,且调速泵功率小,加之在稳定运行时调速泵不工作,节能显著。同样地,该结构液力缓速器也存在充油启动时间长的缺点,同时,由于泵阀系统存在泄漏,在稳定工况运转一段时间后,工作腔充液量会降低,导致工况点偏离。

6)出口调节回旋导管式液力缓速器

图4-23所示为出口调节回旋导管式液力缓速器结构原理图,该结构类型缓速器有储油回转壳体,缓速器连同储油回转壳体被安装在圆筒形的固定箱体内,固定箱体中装有回旋导管,回旋导管与缓速器轴线有一偏心距。由于偏心安装,回旋导管可以改变旋转油室中的液环厚度,从而调节工作腔内的充液量。导管的回旋可手动,也可用电动执行器驱动。

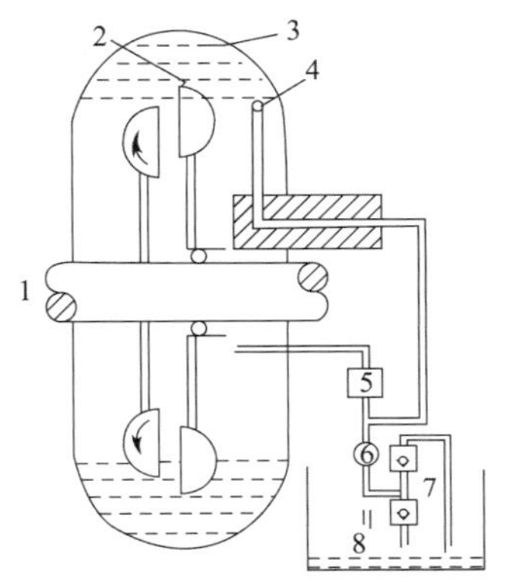

图4-22 进口调节固定导管泵控式液力缓速器结构原理图

1-传动轴;2-喷嘴;3-辅腔;4-导管;5-冷凝器;6-供油泵;7-止回阀;8-储油箱

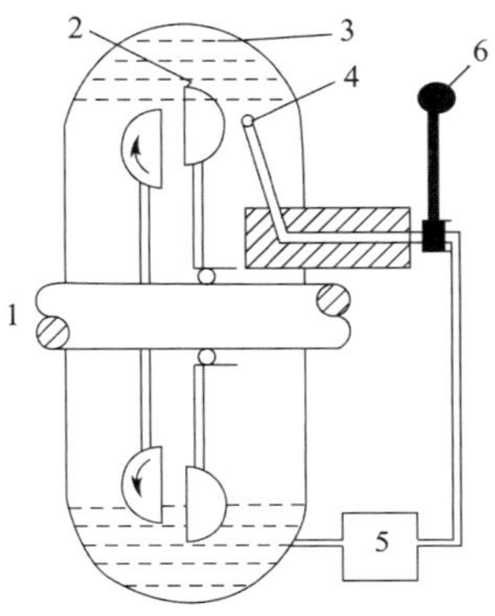

图4-23 出口调节回旋导管式液力缓速器结构原理图

1-传动轴;2-喷嘴;3-辅腔;4-导管;5-冷凝器;6-手柄

出口调节回旋导管式液力缓速器结构简单、成本低、操作简单、可进行自动化控制;轴向尺寸短,便于与电机集成为一体;调速灵敏、调速时间短、调整精度高。

7)进出口复合调节式液力缓速器

图4-24所示为复合调节式液力缓速器的结构原理图,该结构类型缓速器的调速原理与采用导管排液的出口调节缓速器基本相同。不同之处在于该缓速器增设了进、出口的综合配流阀。综合配流阀与导管在操纵时机械联锁,当需要调高输出转速时,顺时针转动操纵手柄,导管则向内收缩。主滑阀因机械联锁而随之下移,挡住部分甚至全部出油口,从而导致进油多,出油少,甚至只进不出,因此转速迅速升高。反之,当需调低转速时,逆时针转动操纵手柄,导管向外伸出,同时配流阀出口大开,导致进油少,出油多,转速迅速降低。当调节到某一工况点后,综合配流阀的开度使供液量与缓速器内的发热量相适应,以保持合适的工作油温(接近等温控制)。

进出口复合调节式缓速器不仅调速动作快、反应灵敏,而且能合理利用供液量,效率较高。它的缺点是结构复杂、成本高。

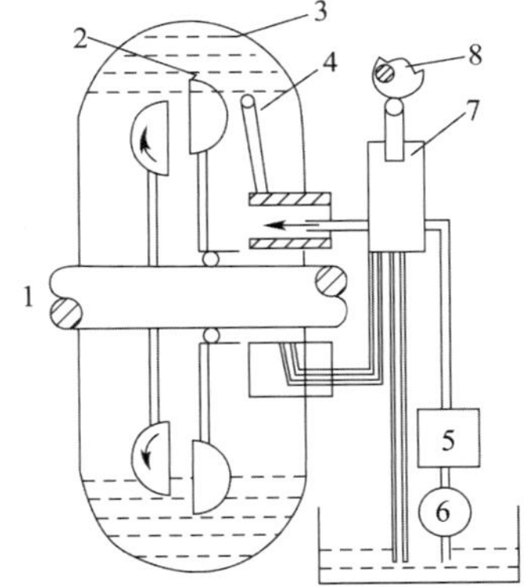

图4-24 复合调节式液力缓速器的结构原理图

1-传动轴;2-喷嘴;3-辅腔;4-导管;5-冷凝器;6-供油泵;7-综合配流阀;8-连锁机构

第5章 永磁缓速器

随着永磁制造技术不断发展,永磁体逐渐代替电涡流缓速器中的电励磁装置,从电励磁转变为永磁体励磁,由此得到永磁缓速器。与其他汽车辅助制动装置相比,永磁缓速器结构简单,主体结构由转子、定子及散热装置组成。同时,随着新型永磁材料的不断涌现,高性能的永磁材料价格日趋降低,永磁缓速器是未来缓速器的重要发展方向之一。

5.1 永磁缓速器概述

5.1.1 永磁缓速器工作原理

永磁缓速器的制动原理是以电磁学理论为基础。根据法拉第电磁感应定律,运动导体在磁场中切割磁感线,导体内部感应出涡电流,磁场会对运动导体产生阻碍其运动的力,力的方向可根据左手定则进行判定。对于永磁缓速器,这个力即为阻碍汽车运动的制动力,汽车动能以热能的形式散发到空气中。

将永磁铁磁极按照N-S-N-S的方式交错布置在磁铁保持架上,磁铁保持架随传动轴旋转。永磁缓速器制动时磁回路分布如图5-1所示,当永磁体运动到与定子鼓有相对接触面时永磁缓速器开始工作,此时,在永磁铁、磁铁保持架与气隙之间形成闭合的磁回路,定子鼓切割磁感线,在内表面产生感应涡电流,这些涡电流在磁场中会产生阻碍转子转动的力,表现为对汽车传动轴施加阻力,使车辆减速。解除制动时,永磁体支架与定子鼓无相对接触面积,定子鼓不切割磁感线,无感应涡流产生。制动力矩的大小与永磁铁和定子鼓的相对接触面积以及气隙大小有关,因此,可利用改变相对接触面积或气隙距离的方式来调整制动力矩。

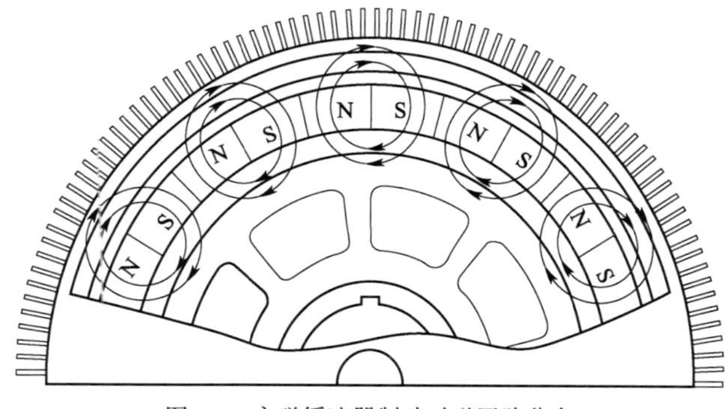

图5-1 永磁缓速器制动时磁回路分布

5.1.2 永磁缓速器安装方式

永磁缓速器在汽车上的安装位置与液力缓速器、电涡流缓速器类似,通常安装在汽车传动轴上，产生的制动力矩先作用于传动轴，再分配到左、右两侧驱动轮，达到减速的效果。根据车型不同，分为后置缓速器、中置缓速器与前置缓速器安装方案，分别安装在变速器后端、传动轴中部、离合器与变速器之间的部位。

图5-2所示为后置缓速器安装方案，其定子部分固定在变速器后端盖，转子部分通过凸缘与变速器输出轴相连接。此安装方式可与车上已安装的电涡流缓速器较好兼容，适用于大、中型城市客车、旅行客车和中、小型货车等。

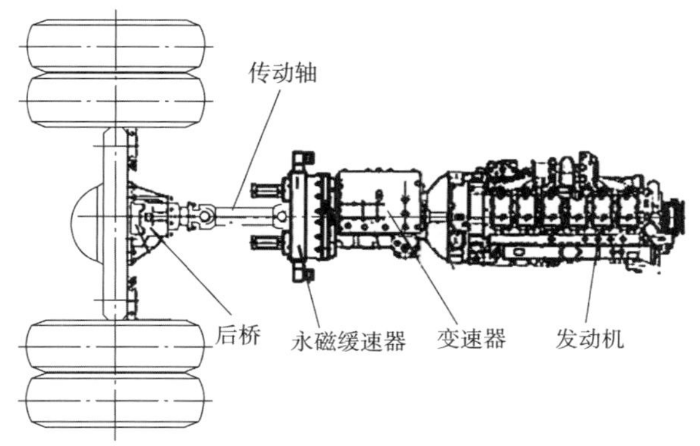

图5-2　后置缓速器安装方案

图5-3所示为中置缓速器安装方案，其转子部分与传动轴连接，定子部分固定在车架适当位置。此安装方式主要适用于长传动轴重型货车和大型客车。

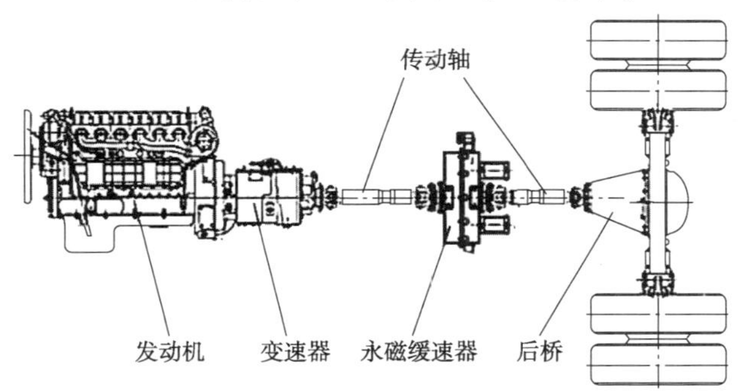

图5-3　中置缓速器安装方案

图5-4所示为前置缓速器安装方案，缓速器置于离合器和变速器之间，转子部分通过花键与变速器输入轴啮合并一起转动。此安装方式经过变速器的减速增扭作用，能增加缓速器的制动力矩，主要适用于重型货车。

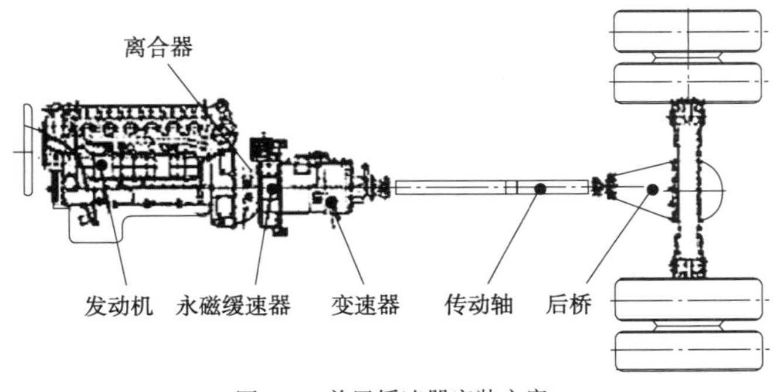

图5-4　前置缓速器安装方案

5.1.3 永磁缓速器特点

永磁缓速器是在其他车用缓速器的基础上发展起来的一种新型辅助制动装置。与其他缓速器相比,具有以下优点:

(1)结构简单、紧凑,质量轻、体积小、便于拆装,安装方便、灵活,安装时车辆不需进行大规模改造,适合在各类变速器及后桥上安装匹配。

(2)仅电磁阀耗电,大大节省了制动用电,不需要外加电源产生励磁,不存在断电时制动失效的危险。

(3)转子和定子之间的间隙固定,安装时无须调整间隙,且各部位受力更均匀,对车辆传动系统的影响小。

(4)非接触制动、免维护、节能环保和经济耐用的特点符合现代汽车工业发展的理念。

现有永磁缓速器具有以下缺点:

(1)与具有双转子的盘式电涡流缓速器相比,永磁缓速器是单转子作用,其散热能力较差,导致制动力矩受限,温度过高时可能会使永久磁铁失磁,造成制动失效。

(2)制动力矩较小。

(3)结构与控制方式相对较为复杂。

为了更好地实现永磁式缓速器在汽车上的广泛应用,集成化、无级控制以及从结构、永磁材料等多种途径提高制动力矩将是车用永磁式缓速器未来发展的方向。随着汽车控制系统的发展,将永磁式缓速器的控制系统与汽车的动力学稳定控制系统(DCS)、防抱死制动系统(ABS)和驱动防滑系统(ASR)联系起来,由DCS、ABS和ASR的控制系统根据汽车行驶工况对缓速器电磁阀进行控制,从而使得装有永磁式缓速器的汽车获得更安全、更可靠的制动性能。

5.2 永磁缓速器设计

5.2.1 永磁缓速器结构设计

5.2.1.1 永磁缓速器外部结构设计

永磁缓速器主要结构包括定子总成、转子总成和操纵机构;根据转子总成和定子总成的形状及布置关系,永磁缓速器可分为盘式和鼓式两种类型,盘式结构永磁缓速器与鼓式结构永磁缓速器分别如图5-5与图5-6所示。

盘式永磁缓速器转子盘为实心结构,其质量和转动惯量较大,同时气隙受安装尺寸限制与轴向力的干扰,不易调控,当发生轴向窜动时对气隙影响很大,导致制动力矩变化较大。同时,该类型永磁缓速器轴向尺寸对安装空间也有较高的要求。

鼓式永磁缓速器转动的转子鼓带动其上镶嵌着的永磁体高速旋转,使得定子鼓在永磁体的磁场中切割磁感线,从而让定子鼓内部生成大量的涡电流,产生涡流场,反作用于主磁场,形成阻碍其持续转动的阻力。鼓式永磁缓速器内部空间紧凑,且体积与质量相对较小。

同时，通过控制定子鼓与转子总成的轴向相对面积，可实现制动力矩的调控，便于在不同路况下选择适合的制动力矩，现阶段使用较为广泛。

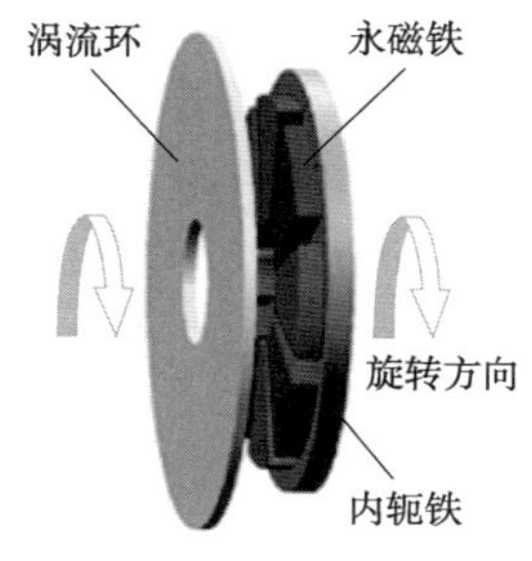

图 5-5　盘式结构永磁缓速器

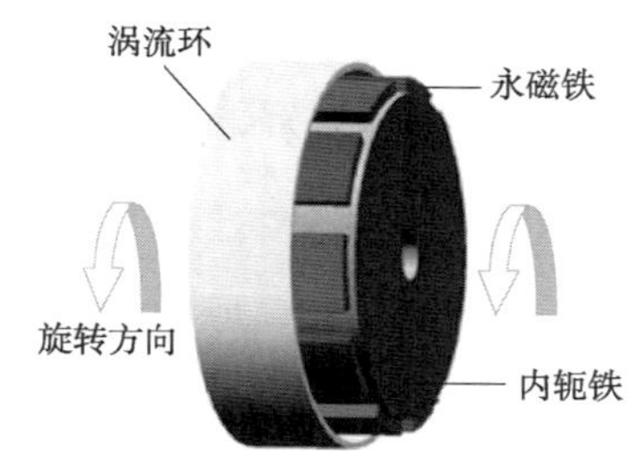

图 5-6　鼓式结构永磁缓速器

5.2.1.2　永磁缓速器内部结构设计

鼓式永磁缓速器的内部结构按照工作原理可分为磁铁保持架周向转动式、永磁体周向转动式与永磁体轴向滑动式三种。

1）磁铁保持架周向转动式永磁缓速器

磁铁保持架周向转动式永磁缓速器制动原理如图 5-7 所示。在磁铁保持架周向转动式的布局中，磁铁支架是固定不动的，永磁体在磁铁支架上极性交错排布。磁铁保持架在一定范围内沿传动轴转动，磁铁保持架上有铁磁性材料部分和非磁性材料部分，两者同样交替排列。

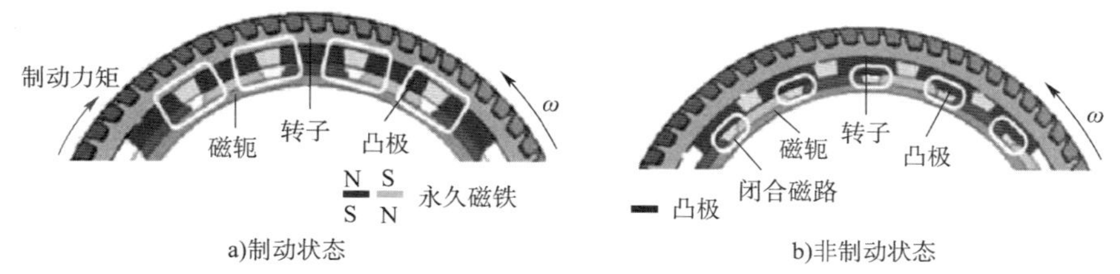

图 5-7　磁铁保持架周向转动式永磁缓速器制动原理图

缓速器工作时，磁铁保持架旋转，铁磁性材料与永磁铁相对，磁感线不受阻挡，从而在相邻永久磁铁、相邻铁磁性材料以及转子鼓中形成磁路，随着转子鼓的转动，其内部感应出涡电流，永磁缓速器处于制动状态。缓速器不工作时，磁铁保持架旋转到非铁磁性材料对应永久磁铁的位置，由于非铁磁性材料的隔磁作用，在相邻永久磁铁、铁磁性材料以及磁铁支架之间形成磁路，到达转子鼓的磁感线很少，在转子鼓上无感应涡电流，解除制动状态。

此类缓速器结构所需轴向空间小，但非铁磁性材料的尺寸小，无法完全将磁感线隔断，漏磁现象较为明显。

2）永磁体周向转动式永磁缓速器

在永磁体周向转动式的结构方案中，磁铁保持架安装于定子之上，有两列轴向排布的永磁体，每一列永磁体周向均匀分布，且周向相邻永磁体极性相反。这两列永磁体中，一列安装在活动磁铁支架上，可绕定子中心旋转，另一列通过固定磁铁支架固定在定子铸体上，不可旋转。磁极片周向均匀安装在定子铸体上，并且下方正对固定永磁体。通过控制活动磁铁支架转动对永磁缓速器的工作状态进行控制，永磁体周向转动式永磁缓速器结构示意图

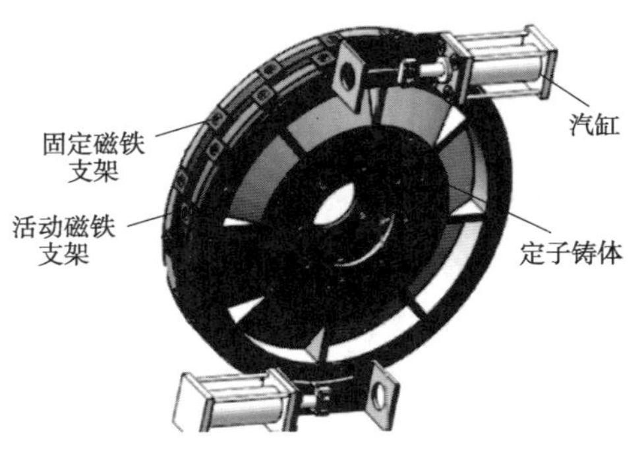

图 5-8　永磁体周向转动式永磁缓速器结构示意图

如图 5-8 所示。

永磁体周向转动式永磁缓速器工作状态如图 5-9 所示。当需要缓速器制动时,活动磁铁支架周向转动,当轴向相邻永磁体磁极相同时,磁感线将从两块极性相同的永久磁铁穿出,经过气隙和转子鼓再从相邻的两块极性相同的永久磁铁穿入。转子鼓转动,切割磁感线,从而产生制动力矩,如图 5-9a)所示。当解除制动时,活动磁铁支架转动,其上的永磁铁也随之转动,使轴向相邻两列永磁体磁极相反,此时永磁体产生的磁感线通过磁极片和磁铁支架形成回路,旋转的转子鼓没有切割磁感线,永磁缓速器没有制动转矩输出,如图 5-9b)所示。

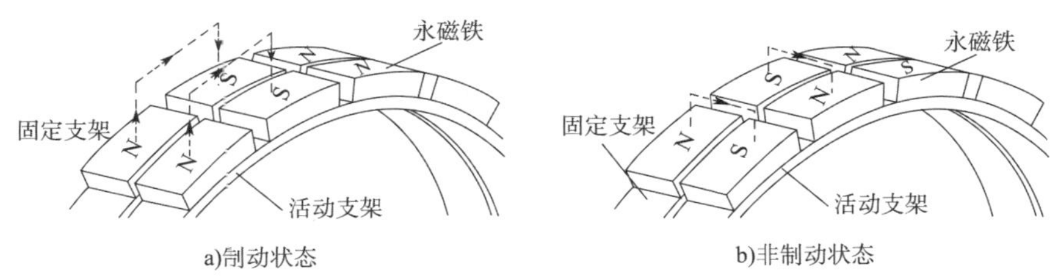

图 5-9　永磁体周向转动式永磁缓速器工作状态

这种结构可根据所需制动力矩的大小,通过调节汽缸行程改变活动支架和固定支架的相对位置,进而改变两列永磁体之间的磁感线分布,但由于制动力矩与转动角度并不是线性关系,控制较为困难。

3)永磁体轴向滑动式永磁缓速器

在永磁体轴向滑动式永磁缓速器中,铁磁性涡流体作为定子鼓,磁铁支架和永磁体作为转子总成,外壳采用散热好的非磁性材料,永磁体轴向滑动式永磁缓速器结构示意图如图 5-10 所示。永久磁铁安装在磁铁支架上,这些磁铁的极性交替反向排列,即当一块磁铁的 N 极对着转子鼓的内壁,则相邻磁铁的 S 极对着转子鼓内壁。磁铁支架可在磁铁保持架内做轴向运动。缓速器工作时,利用汽缸或伺服电机把磁铁支架连同固定在其上的永久磁铁一同移动到磁铁保持架左侧,这样就在定子鼓与转子总成之间构成了磁回路,转子总成随传动轴旋转时,在定子鼓内部产生感应涡电流,感应涡流激发感应磁场,进而产生制动力。当解除制动时,利用汽缸移动磁铁支架,使其与定子鼓轴向分离,定子鼓内部无法继续形成涡电流,制动力矩随之消除。

以上三类缓速器中,永磁体轴向滑动式永磁缓速器的永磁体可轴向移动,非工作状态时永磁体离开转子鼓内表面,能有效防止漏磁现象,但永磁体的轴向移动也需要更大的轴向空间,相比另外两种类型缓速器的轴向长度有所增加;永磁体周向转动式永磁缓速器有两列永磁体,结构较为复杂,磁铁保持架周向转动式永磁缓速器只有一列旋转的永磁体,体积小、质量轻、结构简单、成本低,但其在非制动状态漏磁现象较为明显。

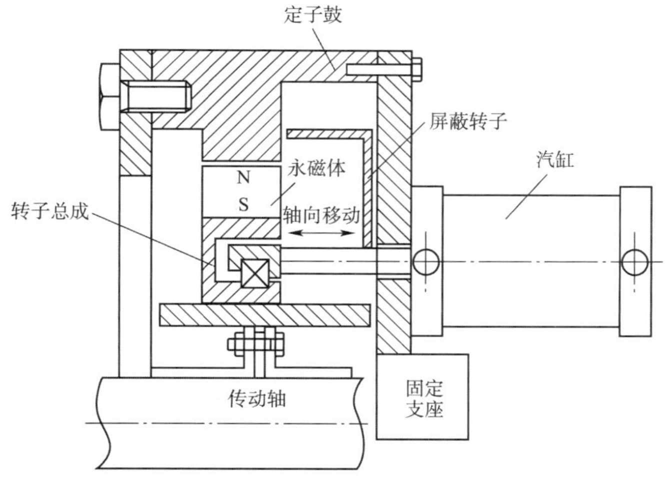

图 5-10 永磁体轴向滑动式永磁缓速器结构示意图

5.2.2 永磁缓速器制动力矩设计计算

进行永磁缓速器制动力矩计算时，将定子鼓内表面假设为一矩形平面。永磁体产生的磁通只分布在永磁体所对的矩形面积里，且磁场均匀，导磁材料的电导率与磁导率均为常数，忽略磁饱和与磁滞损耗的影响、非导磁材料漏磁因素的影响。永磁缓速器计算模型如图 5-11 所示。

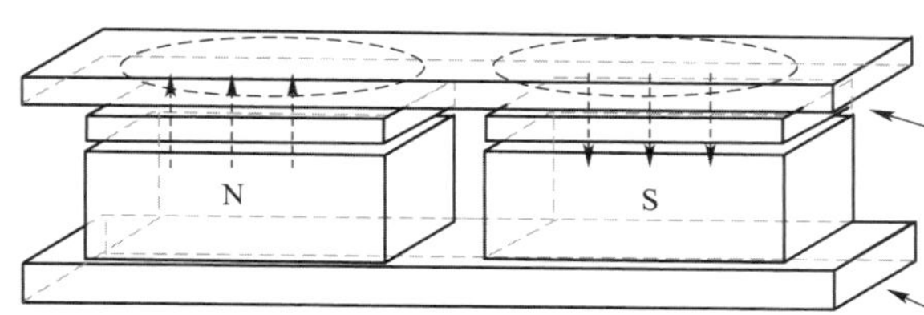

图 5-11 永磁缓速器计算模型示意图

当转子静止时，涡流区所对应的磁通量为：

$$\psi = BS \tag{5-1}$$

式中：B——磁感应强度，T；

S——磁场作用面积，m^2。

当转子转动时，产生涡电流，等效涡流区模型如图 5-12 所示，变化的磁通面积为：

$$dS = b \cdot dx \tag{5-2}$$

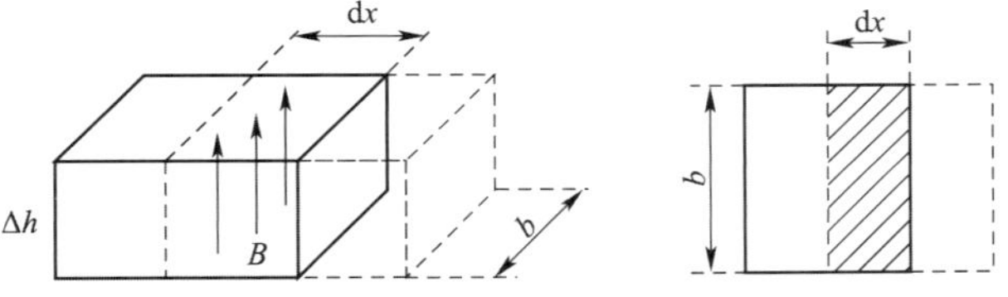

图 5-12 等效涡流区模型

由图 5-12 可知，$dx = \omega_n r \cdot dt$。

式中：b——永磁体轴向长度，m；

ω_n——转子总成的旋转角速度，$\omega_n=\frac{2\pi n}{60}$，rad/s；

r——定子鼓内半径，m；

n——转子总成转速，r/min。

定子鼓切割磁感线，从而产生了感应电动势，变化的磁通量为：

$$d\psi = B \cdot dS \tag{5-3}$$

由磁通面积变化产生的感应电动势的大小为：

$$\varepsilon = \frac{d\psi}{dt} = b\omega_n rB \tag{5-4}$$

该等效涡流区域的内阻为：

$$dR = \rho \frac{b}{\Delta h dx} \tag{5-5}$$

式中：ρ——电阻率，Ω·m；

Δh——涡流透入深度，m。

$$\Delta h = \sqrt{\frac{2}{\omega\mu_r\sigma}} \tag{5-6}$$

式中：μ_r——定子鼓相对磁导率；

σ——定子鼓的电导率，$\sigma=1/\rho$，S/m；

ω——磁场变化角速度，$\omega=\frac{2\pi N_p n}{60}$，rad/s；

N_p——磁极对数。

这部分的电流为：

$$di = \frac{\varepsilon}{dR} = \frac{\omega_n rB\Delta h}{\rho}dx \tag{5-7}$$

产生的瞬时功率为：

$$dP = \frac{\varepsilon^2}{dR} = \frac{b^2\omega_n^2 r^2 B^2}{\rho \frac{b}{\Delta h dx}} = \frac{\Delta h b\omega_n^2 r^2 B^2}{\rho}dx \tag{5-8}$$

因此，定子上的电涡流为：

$$i = \int di = \int_0^{2\pi r} \frac{\omega_n rB\Delta h}{\rho}dx = \frac{2\pi\omega_n r^2 B\Delta h}{\rho} \tag{5-9}$$

产生的功率为：

$$P = \int dP = \int_0^{2\pi r} \frac{\Delta h b\omega_n^2 r^2 B^2}{\rho}dx = \frac{2\pi\Delta h b\omega_n^2 r^3 B^2}{\rho} \tag{5-10}$$

产生的制动力矩为：

$$T = \frac{P}{\omega_n} = \frac{2\pi\Delta h b\omega_n r^3 B^2}{\rho} \tag{5-11}$$

由式(5-11)可知，制动力矩与 B、ω_n、b、r、ρ、Δh 有关。根据能量守恒定律，缓速器机械功

率与定子鼓的磁场功率之和相等。制动时汽车的动能经多场耦合作用变成热能,最终由定子鼓循环水道和散热片散发到大气中。

5.3 永磁缓速器性能指标及试验方法

永磁缓速器性能可用最大制动力矩、动作时间、热衰退率及漏磁力矩等指标进行评价。

1)最大制动力矩

最大制动力矩为缓速器能对车辆产生的最大制动力矩,是衡量缓速器性能的重要指标之一。

进行最大制动力矩测量试验时,选择一定的初始转速与转速间隔,记录不同转速下永磁缓速器由非制动状态到制动状态的制动力矩,所有测定转速点下制动力矩的最大值即为永磁缓速器最大制动力矩。

2)动作时间

动作时间是指从永磁式缓速器执行机构开始动作到达到稳定的制动力矩值时所经过的时间。动作时间反映缓速器起作用的快慢,因此,永磁式缓速器应保证具有较短的反应时间以满足汽车的制动需求。

测定该指标时,选择一定的初始转速与转速间隔,在这些试验点控制电磁阀使永磁缓速器由非制动状态至制动状态,记录各试验转速下从执行机构开始动作到产生稳定的制动力矩值所经过的时间。

3)热衰退率

永磁缓速器持续工作一段时间后温度会升高,温度过高会对制动效果产生不利影响,以热衰退率衡量永磁缓速器在长时间工作时制动力矩的衰退程度,其计算公式为:

$$\eta_{mag} = \frac{T_{max} - T_{fin}}{T_{max}} \tag{5-12}$$

式中:η_{mag}——热衰退率;

T_{max}——最大制动力矩,N·m;

T_{fin}——热衰退试验结束时的制动力矩值,N·m。

测定热衰退率时,将永磁缓速器的转子转速由零升高到一定值,将永磁缓速器由非制动状态转换为制动状态,运行一段时间后,记录最大制动力矩值与试验结束时的制动力矩值,计算热衰退率。

4)漏磁力矩

永磁缓速器处于非制动状态,理想状态下的制动力矩为零,但由于缓速器结构等原因导致存在一定的漏磁力矩,非制动状态下应避免漏磁力矩。

漏磁力矩的试验点的选择与最大制动力矩类似,选择一定的初始转速与转速间隔,记录不同转速下永磁缓速器在非制动位置时的力矩值,即为漏磁力矩。

第6章　复合制动控制与能量回收

汽车在长下坡路段行驶时，缓速器作为一种可提供持续制动的装置，在一定程度上能够防止行车制动器热衰退，保障行车安全。然而，缓速器作为一种非摩擦式的辅助制动装置，将汽车的动能转化为热能，散发到周围环境中，实现缓速制动效果。如果将这部分能量有效回收利用，并用于车辆起动和加速过程，可在实现行车安全的同时有效提升能量利用率。

制动能量回收，又称回馈制动或再生制动，能将车辆减速制动或持续制动过程中的动能和势能进行回收，转化为机械能、液压能或电能等形式并储存于储能装置中，待汽车起动或加速时加以利用。制动能量回收系统的应用不仅限于电动汽车，也可用于传统内燃机汽车，在传动系统中并联一套能量转换装置和储能装置，以实现制动能量的回收再利用，进而达到节能减排的目的。

6.1　电储能式制动能量回收系统概述

电储能式制动能量回收系统以具有可逆作用的电机实现车辆动能和势能向电能的转换，并将这部分电能储存于蓄电池或超级电容中，因此，也可称为电机制动能量回收系统。当汽车减速或制动时，电机以发电机形式工作，将汽车的动能转化为电能并存储到储能装置中；当汽车起动或加速时，电机工作在驱动模式，将制动过程中回收的能量又转换为汽车的动能。

6.1.1　常用电储能装置分类

电储能装置是电动汽车的核心部件之一，其性能优劣直接影响着汽车的安全性、续驶里程与加速能力等。同时，电储能装置作为制动能量回收系统能量存储的载体，对制动过程中能量回收的效果影响较大。目前，应用于电动汽车的电储能装置主要包括铅酸蓄电池、镍镉蓄电池、镍氢蓄电池、锂离子蓄电池与超级电容等。

(1)铅酸蓄电池。

铅酸蓄电池以单质铅作负极、二氧化铅作正极，以浓硫酸溶液为电解液。整个充放电过程依靠正、负极板上的活性物质和电解液发生化学反应。铅酸蓄电池具有技术成熟度高、价格低、应用广泛的优点，但也存在比能量低、使用寿命短、对环境污染严重等不足。

(2)碱性蓄电池。

应用于电动汽车的碱性蓄电池主要包括镍镉蓄电池与镍氢蓄电池。此类蓄电池主要是镍基在碱性电解液中发生化学反应，完成充放电过程。

镍镉蓄电池具有体积小、内阻小、寿命长、低温性能好等特点，尤其是在正确使用条件下具有少维护（不需补加电解液）、无腐蚀、安全可靠等优点，适用于高倍率放电。但镍镉蓄电池中的镉是一种有害重金属，会对环境造成污染，需在蓄电池报废后进行有效回收。

(3)锂离子蓄电池。

传统锂离子蓄电池的结构是用石墨作为负极,锂离子氧化物(如锰酸锂、磷酸铁锂)作为正极。锂离子在正负极之间往复循环,以实现蓄电池的充放电。锂离子蓄电池比能量高,质量和体积小,循环寿命较长,自放电率较低,且可在温度较低的环境下正常工作,但其仍存在安全性等方面的问题。随着锂离子蓄电池技术的不断发展,锂离子蓄电池已成为未来电动汽车的主流动力蓄电池之一。

(4)超级电容。

超级电容是一种通过极化电解质来储存能量的电化学元件,不会对环境造成污染,相比于普通电容器,其容量更高,且大电流充放电不会对性能产生不利影响,充放电循环寿命在10 万次以上。但其体积较大,存储的电量相对较少。

电动汽车常用动力蓄电池主要性能参数见表 6-1。

电动汽车常用动力蓄电池主要性能参数表 表 6-1

项目类型	铅酸蓄电池	镍镉蓄电池	镍氢蓄电池	锂离子蓄电池	超级电容
比能量(W·h/kg)	35 ~ 40	40 ~ 60	60 ~ 80	100 ~ 160	10 ~ 15
高温性能	优	一般	一般	优	优
低温性能	较差	优	优	较差	优
蓄电池容量	低	低	中	高	低
记忆效应	无	强	弱	无	无
污染情况	铅污染	镉污染	污染小	污染小	无污染

6.1.2 电储能式能量回收系统基本结构

电储能式制动能量回收系统能量流传输如图 6-1 所示。图中,实线部分表示车辆再生制动过程的能量流,虚线部分表示驱动过程的能量流。

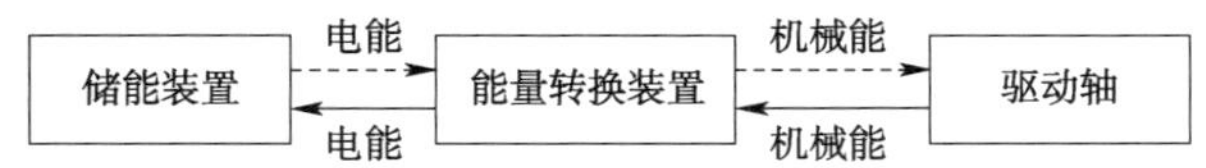

图 6-1 电储能式制动能量回收系统能量流传输图

基于纯电动汽车的电储能式能量回收系统基本结构如图 6-2 所示。该系统主要由蓄电池组、功率变换器、电机、控制器、ABS 控制系统和液压制动系统等组成。蓄电池组是电动汽车的能量源,同时也是制动时回收能量的储存装置;功率变换器实现电气系统电能的变换与传输,控制电机在驱动与制动模式之间切换;电机是电动汽车的动力转换装置,能够实现电能与机械能之间的相互转换,特别是在制动时,通过传动系统将车辆的动能转化为电能回馈到储能装置;主控制器与 ABS 控制器是电动汽车再生制动系统的核心控制部件,其作用是根据车速、轮速、踏板等信息,按照驾驶人的操纵指令,协调控制器进行制动力的合理分配。

当车辆需要减速时,驾驶人踩下制动踏板,能量回收系统控制器根据制动踏板开度计算需求制动力,同时接收车速、挡位、蓄电池剩余电量、电机效率等信息,按照控制策略对前、后轴制动力进行分配。电机工作在发电状态下,将机械能转化为电能储存至蓄电池中,实现制动能量回收。

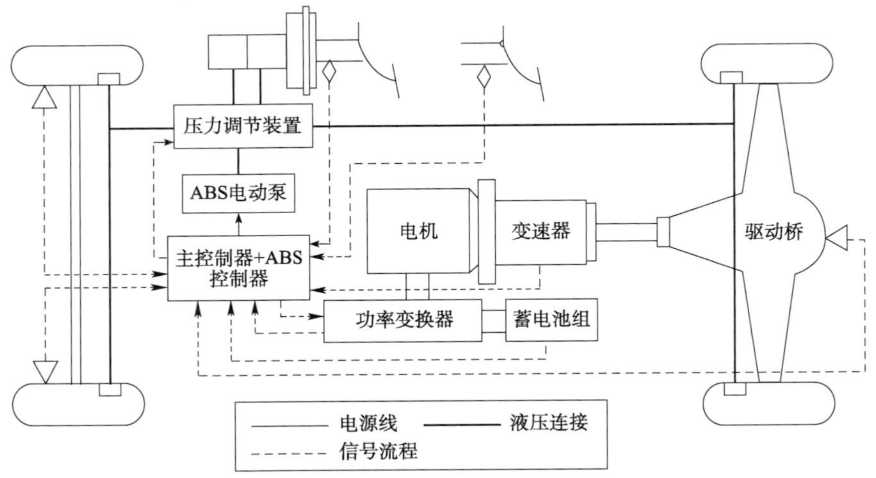

图 6-2　基于纯电动汽车的电储能式能量回收系统基本结构

6.1.3　电储能式能量回收系统工作原理

1)电机工作原理

图 6-3 与图 6-4 分别为电机机械特性图和电机运行电路图。电机运行分为四种状态,即正转电动运行、反转电动运行、正转制动运行和反转制动运行。

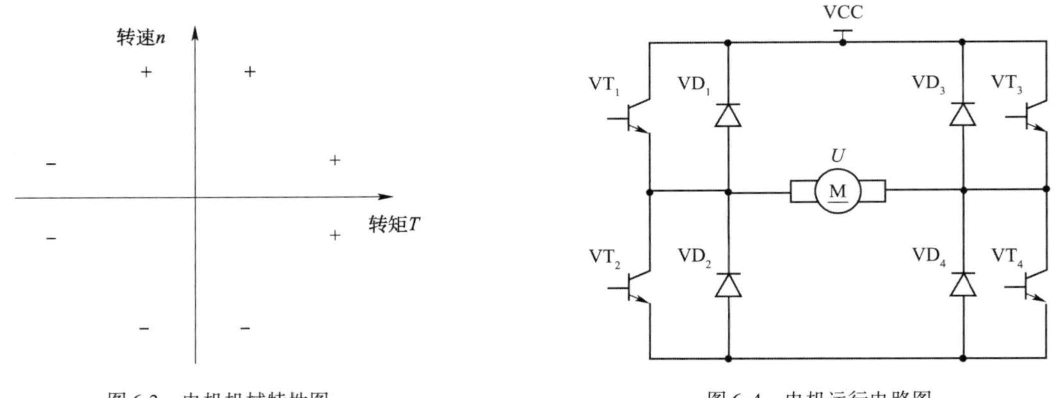

图 6-3　电机机械特性图

图 6-4　电机运行电路图

(1)正转电动运行状态:功率器件 VT1、VT4 导通,VT2、VT3 关断,电机电枢两端为正向电压,此时电机旋转方向与电磁转矩方向相同,电机转速 n 和电磁转矩 T 都为正值,电机机械特性上的工作点在第一象限。

(2)反转电动运行状态:功率器件 VT_2、VT_3 导通,VT_1、VT_4 关断,电机电枢两端为反向电压,此时电机旋转方向与电磁转矩方向相同,电机转速 n 为负值,电磁转矩 T 为负值,电机机械特性上的工作点在第三象限。

(3)正转制动运行状态:电机处于正转状态时,功率器件 VT_2、VT_3 导通,VT_1、VT_4 关断,此时电机电枢两端为反向电压,电机旋转方向与电磁转矩方向相反,电机转速 n 为正值,电磁转矩 T 为负值,电机工作在正转减速状态,电机机械特性上的工作点在第二象限。

(4)反转制动运行状态:电机处于反转状态时,功率器件 VT_1、VT_4导通,VT_2、VT_3关断,此时电机两端为正向电压,电机旋转方向与电磁转矩方向相反,转速 n 为负值,电磁转矩 T 为正值,电机工作在反转减速状态,电机机械特性上的工作点在第四象限。

2)制动能量回收原理

在进行制动能量回收时,电机工作在再生制动状态,再生制动电路原理图如图 6-5 所示。首先将电机电枢的驱动电流断开,电机电枢两端接入一个开关电路,并使其工作于高频通断状态。由于电机属电感性器件,感应电动势 E_a 与感生电流 i 关系如下:

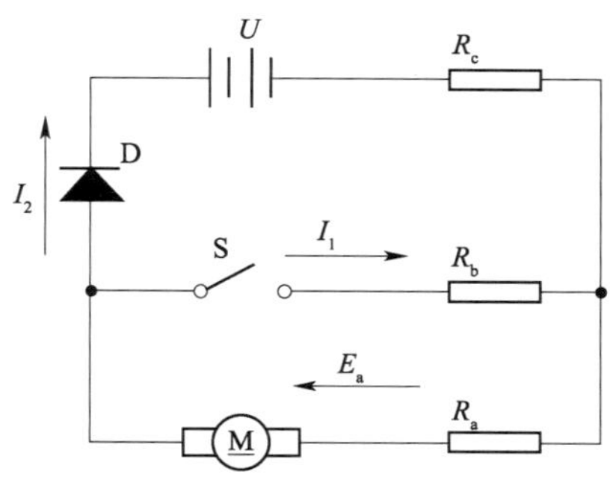

图 6-5 再生制动电路原理图

$$E_a = -L \cdot \frac{di}{dt} \tag{6-1}$$

式中:L——电机电枢的电感量,H。

当开关 S 闭合时,由电机感应电动势 E_a 引起的感应电流经开关 S 形成回路,感应电流为制动电流 I_1,即

$$I_1 = \frac{E_a}{R_a + R_b}$$

式中:R_a——电枢电阻,Ω;

R_b——制动限流电阻,Ω;

I_1——制动电流,A;

E_a——电枢感应电势,V。

当开关断开时,$\left|\frac{di}{dt}\right|$迅速上升导致感应电动势 E_a 迅速上升,直到 $E_a > U$ 时,实现能量回馈,回馈电流为制动电流 I_2:

$$I_2 = \frac{E_a - U}{R_a + R_c} \tag{6-2}$$

式中:R_c——电流回馈电路的等效电阻,Ω。

6.2 电机制动能量回收系统分类及影响因素

6.2.1 电机制动能量回收系统分类

按照电机再生制动力与机械摩擦制动力的耦合关系,电机制动能量回收系统可分为并联式(叠加式)和串联式(协调式)两种,并联式与串联式制动能量回收系统如图 6-6 所示。

并联式制动系统是在前、后轮制动器上按一定比例分配电机制动力。在并联式制动系统中,可按固定比例对制动踏板开度进行调节,从而达到调节电机再生制动力与机械制动力的目的。并联式制动系统控制参数少,结构简单,改造成本较低,能够提供更加可靠的冗余制动方式,即在电机制动系统失效的情况下,机械制动系统能够完成制动,以保证安全性。但是并联式制动系统不能对电机制动力和机械制动力进行解耦控制,很难改变电液制动力的协调分配比例,因此,回收的制动能量有限。此外,由于在传统摩擦制动系统的基础上加入了再生制动系统,会改变制动感受,造成制动舒适性不佳。

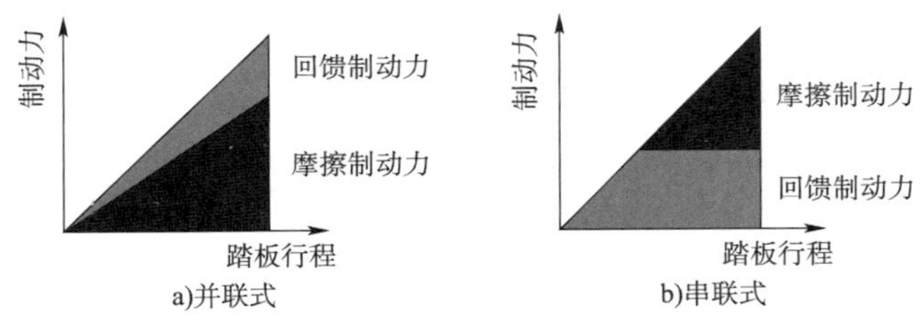

图 6-6　并联式与串联式制动能量回收系统

相比于并联式制动系统,串联式制动系统需要改变汽车制动系统结构,增加汽车的改造成本。但串联式制动系统可对再生制动力和机械制动力进行解耦控制,因此,只要选取合适的控制策略,就能实现对制动力的合理分配,在满足制动安全和稳定性的前提下,最大限度回收能量,提高制动舒适性。

6.2.2　电机制动能量回收影响因素

电动汽车制动过程中,仅一小部分动能被滚动阻力和空气阻力消耗,其余大部分通过机械摩擦制动与电机再生制动转换为热能和电能,其中回收的能量传递到储能装置的各个环节均有能量损失,主要包括轴承机械损耗、克服转动惯量损耗、变速器损耗、电机损耗和能量存储系统损耗等。回收的制动能量传递到蓄电池过程中的耗损如图 6-7 所示。

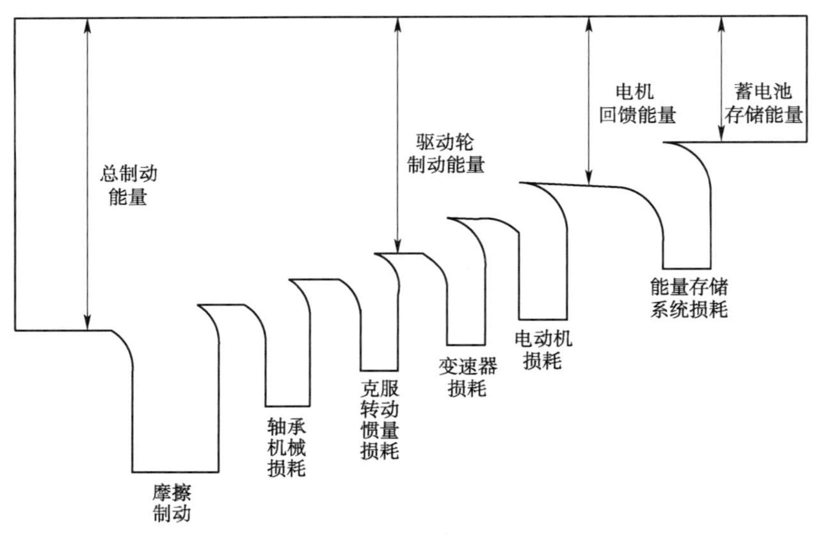

图 6-7　回收的制动能量传递到蓄电池过程中的耗损

由于能量传递中的各种损耗,制动能量回收系统的回收能力取决于电机、储能系统、车辆驱动形式及控制策略等多方面因素。

(1)电机。电机的发电量与电机特性相关,电机的发电功率越大,产生的电能越多,通过能量转换装置传递给储能系统的能量就越多。若电机本身产生的制动力矩大,相同条件下电机制动回收的能量也越多,同时电机效率、电阻等性能参数也会影响再生制动能量回收。

(2)储能系统。蓄电池作为储能装置时,其荷电状态(State of Charge,SOC)、最大充电电流及充电功率对能量回收能力影响显著。在进行再生制动时,充电电流、充电功率均不可大于蓄电池相应指标的最大值。此外,各类蓄电池对SOC运行范围有着不同的要求,超出范围的过充和过放均会严重影响蓄电池的安全和寿命。因此,当蓄电池SOC过高时,制动能量回收系统不应再对蓄电池进行充电。

(3)驱动形式。电动汽车的驱动形式对制动能量回收效果影响也很大。按照驱动电机的数量和布置形式,电动汽车分为单电机集中式驱动与多电机分布式驱动。其中,分布式驱动由于前后轴均能够通过电机实现再生制动,具有更好的制动能量回收潜能;集中式驱动只能回收驱动轴的制动能量,并且由于制动过程中车辆存在轴荷转移现象,前驱比后驱回收的制动能量更多。

(4)控制策略。电机再生制动控制策略关系到制动时前后轴制动力以及电机再生制动力与机械摩擦制动力的分配,直接决定制动安全性、制动能量回收效率及制动舒适性。控制策略的制定受电机特性、蓄电池特性、安全性法规等因素的约束,同时在确定车型和系统配置的情况下,充分考虑车辆应用场景和行驶工况,对提升制动能量回收系统的综合性能具有重要意义。

(5)其他因素。除上述因素外,也有一些其他因素影响能量回收效果。如环境温度,电动汽车在行驶过程中周围环境的温度过高或者过低都会影响电机发电效率和蓄电池充电效率。此外,驾驶人操作也会对能量回收效果产生影响,在电动汽车的制动过程中,熟练的驾驶人会采用长时间小制动强度制动,而不熟练的驾驶人的制动时间相对较短。因此,熟练的驾驶人驾驶电动汽车回收的能量会更多。

6.3　制动能量回收控制策略

广义的制动能量回收控制策略包含了制动分配控制、再生制动与ABS协调控制、再生制动换挡控制等策略。而通常所说的制动能量回收控制策略多指制动分配控制策略,其本质是对前、后轴制动力以及电机再生制动力、行车制动器摩擦制动力以及缓速器制动力的分配,以达到预期的控制目标。

6.3.1　基于传统电动汽车的典型制动能量回收控制策略

目前,关于传统电动汽车制动能量回收系统的控制策略研究多集中于电机再生制动和传统机械制动器摩擦制动相结合的复合制动系统。其中,以后轮驱动的电动汽车作为研究对象,经典的制动能量回收控制策略主要分为三种,即理想制动力分配控制策略、最佳制动能量回收控制策略以及并联再生制动控制策略。

6.3.1.1　理想制动力分配控制策略

如图6-8所示,理想制动力分配控制策略以车辆制动时理想前后轴制动力分配曲线(I曲线)为基础,对车辆前后轴制动力进行分配。该控制策略需要定义一个临界制动强度z_0,当制动强度小于z_0时,车辆制动力全部由再生制动系统提供;当制动强度超过z_0时,则按I曲线分配制动力。

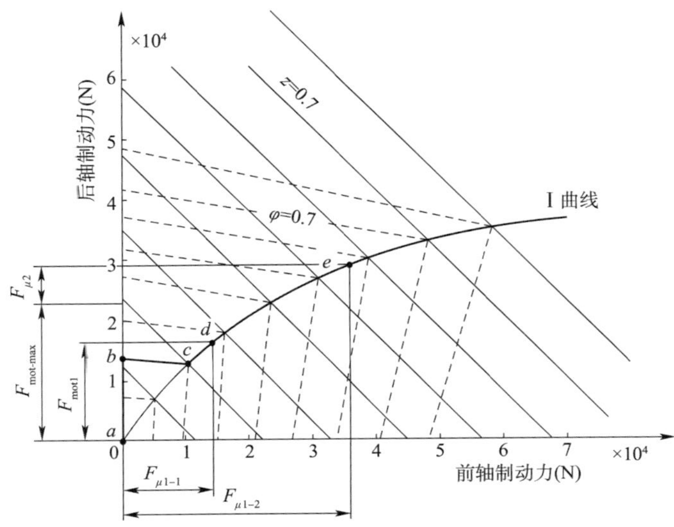

图 6-8 理想制动力分配控制策略

F_{mot1}-电机制动力,N;$F_{mot\text{-}max}$-电机最大制动力,N;$F_{\mu1-1}$、$F_{\mu1-2}$-前轴机械制动力,N;$F_{\mu2}$-后轴机械制动力,N

假定临界制动强度 $z_0=0.2$,车辆状态符合再生制动条件的要求,当车辆制动强度低于 0.2 时,由后轴电机产生全部制动力,前轴制动力为零,如图中 *ab* 段所示。当制动强度大于 0.2 时,前后轴制动力则按 I 曲线分配。在以 I 曲线分配时,如果电机所能提供的制动力满足后轴所需制动力,则由电机单独提供后轴制动力,如图中 *abcd* 段所示;若电机制动力不能满足后轴制动力需求,则后轴剩余制动力由机械制动提供,在此过程中前轴制动力仅由机械制动系统提供,如图中 *abcde* 段所示。

6.3.1.2 最佳制动能量回收控制策略

最佳制动能量回收控制策略旨在保证制动稳定性的前提下,实现制动能量回收最大化。当制动强度小于路面附着系数时,前、后轴制动力在满足总制动力要求以及前、后轮都不抱死的情况下可以在一定范围内上下浮动。当制动强度大于路面附着系数时,前、后轴制动力按理想制动力分配。图 6-9 所示为最佳制动能量回收控制策略。

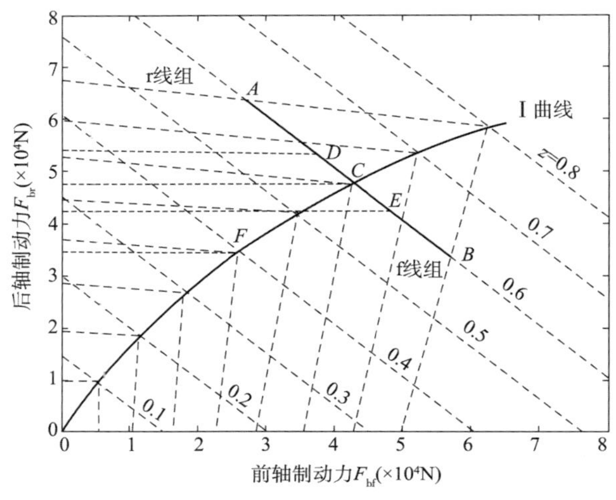

图 6-9 最佳制动能量回收控制策略

假设制动强度为0.6,路面附着系数为0.8,即制动强度小于路面附着系数,前、后轴制动力分配可在一定范围内浮动,以图6-9中线段AB为例说明该策略的制动力分配方式:当制动强度为0.6时,若后轴所能提供的最大电机再生制动力对应点在I曲线上方,假设为线段AB上的D点,此时前后轴制动力按照D点分配,后轴制动力完全由电机再生制动提供,行车制动器制动力为0;若后轴所能提供的最大电机再生制动力对应的点在I曲线下方,如假设为线段AB上的E点,此时前后轴制动力按照I曲线分配,即按照C点分配,后轴在电机再生制动力保持最大的基础上,不足部分由机械摩擦制动系统提供。

假设制动强度为0.6,路面附着系数为0.4,即制动强度大于路面附着系数,前、后轴制动力按照I曲线分配,即按照F点分配,当电机再生制动力满足后轴制动需求时,全部由电机再生制动系统承担;否则,不足部分由机械摩擦制动系统提供。

6.3.1.3 并联再生制动控制策略

并联再生制动控制策略,在车辆原来的机械制动系统基础上加装再生制动系统,两个制动子系统独立工作,该策略只控制电机本身,不控制机械制动系统。驱动轴制动力由电机再生制动与机械摩擦制动共同提供,从动轴保持原摩擦制动力,但总制动力会因为电机再生制动的加入而增大。图6-10所示为并联再生制动能量回收控制策略。下面以后轮驱动汽车为例对并联再生制动控制策略进行分析。

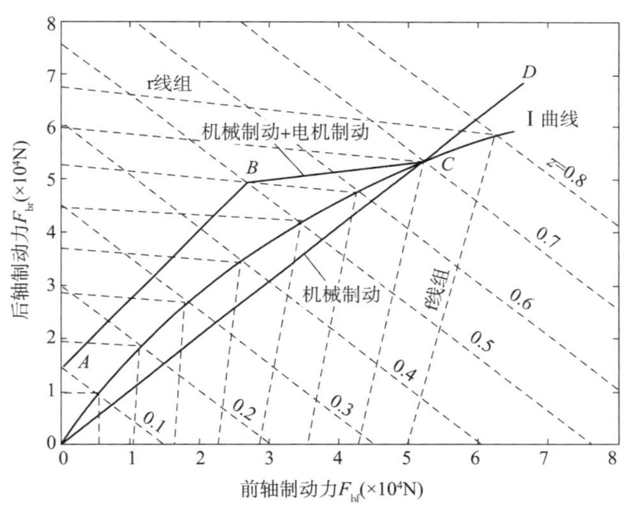

图6-10 并联再生制动能量回收控制策略

当制动强度$z<0.1$时,仅由后轴的电机提供再生制动力,整车的机械制动系统不工作,前后轴制动力分配如图中$0A$段;当制动强度$0.1<z<0.5$时,机械制动系统参与制动,前后轴制动器制动力按照制动器制动力分配系数进行分配,如图中AB段;当制动强度$0.5<z<0.7$时,电动汽车的再生制动力随制动强度的增加逐渐减小,如图中BC段;当制动强度$z>0.7$时,车辆处于紧急制动状态,再生制动退出,仅由机械制动提供整车制动力,如图中CD段。

6.3.1.4 三种经典策略对比

以上三种典型的再生制动控制策略中,理想制动力控制策略充分利用了路面附着条件,制动距离最短,并且制动稳定性最好,但是实现这种控制策略需要精确采集车辆制动时所需的制动转矩,因此控制系统复杂程度高,此外,要使车辆前后轴制动力严格按照 I 曲线分配,较难实现,因此该策略在实际车辆上的应用较少。最佳制动能量回收控制策略保证了制动能量回收最大化,能量回收率最高,但是在追求能量回收最大化的同时,车辆前后轴制动力关系难免会超出 ECE 安全法规的界限,不利于行车安全。并联再生制动控制策略原理简单,车辆制动力易于控制,但是再生制动系统参与制动较少,能量回收率最低。三种典型控制策略性能比较见表 6-2。

典型再生制动控制策略对比 表 6-2

控制策略类型	系统可靠性	结构复杂程度	可实现性	回收率	制动稳定性
理想再生制动能量回收控制策略	低	复杂	小	较大	高
最大再生制动能量回收控制策略	低	复杂	小	大	较高
并联再生制动能量回收控制策略	高	简单	大	小	低

6.3.2 基于电动商用车的复合制动控制策略

商用汽车不断朝着电动化与高速化方向发展,与此同时也给制动系统带来了更大的工作负担。虽然电动商用车可以利用驱动电机在制动过程实现能量回收,但受限于蓄电池 SOC、车速等约束条件,在部分工况下,电机制动不得不退出或者需要额外制动力参与,尤其是下长坡路段。一般情况下,单独由机械制动器摩擦制动来承担制动力,可能会带来制动器磨损和热衰退等问题。为了保证车辆制动安全性,需要在电动商用车上加装电涡流缓速器或者液力缓速器等辅助制动装置。因此,研究电动商用车的传统机械摩擦系统、电机再生制动系统以及缓速器辅助制动系统的复合制动控制策略研究尤为必要。

6.3.2.1 复合制动系统构型设计

以装配电涡流缓速器的纯电动商用车为例,其复合制动系统包括数据采集模块、控制模块和执行模块。其中数据采集模块包括制动踏板行程传感器、电涡流缓速器温度传感器、制动主缸压力传感器、制动轮缸压力传感器、轮速传感器等,这些传感器将车辆制动时采集的数据传送至复合制动 ECU。控制模块即复合制动控制 ECU 接收数据采集模块的数据,进行分析、计算与处理,得出实时控制指令,并将该指令传送至执行模块。执行模块包括制动主缸、制动轮缸、驱动电机、电涡流缓速器等,根据控制模块发送的指令进行必要的动作。

纯电动商用车复合制动系统如图 6-11 所示,该系统由气压制动系统、电机再生制动系统和辅助制动系统组成。该车复合制动系统属于踏板解耦型,原型车仅有气压制动系统,通过增加再生制动系统和辅助制动系统以实现三种制动方式的切换或组合。

6.3.2.2 基于全局最优的电动商用车长下坡制动控制策略

基于全局最优的制动控制策略如图 6-12 所示,此控制策略针对装有无极电涡流缓速器的电动商用车,采用分层控制结构,包括第一分配层和第二分配层。第一分配层利用此刻车辆行驶状态的部分参数,经过模糊控制器得到电机再生制动力占总需求制动力的比例,实现对电机再生制动力的分配。第二分配层将总需求制动力减去再生制动力得到其余需求制动力,并将其作为输入,通过基于动态规划的联合制动控制策略,将其余需求制动力合理分配给电涡流缓速器与行车制动器。

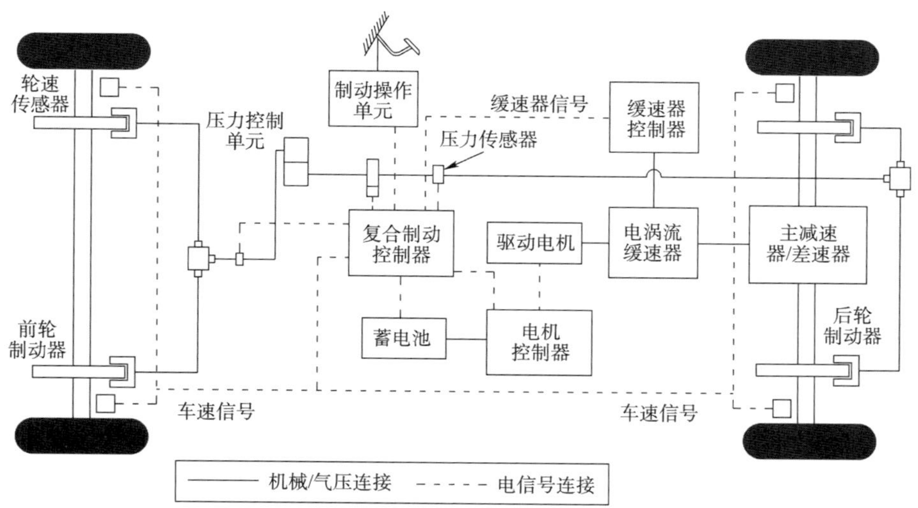

图 6-11　纯电动商用车复合制动系统布置图

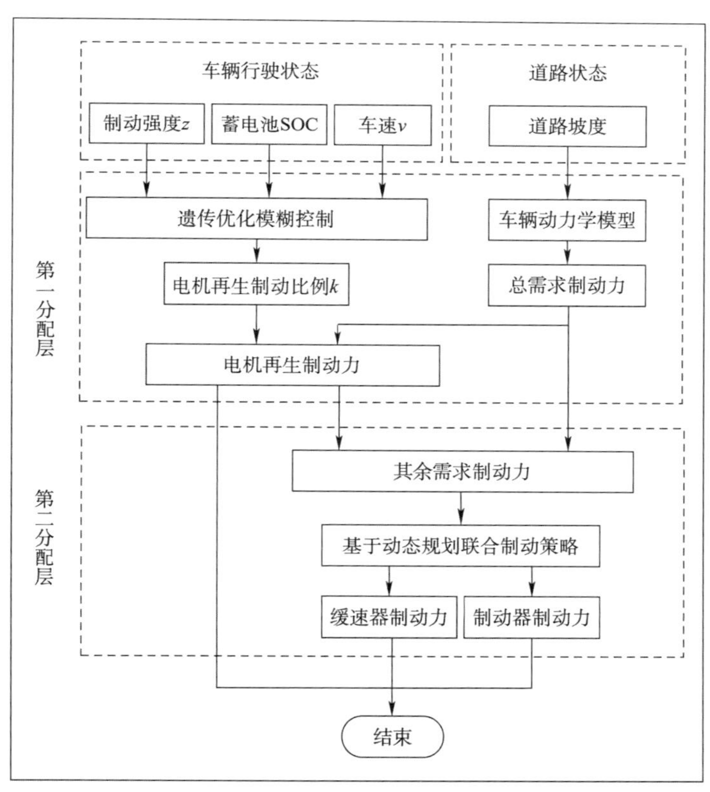

图 6-12　基于全局最优的制动控制策略

1)第一分配层

电机输出的再生制动力与行车制动器和缓速器提供的制动力协同工作,其工作过程复杂,难以用一个准确的模型来描述其非线性关系。模糊控制针对非线性系统,通过专家经验与已有知识对其进行控制,无须知道被控对象的结构和数学模型,因此,可采用模糊控制对电机制动力和行车制动器及缓速器提供的制动力进行分配。

将制动强度 z、蓄电池 SOC 以及车速 v 输入到遗传算法优化的模糊控制器中,输出电机再生制动比例 k。将道路坡度输入车辆动力学模型,得出维持车辆匀速行驶的总需求制动力。

对于第一分配层,输入的隶属度函数对控制结果至关重要。模糊控制在设定时需要大量知识经验作为支撑,隶属度函数的参数通常是设计者经过反复试验调整得到的,设计出的参数不唯一。通过遗传算法,对隶属度函数进行优化,可找出最佳参数,使控制效果达到最优。优化后的输入隶属度函数如图 6-13 所示。

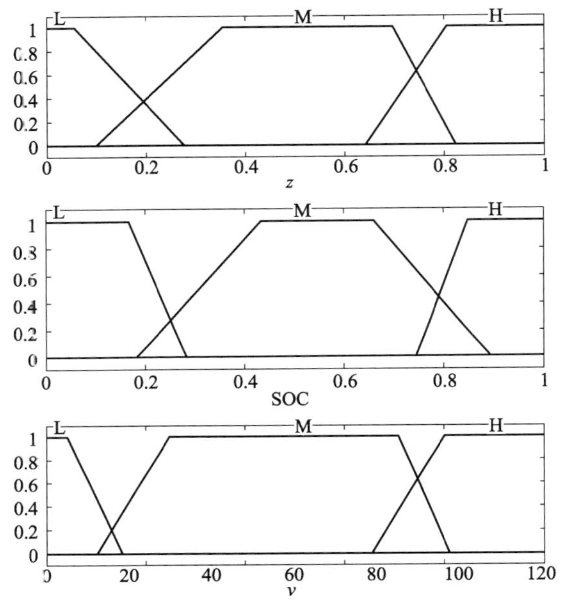

图 6-13　优化后的输入隶属度函数

制动强度 z 的隶属度函数论域设置为[0,1],隶属度函数使用梯形函数,模糊集为{L,M,H}。在紧急制动情况下,制动强度 z 过大时,为了保证车辆安全,电机不提供制动力;而当制动需求不大时,采取再生制动方式。

蓄电池 SOC 的隶属度函数论域设置为[0,1],隶属度函数使用梯形函数,模糊集为{L,M,H}。为了防止过充而导致蓄电池损坏,在 SOC 较小时减少再生制动比例;当 SOC 较小时,可适当增加再生制动所占比例,确保车辆的续驶能力。

车速 v 的隶属度函数论域设置为[0,120],隶属度函数使用梯形函数,模糊集为{L,M,H}。当 v 过低时,电机的转速也很低,难以产生再生制动力。随着 v 不断增大,再生制动比例不断提升,尽可能多地回收再生制动能量。

2)第二分配层

第二分配层为电涡流缓速器与行车制动器分配策略,在得知总需求制动力和第一分配层输出的再生制动力的情况下,将剩余所需制动力在电涡流缓速器和行车制动器之间进行分配。缓速器和行车制动器之间的制动力分配采用动态规划法。在下坡制动工况已知的条件下,通过动态规划法可对电涡流缓速器励磁线圈电流进行调控,使缓速器温度处于安全范围内,同时产生尽可能大的制动力矩,以此减小行车制动器制动力,减小行车制动器温升。

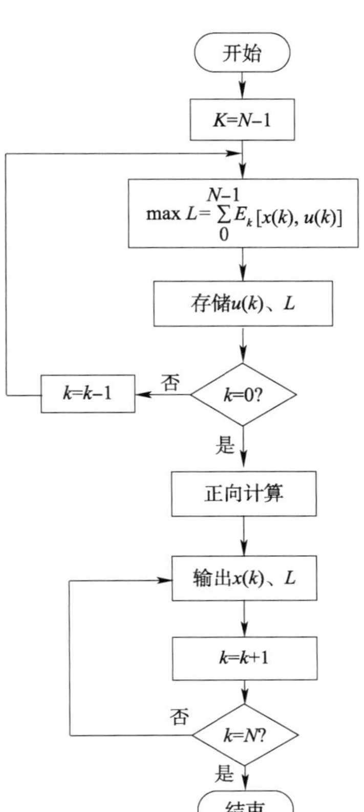

图 6-14　动态规划流程图

动态规划法需要经过两次计算才能实现,第一次是逆向计算,得到每一个阶段在不同状态下的最优控制解;第二次计算是根据第一次计算所得到的值,从初始条件开始进行正向计算,得到最优控制序列,动态规划流程如图 6-14 所示。

动态规划法的具体过程如下。

(1)离散化处理。

使用动态规划算法求取最优解的前提是对整个下坡制动过程进行离散化处理。把整个过程按照步长 $\Delta t = 1\text{s}$ 设置 N 个采样点,在约束条件下,动态规划法计算从第 N 个采样点到第 1 个采样点下的最优解,从而得到最优的联合制动策略。

(2)状态变量和控制变量。

对于动态规划算法,状态变量要求易于观测且具有无后效性,本策略选取电涡流缓速器的温度 τ 作为系统的状态变量:

$$x(k) = [\tau(k)] \tag{6-3}$$

控制变量决定了状态变量在某一阶段内的变化,本策略选取电涡流缓速器的励磁线圈电流 I 为控制变量:

$$u(k) = [I(k)] \tag{6-4}$$

(3)状态转移方程。

$$\tau(k+1) = \tau(k) + \Delta\tau(k) \tag{6-5}$$

式中:$\tau(k+1)$——$k+1$ 时刻时电涡流缓速器温度,℃;

$\tau(k)$——k 时刻时电涡流缓速器温度,℃;

$\Delta\tau(k)$——k 时刻电涡流缓速器变化的温度,℃。

考虑到计算精确度,$\Delta\tau(k)$ 保留一位小数。

(4)约束条件。

状态变量和控制变量要服从以下条件:

$$g_1(\tau) = \tau(k) - \tau_{max} \leqslant 0 \tag{6-6}$$

$$g_2(I) = I(k) - I_{max} \leqslant 0 \tag{6-7}$$

$$g_3(I) = I(k) - I_{min} \geqslant 0 \tag{6-8}$$

$$g_4(T_{b\_con}) = T_{req} - T_m - T_{b\_con}(k) \geqslant 0 \tag{6-9}$$

式中：τ_{max}——电涡流缓速器最大安全工作温度，℃；

I_{max}——励磁线圈最大电流，A；

I_{min}——励磁线圈最小电流，A；

T_{b_con}——缓速器制动力矩，N·m；

T_{m}——电机制动力矩，N·m；

T_{req}——总需求制动力矩，N·m。

（5）目标函数。

为减小制动器温升，需优先使电涡流缓速器工作，吸收车辆动能。取每一瞬间缓速器消耗动能 E_k 的累计值为目标函数 L，L 越大，缓速器消耗的动能就越大。

$$\max L = \sum_{0}^{N-1} E_k(x(k), u(k)) \tag{6-10}$$

式中：$E_k = T_{b\_con}(k) \cdot \omega_n \cdot \Delta t$。

3）仿真结果分析

为了验证控制策略在长下坡路段的运行效果，对满载质量 12t 的电动商用车进行仿真试验，评价制动安全性和能量回收性能。

（1）第一分配层仿真。

针对第一分配层中的电机再生制动比例 k 进行仿真，通过仿真得到再生制动比例 k 分别随车速 v 和制动强度 z 的变化，再生制动比例 k 变化如图 6-15 所示。

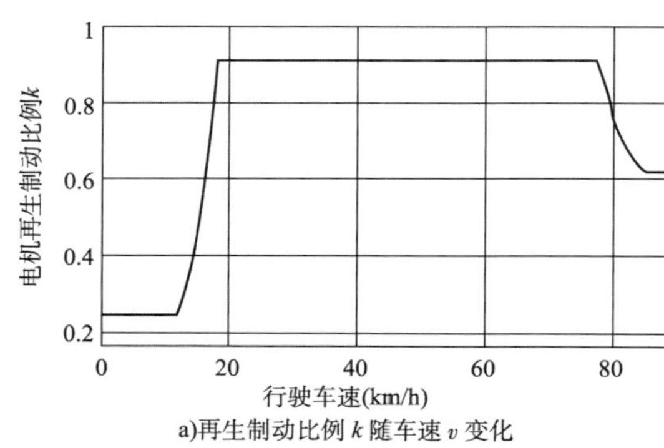

a）再生制动比例 k 随车速 v 变化

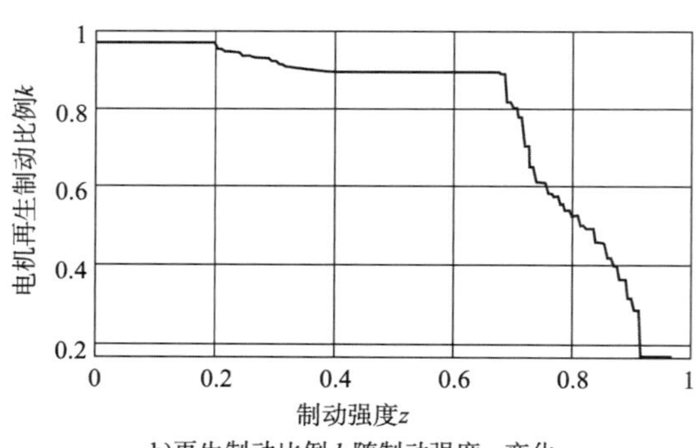

b）再生制动比例 k 随制动强度 z 变化

图 6-15　再生制动比例 k 变化图

在图 6-15a）中，初始 SOC 为 0.5，制动强度 z 取 0.2。当车速低于 15km/h 时，电机转速低，再生制动难以产生作用，所以 k 取值略大于 0.2；随着车速增大，再生制动的比重也随着增加，并达到最大值 0.9，以尽可能多地回收再生制动的能量；当车速高于 75km/h 时，考虑到制动安全，k 值降低到 0.6 左右。

在图 6-15b）中，初始 SOC 为 0.5，车速取 60km/h。在制动强度 z 较小时，制动力由电机提供；当车辆处于紧急制动状态下，考虑到制动安全性，k 值急剧下降，直至电机不再提供制动力。

（2）第二分配层的定坡道制动仿真。

针对电动商用车以 60km/h 的车速进行长下坡定坡度仿真试验。为了更加准确地验证

行车制动与持续制动联合制动策略的有效性，在仿真试验中，设置 SOC 为 0.8，根据模糊控制确定电机提供的制动力占比 k 为0.2。励磁线圈电流最大为 28A，规定的电涡流缓速器最高工作温度为 450℃，超过其值后缓速器将停止工作。

图 6-16 为汽车以 60km/h 的车速在坡度为 8% 的道路上行驶 120s 时的电涡流缓速器励磁线圈电流及温度变化。由此可知，缓速器在最大工作状态下工作 84s 后，温度达到最大值 450℃，此时缓速器停止工作。而采用策略优化的励磁线圈电流在 20 ~ 28A 之间不断变化，使缓速器温度缓慢上升，将缓速器的工作时间延长至 120s。

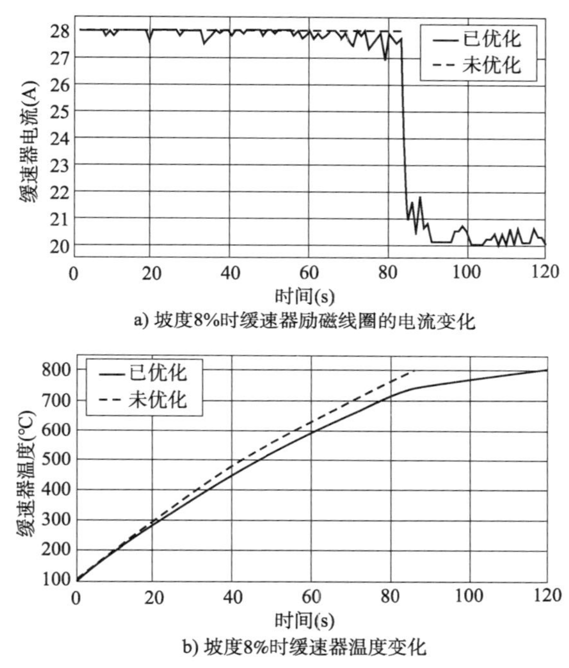

图 6-16　电涡流缓速器励磁线圈电流及温度变化

图 6-17 所示是在坡度 8% 时，缓速器力矩及制动器温度变化。在前 84s，优化状态下的缓速器力矩略低于未优化状态，使得行车制动器所要提供的制动力矩大于未优化状态下的制动力矩；但在 84s 之后，未优化状态下的缓速器因达到最高温度而退出工作，所有的非再生制动力由制动器提供，制动器温升较快，制动结束时未优化状态下制动器温度为 104.92℃，优化状态下制动器温度为 97.86℃。

汽车以 60km/h 的车速在不同坡度的道路上匀速下坡 120s，分别将缓速器开至其最大工作状态（未优化状态）以及采用联合制动控制策略（已优化状态）所得到的不同坡度长下坡行车制动器温度变化情况如图 6-18 所示。

在匀速下坡过程中，行车制动器温度随着坡度的增大而不断升高，由于联合制动策略可以对电涡流缓速器励磁线圈电流进行调控，延长缓速器工作时间，从而降低制动器温度。由图 6-18 可知，在不同坡度上，采用策略优化可有效降低行车制动器温度，坡度 5% ~ 11% 对应的行车制动器温度减少量为 5.65 ~ 8.03℃，且坡度越大，降温效果越好。

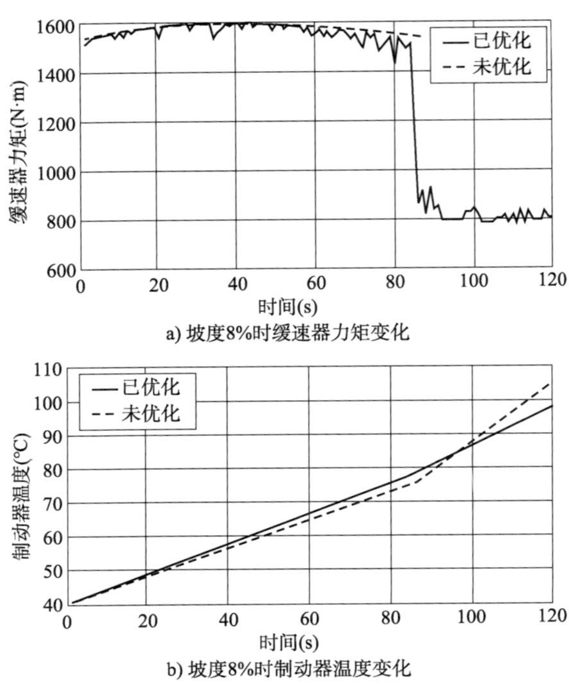

a) 坡度8%时缓速器力矩变化

b) 坡度8%时制动器温度变化

图 6-17 缓速器力矩及制动器温度变化

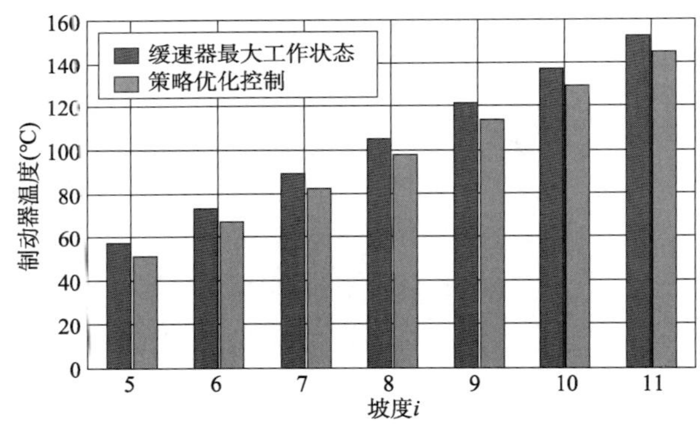

图 6-18 不同坡度长下坡行车制动器温度变化情况

(3)第二分配层的变坡度制动仿真。

为进一步验证全局优化控制策略在变坡度道路上的有效性,在 G210 国道西安至石泉方向的沣浴口、大岭、广货街段 K58 + 000 ~ K52 + 000 段的 6km 长下坡道路进行仿真试验,仿真道路信息如图 6-19 所示。路段内 4% 坡道 1km,5% 坡道 1km,6% 坡道 2km,7% 坡道 2km,平均坡度 6.17%。

图 6-20 为变坡度道路下制动器温度变化图。在前期,未进行全局优化控制的行车制动器温度与优化状态下的行车制动器温度差别不大;但随着制动时间的增加,未进行全局优化控制的行车制动器温度由于缓速器退出工作而显著增加,并且温度上升速率受坡度影响明显。优化状态下的行车制动器温度在长时间制动后也有所增加,但相比于未优化状态下的温度,其温升较小,且受到坡度影响不明显。最终未优化状态下行车制动器温度为 226.32℃,优化状态下行车制动器温度为 163.61℃。

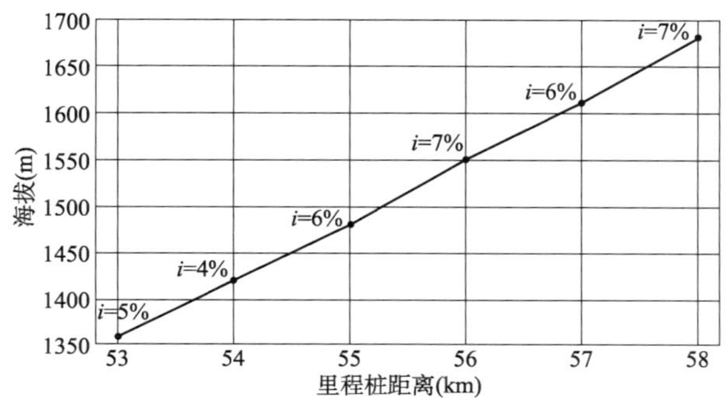

图 6-19　仿真道路信息

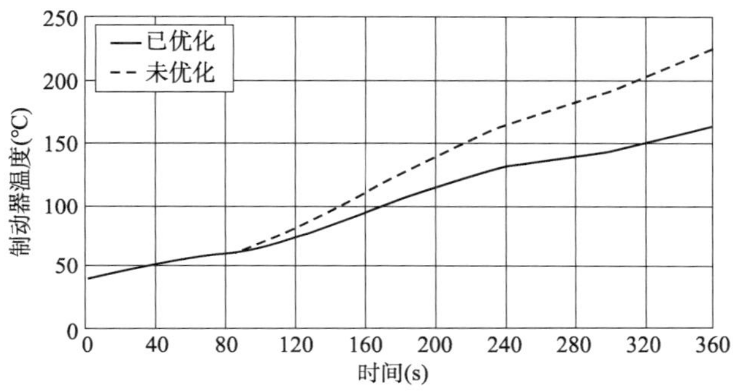

图 6-20　变坡度道路下制动器温度变化

6.4　其他类型制动能量回收系统

除电储能式制动能量回收系统以外，还有将飞轮、液压储能器等作为储能装置的能量回收系统，此类储能装置具有功率密度高、寿命长等优势。

6.4.1　飞轮储能式制动能量回收系统

飞轮储能技术自 20 世纪 50 年代起受到关注，但由于当时技术水平有限，直到 20 世纪 90 年代，得益于磁悬浮轴承技术、新型特殊材料技术及现代电力电子技术的进步，飞轮储能技术进入快速发展阶段。

飞轮储能式制动能量回收系统利用飞轮储存能量，当车辆制动或减速时，车辆的行驶惯性使飞轮加速，将能量以动能的形式存储起来，且使汽车达到一定的减速效果；当汽车再次起动或加速时，高速旋转的飞轮减速并将储存的动能释放出来。对于飞轮储能式制动能量回收系统，其优势在于：飞轮在能量传递过程中只是转移能量而没有改变能量的形式，因此能量损失小，能量传递效率高；同时飞轮作为储能部件，具有结构简单、寿命长的优点。然而，飞轮储能制动能量回收系统也存在一些缺陷，如能量的储存时间短、能量密度较低、放电快等。长远来看，飞轮储能是理想的清洁储能装置之一，飞轮储能技术将继续向大容量、大功率方向发展。

6.4.1.1 飞轮储能系统分类

根据能量传输方式的不同，飞轮储能系统可分为机械式、储能式与电动式。

(1)机械式飞轮储能系统。

当车辆制动减速或缓速下长坡时，车辆动能不经任何形式的转换直接以机械能的形式存储在飞轮中。由于飞轮转速高，因此要求飞轮电池在真空环境下运转，并使用非接触式磁悬浮轴承，对飞轮材料和设计要求高。

(2)储能式飞轮储能系统。

储能式飞轮储能系统将飞轮和电机一体化设计，飞轮的能量需要通过电机以电能的形式输入或输出，其能量转换过程为机械能→电能→机械能。当车辆制动减速或缓速下长坡时，主驱电机以发电机的形式运转，飞轮内部电机以电动机的形式运转，主驱电机发出的电能供飞轮内部电机带动飞轮高速旋转，即车辆的动能经双重转化后，以机械能的形式储存在飞轮中。该系统中的能量在整个传递过程中损耗小、效率较高，飞轮不受蓄电池特性和环境温度的影响，使用寿命长、性能稳定。但由于飞轮转速较高，对飞轮的工作环境和轴承有较高的要求。

(3)电动式飞轮储能系统。

电动式飞轮储能系统是近年提出的一种新型储能系统，结合了上述两种系统的优势，不仅完全机械连接，而且可通过控制电机与行星齿轮进行动力耦合，完成能量输入或输出，实现无级变速。当车辆缓速下长坡时，控制电机输出负转矩，即处于发电状态，车辆动能一部分直接以机械能的形式存储在飞轮中，一部分经控制电机转化为电能，存储在蓄电池中。该系统适用于多种汽车动力结构，可集成在电动汽车上，组成双电机、双能量源的新型纯电动汽车，也可用在传统内燃机汽车上，组成新型飞轮混合动力汽车，但其结构和控制过程较为复杂。

6.4.1.2 飞轮储能系统结构及原理

传统的车用飞轮电池结构通常包括电动机/发电机、电力电子变换装置、真空室、飞轮本体和磁悬浮轴承五部分。飞轮储能系统结构示意图如图6-21所示。

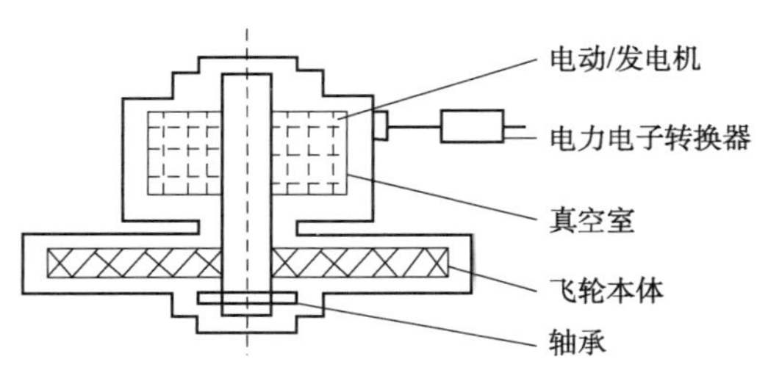

图6-21 飞轮储能系统结构示意图

飞轮的能量需要电动机/发电机带动飞轮本体高速旋转，电子电力装置控制电动机的启动、停止并且使输出电流达到稳定状态，真空室为储能系统提供一个真空环境以减小系统的摩擦损耗，并且在系统故障时起到保护作用，飞轮本体高速旋转以储存能量，轴承起到支撑飞轮轴和飞轮的作用。飞轮储能系统能量传输示意图如图6-22所示。

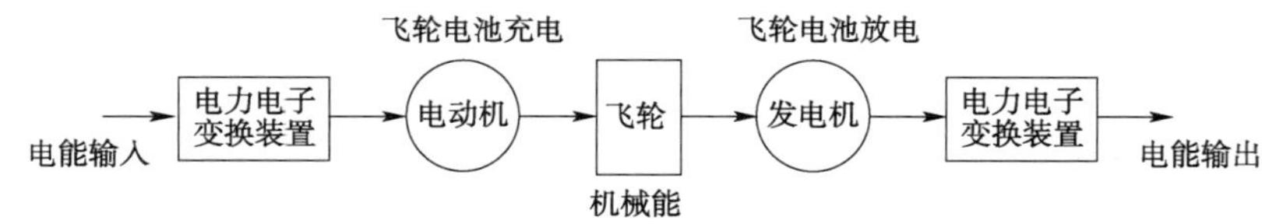

图6-22 飞轮储能系统能量传输示意图

车用飞轮电池的工作过程可分为充电状态、放电状态和能量保持状态。

(1)在充电过程中,制动时回收的电能通过电力电子变换装置驱动内部电机转动,带动与电机相连的飞轮本体高速转动,从而完成电能向机械能的能量转换。

(2)在放电工作中,高速旋转的飞轮作为原动机带动电机发电,此时电机处于发电机状态,经过电力电子变换装置输出电能,从而完成机械能向电能的释放过程。

(3)在能量保持状态,飞轮维持在恒定转速,此时电机处于空载状态,无能量转换。

6.4.2　液压储能式制动能量回收系统

液压储能式制动能量回收系统主要应用于液压混合动力汽车,发动机/电机作为主动力源,由液压蓄能器与液压变量泵/电动机组成液压储能系统作为辅助动力源,其中,液压蓄能器作为能量储存元件,将能量以液压能的形式储存起来。

当汽车减速或制动时,液压变量泵/电动机以泵的形式工作,为传动轴提供制动转矩,并将高压油压入储能器中,将车辆的动能转化为液压能,实现制动能量回收;当汽车起动或加速时,液压变量泵/电动机开始工作,将前期储存的液压能转化为机械能,为传动系统提供额外的转矩,驱动车辆行驶。与飞轮储能制动能量回收系统相比,液压储能制动能量回收系统具有功率密度大、能量保存时间长、制动安全性和稳定性高的优点;缺点是能量密度较小,且系统对密封性要求高。

6.4.2.1　液压混合动力系统分类

液压混合动力系统按照液压制动能量回收系统与传统动力系统匹配方式的不同可分为串联式、并联式和混联式三种。

1)串联式液压混合动力系统

串联式液压混合动力系统结构如图6-23所示,其中液压储能系统主要包含液压变量泵、液压蓄能器、二次元件即液压泵/电动机和液压油缸。串联式液压混合动力汽车舍去了汽车的传统机械传动系统,汽车发动机驱动恒压定量泵,形成恒压系统,定量泵通过液压系统驱动二次元件,二次元件以泵的状态工作,汽车在二次元件的带动下运行。

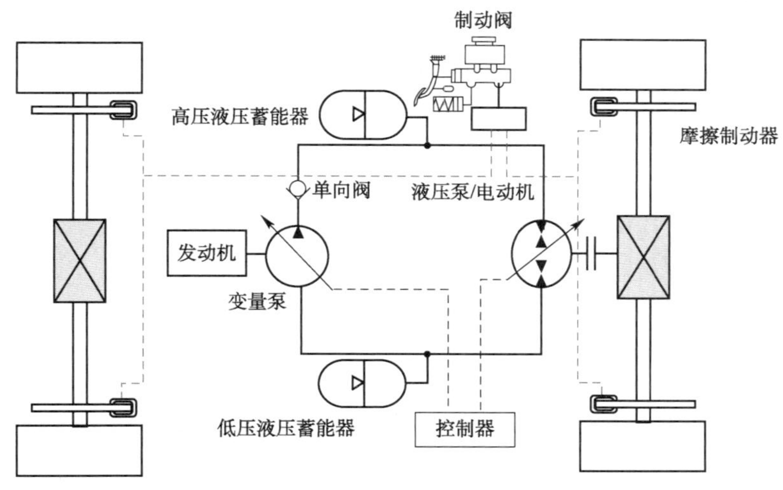

图6-23　串联式液压混合动力系统结构

当车辆制动时，二次元件液压泵/电动机工作在液压泵工况，此时，车辆在惯性作用下向前滑行，车轮滚动的同时通过传动机构带动液压泵/电动机旋转做功，将液压系统油箱中的低压液压油转换为高压液压油储存在液压蓄能器中，实现了车辆动能到液压能的转换。同时，液压泵/电动机的反作用力矩通过传动装置作用在车轮上，给车辆提供一个附加制动力，使车辆减速制动。

2）并联式液压混合动力系统

并联式液压混合动力系统结构如图6-24所示，其中液压储能系统主要由二次元件、液压蓄能器、液压油缸和力矩耦合器组成。并联式液压混合动力系统在汽车原有的动力总成上通过一个力矩耦合器将动力传递到液压系统。装备并联式液压混合动力系统的汽车主要动力来源是内燃机，液压系统与之独立，液压二次元件在特定工况下工作，起到制动能量回收的作用。

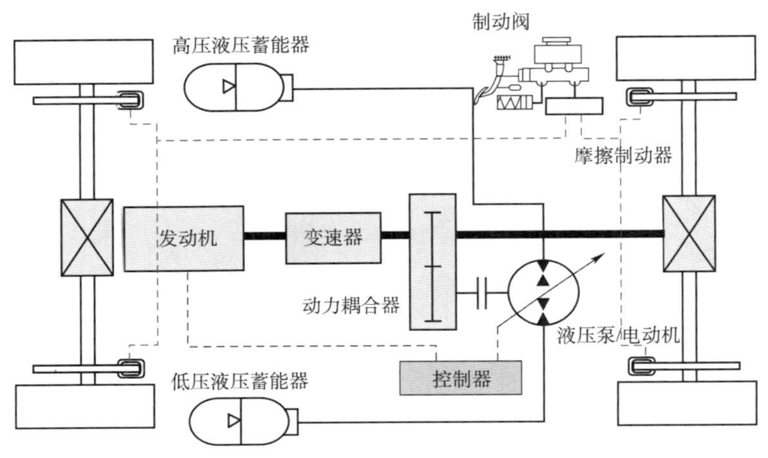

图6-24　并联式液压混合动力系统结构

并联式液压混合动力系统工作原理与串联式结构工作原理在制动能量回收工况相似，都是利用液压泵/电动机以泵工况工作，在车辆惯性力作用下做功，完成车辆动能到液压能的转换。与串联式结构不同的是，当释放制动能量用于驱动车辆做功时，由于并联式结构安装了两套动力传动链，因此发动机和液压泵/电动机可以分别独立地向车辆提供动力，也可以联合工作。

与串联式结构相比，并联式结构中的发动机可以通过机械传动系统直接驱动车辆行驶，故其能量的利用率相对较高，同时，并联式结构对传统汽车动力传动系统的改动较小、改装成本低、控制环节相对简单。

3）混联式液压混合动力系统

混联式液压混合动力系统结构如图6-25所示，主要包含定排量泵、蓄能器、二次元件、力矩耦合器、行星齿轮组和液压油缸。混联式液压混合动力系统结合了串联式结构与并联式结构的优势，发动机输出的能量既可通过机械传动经变速器、主减速器以并联方式驱动车辆，也可以将输出的能量通过液压泵转换为液压能输送给二次元件，以串联方式驱动车辆行驶。

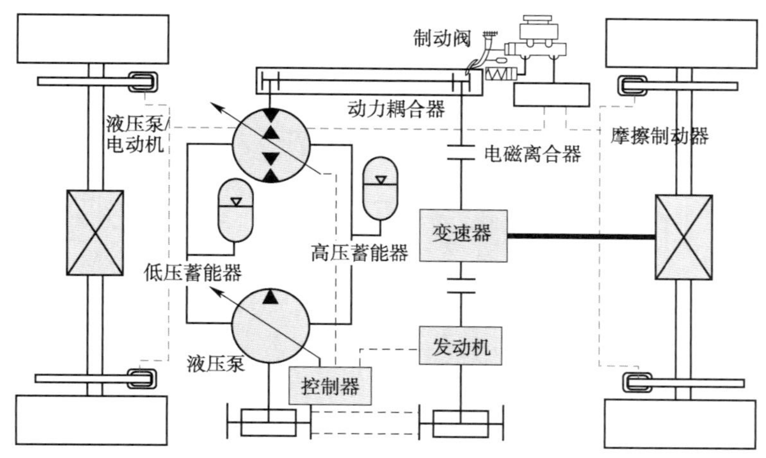

图 6-25 混联式液压混合动力系统结构

虽然混联式液压储能式制动能量回收系统兼顾了串联式和并联式的优点,但其结构形式更复杂、控制难度更大、制造成本高、对元件可靠性要求也更高。

6.4.2.2 液压储能系统关键部件

1)液压泵/电动机

液压泵/电动机是液压系统中能量转换的重要元件,根据液压泵/电动机工作过程中的转矩与转速关系,其工况如图 6-26 所示。其中,Ⅱ象限和Ⅳ象限为泵工况,即充当制动元件,在车辆制动过程回收制动能量;Ⅰ象限和Ⅲ象限为电动机工况,即充当驱动元件,在车辆起步、加速或爬坡等大转矩输出需求过程中释放液压能,提供附加动力驱动车辆。

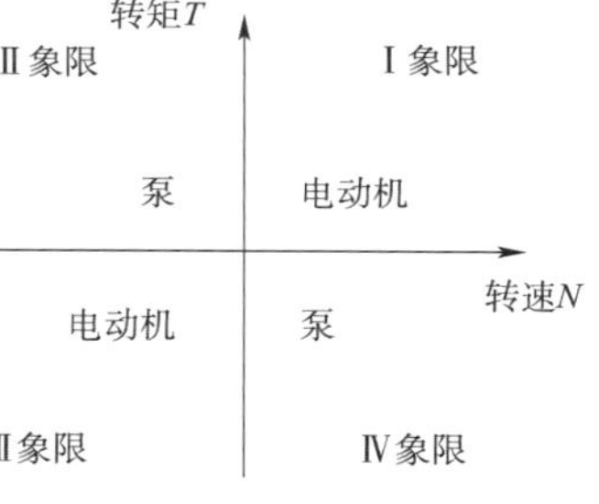

图 6-26 液压泵/电动机工况

2)蓄能器

蓄能器是液压系统中的储能元件和建压元件,一方面存储经过液压泵/电动机转化的液压能;另一方面为系统建压,使液压泵/电动机达到需求的制动转矩。液压油的可压缩性差,单纯依靠液压力难以蓄积压力能,因此,可依靠气体的可压缩性设计皮囊式充气蓄能器。该装置由油液部分和带有气密封件的气囊组成,位于气囊周围的油液与油液回路接通。当管路压力升高时,油液进入蓄能器,在压力作用下气囊被压缩;当管路压力下降时,气囊膨胀,其体积增大,将油液压入回路。在汽车制动或缓速下坡时,液压泵/电动机旋转将油液压入蓄能器中,油液对气囊进行压缩,使得气囊内部压力升高,将动能以压力势能的形式存储起来。

3)转矩耦合器

针对并联式液压混合动力汽车,液压泵/电动机通过转矩耦合器连接车辆的传动系统,转矩耦合器的传动比直接影响制动能量回收率和液压泵/电动机的工作效率。耦合器的传动比越大,制动能量的回收范围越宽;反之减小耦合器的传动比将会提高液压泵/电动机的工作效率,但会在一定程度上影响能量回收率。

各储能方式性能对比见表 6-3。由表 6-3 可见,蓄电池在能量密度与储能持续时间方面均具有明显优势，适合作为电动汽车持续再生制动的储能装置。此外，将蓄电池与其他储能方式组成混合储能系统将成为未来发展方向之一，此类系统能够发挥两种储能方式的优势，提升蓄电池寿命，但同时系统结构与控制方式更加复杂。

各储能方式性能对比　　表 6-3

指　标	储能方式			
	飞轮储能	液压储能	蓄电池	超级电容
能量形式	机械能	液压能	电化学能	电能
功率密度(kW/kg)	5～10	1	0.06～0.3	2～20
能量密度(W·h/kg)	5～150	4～6	60～300	4～9
储能效率(100%)	85～95	60～70	70～80	80～90
储能持续时间	短	较长	长	较短
温度影响	无影响	有影响	有影响	无影响
寿命	较长	较长	较短	较长

第 7 章　缓速器匹配计算

7.1　长下坡路段车辆行驶力平衡方程式及缓速器匹配计算

7.1.1　车辆行驶阻力与下坡力

车辆在下坡行驶过程中会受到阻碍其行驶的阻力,行驶阻力包括滚动阻力、空气阻力和加速阻力,车辆的重力沿坡道方向的分力是下坡的动力,称为下坡力。

1)空气阻力 F_w

车辆在行驶时,受到空气作用于车辆行驶方向的分力为空气阻力。空气阻力由压力阻力与摩擦阻力两部分组成:压力阻力为作用于车辆外形表面上的法向压力的合力在行驶方向的分力;摩擦阻力为由于空气黏性在车身表面产生的切向力的合力在行驶方向的分力。在车辆的车速范围内,通常认为空气阻力与气流相对速度的动压力 $\frac{1}{2}\rho u_r^2$ 成正比。车辆行驶时所受的空气阻力可以表达为以下形式:

$$F_w = \frac{1}{2}C_D A\rho u_r^2 \tag{7-1}$$

式中:C_D——车辆的空气阻力系数,与车辆的外形特性有关;

A——车辆迎风面积,m^2;

ρ——空气的密度值,$N \cdot s^2 \cdot m^{-4}$;

u_r——车辆此时相对于周围空气的速度,无风时即为车辆的行驶车速,m/s。

2)滚动阻力 F_f

车辆在路面上行驶时,轮胎与地面接触区域会产生弹性变形,由于轮胎内部橡胶与帘线之间、橡胶分子与分子之间的摩擦会产生弹性迟滞损失,导致轮胎变形时会有一部分能量转换为热量散失在周围空气中。在驱动或制动时,由于车轮处存在着切向力,胎面相对于地面会有一定程度的滑移,这也会增加车轮滚动时的能量消耗。当这种损失反映在车辆所受的力时,即为阻碍车辆运动的力偶矩。图 7-1a)所示为车轮在硬路面上滚动轮胎径向变形曲线,假设车轮的变形量为 δ,则车轮加载时受力为 CF,车轮卸载时受力为 DF,由于 CF 大于 DF,所以当车轮滚动时,地面提供的法向作用力前后分布不对称。图 7-1b)所示车轮在硬路面上滚动受力分析图,处于轮胎接地区域法线前压缩区域的点 d 的地面法向反作用力大于法线后回弹区域的点 d' 处的地面法向反作用力。地面反力的合力方向相对于法线向前移动了一段距离,对车轮滚动产生阻滞作用,被称为滚动阻力。

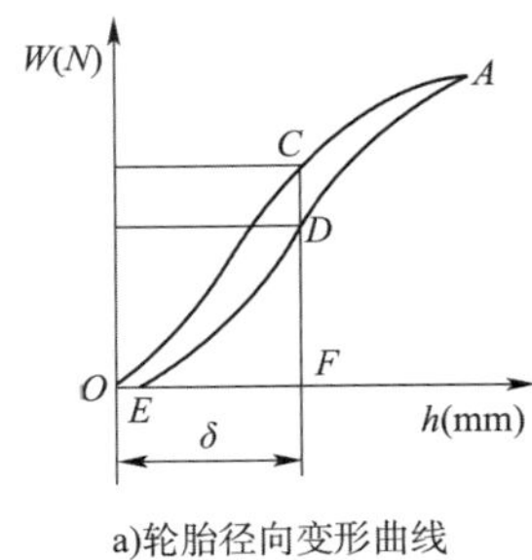

a)轮胎径向变形曲线

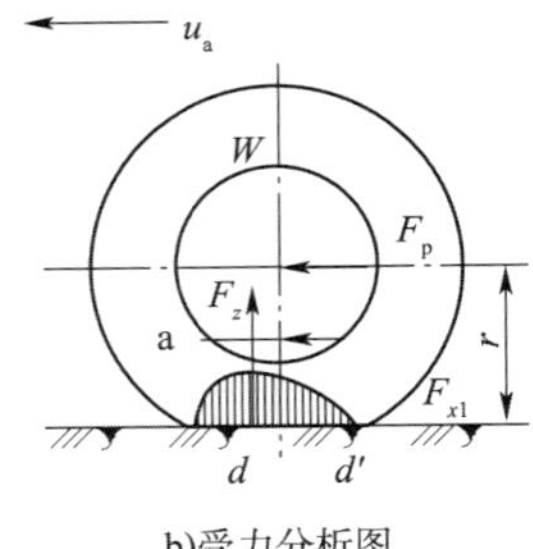

b)受力分析图

图 7-1 车轮在硬路面上滚动

根据车轮滚动阻力试验可知，滚动阻力主要与车轮载荷 W 有关，并且两者近似为线性关系：

$$F_{\mathrm{f}} = Wf \tag{7-2}$$

式中：f——滚动阻力系数。

当车辆行驶于坡道时，根据滚动阻力的定义，车辆所受的阻力为 $F_{\mathrm{f}} = Wf\cos\alpha$，$\alpha$ 为坡道的倾斜角。由于 $\cos\alpha$ 不大，为简化计算，近似认为 $F_{\mathrm{f}} = Wf\cos\alpha \approx Wf$。

3）加速阻力 F_{j}

当车辆加速时，需要克服其质量加速运动时的惯性力，即加速阻力 F_{j}。车辆的惯性力由平移部分质量的惯性力与旋转部分的惯性力偶矩组成，为了简化计算，常将旋转质量的惯性力偶矩转换为平移质量的惯性力来计算车辆的加速阻力。对于固定传动比的汽车，常用系数 δ 作为计入旋转质量惯性力偶矩后的汽车旋转质量换算系数，此时，车辆所受的加速阻力可以写为：

$$F_{\mathrm{j}} = \delta m \frac{\mathrm{d}u}{\mathrm{d}t} \tag{7-3}$$

式中：δ——旋转质量换算系数；

m——车辆质量，kg；

$\frac{\mathrm{d}u}{\mathrm{d}t}$——车辆的加速度，$\mathrm{m/s^2}$。

旋转质量换算系数 δ 与发动机飞轮及车轮的转动惯量以及传动系统的传动比有关，计算公式可写为：

$$\delta = 1 + \frac{1}{m} + \frac{\sum I_{\mathrm{w}}}{r^2} + \frac{1}{m}\frac{I_{\mathrm{f}} \cdot i_{\mathrm{g}}^2 \cdot i_0^2 \cdot \eta_{\mathrm{T}}}{r^2} \tag{7-4}$$

式中：I_{w}——车轮的转动惯量，$\mathrm{kg \cdot s^2}$；

I_{f}——飞轮的转动惯量，$\mathrm{kg \cdot s^2}$；

i_{g}——变速器传动比；

i_0——主减速器传动比。

在进行加速阻力的计算时，也可采用经验公式进行估算：

$$\delta = 1 + \delta_1 + \delta_2 i_{\mathrm{g}}^2 \tag{7-5}$$

式中：$\delta_1 \approx \delta_2 = 0.03 \sim 0.05$。

4)下坡力 F_i

当车辆上坡行驶时,其重力沿坡道的分力使车辆具有沿坡道向下的趋势,这一分力被称为车辆的坡度阻力。但在车辆下坡时,重力沿坡道方向的分力会有增加车辆下坡车速的趋势,这一力被称为下坡力。根据下坡力的定义,可由以下公式表示:

$$F_i = mg\sin\alpha \tag{7-6}$$

式中:m——车辆质量,kg;

α——坡道的倾斜角度(°)。

一般道路坡度较小,即使四级公路的最大坡度也不超过9%,此时一般采用坡度值 i 来代替坡道的倾斜角正弦值,所以一般将重力沿坡道方向的分力近似写为:

$$F_i = mg\sin\alpha \approx mgi \tag{7-7}$$

在车辆下坡时,重力沿坡道方向的分力是使车辆加速下坡的主要动力之一,是车辆制动装置所需要克服的最主要的力。

7.1.2 发动机制动力 F_e

根据发动机反拖试验台数据,发动机制动转矩与转速曲线可表达为二次多项式函数,其通用表达式如下:

$$T_e = a_1 n_e^2 + a_2 n_e + a_3 \tag{7-8}$$

式中:a_1、a_2、a_3——拟合系数。

当车辆开启发动机制动时,发动机制动转矩通过传动系统传递到车轮,为车辆提供制动力。车辆行驶阻力表达式一般表达成行驶阻力与行驶车速的关系,根据车速 u_a 与发动机转速 n_e 的关系 $n_e = \frac{u_a i_0 i_g}{0.377r}$、发动机制动转矩 T_e 与发动机传递到车轮制动力 F_e 的关系,得到发动机制动力表达式如下:

$$F_e = \frac{T_e i_g i_0}{r\eta_t} \tag{7-9}$$

式中:η_t——传动系统的逆效率。

7.1.3 缓速器制动力 F_r

车辆缓速器一般安装在变速器末端或者传动轴上,缓速器转速与传动轴转速保持一致,缓速器转矩-转速曲线由厂家直接提供,缓速器制动转矩通用表达式如下:

$$T_r = b_1 n_r^2 + b_2 n_r + b_3 \tag{7-10}$$

式中:b_1、b_2、b_3——拟合系数;

n_r——传动轴转速,r/min。

当车辆开启缓速器制动时,缓速器制动转矩通过主减速器传递到车轮,为车辆提供制动力。根据车速与传动轴转速的关系 $n_r = \frac{u_a i_0}{0.377r}$、缓速器制动转矩 T_r 与缓速器传递到车轮制动力 F_r 的关系,得到缓速器制动力表达式如下:

$$F_r = \frac{T_r i_0}{r\eta_t} \tag{7-11}$$

7.1.4 地面总制动力 F_x

对于行驶于长大下坡的车辆来说，当路面坡度较大且持续制动装置不能提供足够的制动力控制车速时，驾驶人需要采用行车制动器控制车速。同时，当车辆遇到紧急情况时，也必须要求能通过行车制动系统迅速稳定地减速或停车，保证行车安全。

车辆在行驶中，受到由地面提供的与其行驶方向相反的外力称为地面制动力。对同一辆车而言，地面制动力越大，车辆的制动减速度也就越大，制动距离也就越短，地面制动力对车辆的制动性能有决定性影响，但地面制动力也需要通过轮胎与地面间的摩擦产生，其大小不能超过轮胎的附着力 F_φ，通常用符号 F_x 表示地面总制动力。地面总制动力 F_x 是发动机制动力、缓速器制动力、行车制动器制动力 F_μ 产生的地面制动力之和，最大值是轮胎的附着力 F_φ，即：

$$F_x = \begin{cases} F_\mu + F_e + F_r, & F_\mu + F_e + F_r < F_\varphi \\ F_\varphi, & F_\mu + F_e + F_r \geqslant F_\varphi \end{cases} \tag{7-12}$$

7.1.5 车辆下坡行驶力平衡方程式

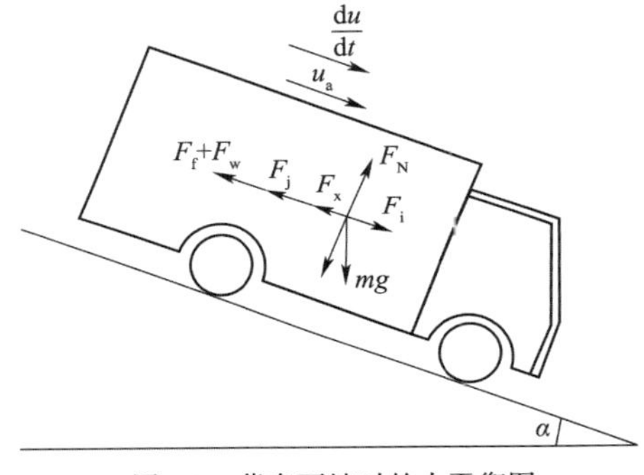

图 7-2 货车下坡时的力平衡图

质量为 m 的汽车在坡度为 $\tan\alpha = i$ 的坡道上行驶时，受到地面制动力 F_x、滚动阻力 F_f、空气阻力 F_w、下坡力 F_i、加速阻力 F_j、地面支持力 F_N、重力 mg 的作用，货车下坡时的力平衡图如图 7-2 所示。

可得汽车下坡行驶的力平衡方程式为：

$$F_j = F_x + F_j + F_f + F_w \tag{7-13}$$

其中，地面支撑力 $F_N = mg\cos\alpha$；加速阻力 $F_j = \delta m \frac{du}{dt}$；下坡力 $F_i = mg\sin\alpha$；地面总制动力 F_x 见式(7-12)。

7.1.6 车辆下坡坡度范围计算

不考虑行车制动器参与制动的汽车纵向动力学方程简化为：

$$mg\sin\alpha = F_e + F_r + F_f + F_w + \delta m \frac{du}{dt} \tag{7-14}$$

由式(7-14)得整车加速度为：

$$\frac{du}{dt} = \frac{mg\sin\alpha - (F_e + F_r) - (F_f + F_w)}{\delta m} \tag{7-15}$$

其中，设 $\tan\alpha = i$，则 $\sin\alpha = \frac{i}{\sqrt{1+i^2}}$。

由于式中制动力、滚动阻力和空气阻力均与车速 u_a 呈线性关系，因此，当重型货车行驶在坡度为 i 的路面时，其加速度的值如式(7-16)所示：

$$\frac{\mathrm{d}u}{\mathrm{d}t}=\frac{mg\frac{i}{\sqrt{1+i^2}}-(F_e+F_r)-(F_f+F_w)}{\delta m}=\frac{g}{\delta}\frac{i}{\sqrt{1+i^2}}-\frac{F_e+F_r+F_f+F_w}{\delta m} \tag{7-16}$$

当车辆的持续制动系统可以保证车辆能够以稳定的状态下坡时,可分为以下三种情况:

(1)当重力沿坡道的分力等于滚动阻力、空气阻力与持续制动力之和时,车辆将以恒定的车速匀速向下行驶,这一恒定的车速称为该坡度 i 对应的稳定车速,即:

$$F_f+F_w+F_e+F_r-mg\sin\alpha=0 \tag{7-17}$$

(2)当重力沿坡道的分力大于滚动阻力、空气阻力、持续制动力之和时,车辆将以加速的状态向下行驶,直到其速度与该坡度 i 对应的稳定车速相等时变为匀速行驶,即:

$$F_f+F_w+F_e+F_r-mg\sin\alpha<0 \tag{7-18}$$

(3)当重力沿坡道的分力小于滚动阻力、空气阻力、持续制动力之和时,车辆将以减速的状态向下行驶,直到其速度与该坡度 i 对应的稳定车速相等时变为匀速行驶,即:

$$F_f+F_w+F_e+F_r-mg\sin\alpha>0 \tag{7-19}$$

由此可见,当车辆的初始车速没达到行驶坡道的稳定车速时,车辆将以加速的状态行驶;当车辆的初始车速超过行驶坡道的稳定车速时,车辆将以减速的状态行驶。

假设汽车以恒定车速下坡,则加速度$\frac{\mathrm{d}u}{\mathrm{d}t}=0$,将式(7-17)简化为式(7-20):

$$\sin\alpha=\frac{i}{\sqrt{1+i^2}}=\frac{F_e+F_r+F_f+F_w}{mg} \tag{7-20}$$

根据下坡坡度 $i=\tan\alpha$,得汽车下坡能力计算表达式为:

$$i=\frac{F_e+F_r+F_f+F_w}{mg\sqrt{1-\left(\frac{F_e+F_r+F_f+F_w}{mg}\right)^2}} \tag{7-21}$$

7.1.7 车辆恒速下坡行驶下缓速器匹配校核

以下以5个挡位可调节的缓速器为例进行车辆缓速器匹配校核。缓速器5个挡位的持续制动力调节比例为空挡、Ⅰ挡、Ⅱ挡、Ⅲ挡、Ⅳ挡、Ⅴ挡。变速器5挡持续制动制动力匹配示意图如图7-3所示。以道路坡度4%为例,由图可以得到下坡力直线与缓速器Ⅳ挡、Ⅲ挡曲线交点 $W1$、$W2$,交点 $W1$、$W2$ 对应车速为当前坡度下车辆稳定下坡行驶车速(车辆下坡力等于地面总制动力)。

根据图7-3可以得到如下两个结论:

(1)随着缓速器持续制动力矩的增加,稳定车速降低($U_{W1}<U_{W2}$),在行车制动器不参与工作条件时,不同稳定车速将影响车辆运行速度,匹配缓速器过程中需要保证该挡位速度区间内存在稳定车速。

(2)随着缓速器挡位的变化,当持续制动力增加到一定值或减少到一定值时,在此坡度下没有稳定车速,当车辆运行在4%坡度道路,缓速器Ⅱ挡或Ⅴ挡持续制动力与4%坡度的下坡力无交点,此时车辆将不能在4%坡道上以稳定车速下坡行驶。匹配缓速器时需要保证该挡位速度区间内下坡坡度范围较广。

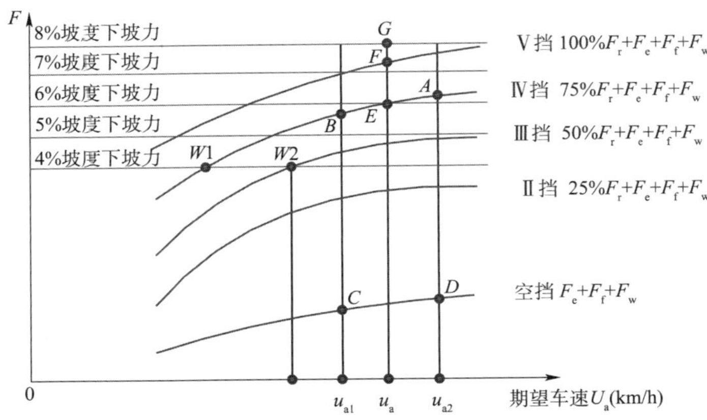

图 7-3 变速器 5 挡持续制动制动力匹配示意图

为了使得匹配缓速器能够适应车辆在不同道路以稳定车速运行，下面以较小坡度与较大坡度两种状态进行缓速器匹配分析。

(1)6% 道路坡度、行车制动器无须参与制动，期望车速为 u_a，控制车速上下界 $u_{a1} \sim u_{a2}$。

以车辆状态处于 A 点分析车辆持续制动力参与过程如下：

①当车辆处于 A 点车速为 u_{a2}时，车速高于期望安全车速 u_a，驾驶人将打开持续制动器Ⅳ挡，随着持续制动力做功，车速缓慢降低到 E 点达到稳定期望车速 u_a，由于外界道路坡度的波动，车速会在稳定车速 u_a 附近波动。

②当车速下降到 B 点车速为 u_{a1}时，车速低于期望安全车速 u_a，驾驶人会关闭持续制动力，制动力会降低到仅有发动机制动力、空气阻力、滚动阻力的 C 点。

③C 点状态下坡力大于行驶阻力，车辆将缓慢增加速度到 D 点。

④D 点驾驶人发现车速超过安全车速，会打开持续制动器，制动力上升到Ⅳ挡制动力 A 点。

⑤最终车速会在持续制动力的作用下在期望车速 u_a 附近小幅度波动($u_{a1} \sim u_{a2}$)，达到恒速控制目的。

(2)8% 道路坡度、行车制动器需要参与制动情况，期望车速为 u_a，控制车速上下界 $u_{a1} \sim u_{a2}$。

以车辆处于期望车速 u_a、道路坡度 8% 为例，缓速器此时最大持续制动力在Ⅴ挡 F 点，最大持续制动力也无法使得车辆在该长下坡路段稳定下坡行驶，行车制动器需要参与工作：

①当车辆处于 F 点车速为 u_{a1}，车辆在无行车制动力参与过程中，车速会在下坡力作用下持续增加，直到驾驶人踩踏制动踏板降低车速。

②为了避免车辆失速，持续制动力需要克服 F、G 两点之间的力的差值做功。由于行车制动器做功会使得行车制动器温度上升，根据行驶道路等级对应坡度范围和行车制动器吸能能力可确定持续制动装置的最大制动力最佳范围。

根据上述分析，驾驶人期望行驶在车速 u_a，可通过开启持续制动控制车速在 $u_{a1} \sim u_{a2}$之间。根据不同道路坡度下驾驶人常用挡位速度范围，匹配缓速器过程中尽可能使得缓速器切换Ⅱ～Ⅳ挡后都存在稳定车速，因此，缓速器Ⅱ～Ⅳ挡持续制动力范围便可以初步确定。

7.2 行车制动器热衰退约束下的缓速器匹配校核

汽车长下坡时采用行车制动,其动能或重力势能要在短时间内以制动器热能的形式耗散出去,引起制动器温升过快,从而使其温度过高,产生热衰退现象。汽车下长坡时制动效能的恒定性主要指抗热衰退性。

7.2.1 水平道路制动器升温模型

汽车在水平道路上行驶,当驾驶人采取制动措施时,车辆受到行车制动力、滚动阻力、空气阻力和持续制动力作用而减速。汽车平路制动受力分析如图7-4所示。当汽车制动时,车速降低,动能减少,减少的这部分动能除滚动阻力、空气阻力和持续制动力做功外,其余转化为行车制动器的热能。本书在建立平路制动过程制动器升温模型时考虑到制动过程中,制动时间短、制动距离短,因此不考虑制动过程制动器散热因素。

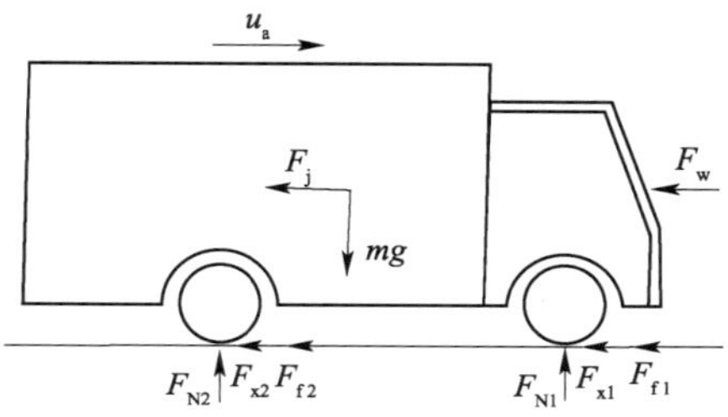

图7-4 汽车平路制动受力分析图

根据汽车制动过程的功能原理可知,汽车制动过程消耗的动能转化为行车制动器消耗的能量、滚动阻力和空气阻力消耗的能量以及发动机和缓速器持续制动力消耗的能量之和,即:

$$\frac{1}{2}mu_0^2 = F_f \cdot s + F_w \cdot s + F_x \cdot s = F_f \cdot s + F_w \cdot s + F_\mu \cdot s + F_e \cdot s + F_r \cdot s \tag{7-22}$$

式中:u_0——汽车制动初速度,m/s;

F_x——地面总制动力,N;

s——制动距离,m。

将整车制动器消耗的能量平均分配到各制动器上,即:

$$F_\mu \cdot s = n \cdot F_{\mu h} \cdot S_{\mu h} \tag{7-23}$$

式中:n——制动器个数;

$F_{\mu h}$——单个制动器产生的摩擦力,N;

$S_{\mu h}$——制动器摩擦件相对旋转位移,m。

则式(7-22)与式(7-23)转化为:

$$F_{\mu h} = \frac{\frac{1}{2}mu_0^2 - F_f \cdot s - F_w \cdot s - F_e \cdot s - F_r \cdot s}{n \cdot S_{\mu h}} \tag{7-24}$$

制动器升温是由于制动摩擦片与制动鼓摩擦导致的,假设制动过程中制动摩擦片与制动鼓之间的摩擦力恒定为$F_{\mu h}$,制动摩擦片与制动鼓之间的相对速度为$V_{\mu h}$,根据摩擦生热原理,单个制动器摩擦生热的速率$P'_{\mu h}$为:

$$P'_{\mu h} = F_{\mu h} \cdot V_{\mu h} \tag{7-25}$$

相关研究表明,制动器摩擦产生热量的95%被制动鼓吸收,则制动鼓吸热速率$P_{\mu h}$为:

$$P_{\mu h} = 0.95 \cdot P'_{\mu h} = 0.95 \cdot F_{\mu h} \cdot V_{\mu h} \tag{7-26}$$

在建立制动器升温模型时，假设整车制动器消耗的能量平均分配到各制动器上，在实际制动过程中，由于车辆各轴之间轴荷不同、制动蹄与制动鼓间隙的差异性导致各制动器产生的摩擦制动力不同，并且吸收的能量也存在差异性。因此，考虑到制动器吸热的差异性引入了修正系数 ε。由式(7-24)～(7-26)得：

$$
\begin{aligned}
P_{\mu h} &= 0.95 \cdot \varepsilon \cdot F_{\mu h} \cdot V_{\mu h} \\
&= 0.95 \cdot \varepsilon \cdot \frac{\frac{1}{2}mu_0^2 - F_f \cdot s - F_w \cdot s - F_e \cdot s - F_r \cdot s}{n \cdot S_{\mu h}} \cdot V_{\mu h} \\
&= 0.95 \cdot \varepsilon \cdot \frac{\frac{1}{2}mu_0^2 - F_f \cdot s - F_w \cdot s - F_e \cdot s - F_r \cdot s}{n \cdot t}
\end{aligned} \tag{7-27}
$$

平路制动过程中，制动距离和时间较短，因此，不考虑制动过程制动器散热因素。当 $t = 0$ 时，$T = T_0$，当 Δt 很小时，从 t 到 $t + \Delta t$ 时刻，制动鼓温度从 T 升至 $T + \Delta T$，根据制动鼓升温能量守恒建立方程，即：

$$m_g \cdot c_g \cdot \Delta T = P_{\mu h} \cdot \Delta t \tag{7-28}$$

式中：m_g——制动鼓的质量，kg；

c_g——制动鼓的比热容。

根据式(7-27)与式(7-28)，行车制动器升温变化量 ΔT_+ 为：

$$\Delta T_+ = \Delta T = \frac{0.95 \cdot \varepsilon}{m_g \cdot c_g} \cdot \frac{\frac{1}{2}mu_0^2 - F_f \cdot s - F_w \cdot s - F_e \cdot s - F_r \cdot s}{n \cdot t} \cdot \Delta t \tag{7-29}$$

7.2.2 水平道路制动器降温模型

由于热传导和热辐射的散热量很小，本书建立降温模型时主要研究热对流对制动器温度的影响，忽略热传导和热辐射散热量。

热对流是指流体经过与其温度不同的固体壁时，与壁面之间发生的热量传递过程。根据牛顿冷却公式，当制动鼓因周围空气的散热而降温时，对流换热所减小的热流量定义为 P_-：

$$P_- = h \cdot A_C \cdot (T - T_a) \tag{7-30}$$

式中：h——制动鼓与空气间的对流换热强度系数；

T——制动鼓温度，℃；

T_a——制动鼓周围的平均温度，℃；

A_C——制动鼓外表面面积，m^2。

由重型汽车试验数据可知，制动鼓对流热系数的函数关系为：

$$h = 5.224 + 1.5525 \cdot u_a \cdot e^{-0.0027785 u_a} \tag{7-31}$$

式中：u_a——车速，km/h。

由于忽略了热传导和热辐射的散热作用，制动鼓的散热热流量近似等于热对流换热的热流量，则式(7-30)转化为：

$$P_- = (5.224 + 1.5525 \cdot u_a \cdot e^{-0.0027785 u_a}) \cdot A_C \cdot (T - T_a) \tag{7-32}$$

根据制动鼓降温能量守恒建立方程,即:

$$m_g \cdot c_g \cdot \Delta T = -P_- \cdot \Delta t \tag{7-33}$$

由式(7-32)、式(7-33)对时间积分,得制动鼓降温温度变化量 ΔT_- 为:

$$\Delta T_- = \Delta T = (T_0 - T_a)e^{-At} + T_a \tag{7-34}$$

式中:$A = \dfrac{(5.224 + 1.5525 \cdot u_a \cdot e^{-0.0027785u_a}) \cdot A_C}{m_g \cdot c_g}$。

7.2.3　坡道行驶制动器温升模型

汽车在长下坡路段行驶时,制动器升温过程由制动器升温和降温两个过程组成,因此,可基于平路试验获得的制动器升温模型和降温模型建立货车长下坡路段行驶时制动器升温模型。

根据水平道路升温数学模型可知,制动器热能来自动能的转化。然而坡道行驶过程中,制动器升温的能量是由重力势能和动能共同转化的,因此坡道行驶时,有:

$$\frac{1}{2}m(u_t^2 - u_0^2) + mg\frac{i}{\sqrt{1+i^2}} \cdot s = F_f \cdot s + F_w \cdot s + F_b \cdot s \tag{7-35}$$

式中:u_t——汽车下坡终了的车速,m/s。

制动器温升模型为:

$$\begin{aligned}\Delta T &= \Delta T_+ - \Delta T_- \\ &= \frac{0.95 \cdot \varepsilon}{m_g \cdot c_g} \cdot \frac{\frac{1}{2}m(u_t^2 - u_0^2) + mgs\frac{i}{\sqrt{1+i^2}} - F_f \cdot s - F_w \cdot s - F_e \cdot s - F_r \cdot s}{n \cdot t} \cdot \\ &\quad \Delta t - \frac{P_-}{m_g c_g} \cdot \Delta t\end{aligned} \tag{7-36}$$

令

$$P_B = 0.95 \cdot \varepsilon \cdot \frac{\frac{1}{2}m(u_t^2 - u_0^2) + mgs\frac{i}{\sqrt{1+i^2}} - F_f \cdot s - F_w \cdot s - F_e \cdot s - F_r \cdot s}{n \cdot t}$$

则

$$\frac{dT}{dt} = \frac{P_B}{m_g \cdot c_g} - \frac{P_-}{m_g \cdot c_g} = \frac{P_B}{m_g \cdot c_g} - \frac{hA_C(T - T_a)}{m_g \cdot c_g}$$

解方程得:

$$T(t) = T_a + \frac{P_B}{hA_C} - C'e^{-\frac{hA_C}{m_g C_g}t}$$

当 $t = 0$ 时,$T(t) = T_0$,则 $C' = T_a - T_0 + \dfrac{P_B}{hA_C}$,代入上式得:

$$T(t) = T_a + \frac{P_B}{hA_C} - \left(T_a - T_0 + \frac{P_B}{hA_C}\right)e^{-\frac{hA_C}{m_g C_g}t}$$

化简得:

$$T(t)=T_0+\left(T_a-T_0+\frac{P_B}{hA_C}\right)\times(1-e^{-\frac{hA_C}{m_gC_g}t})$$

令

$$K_2=\frac{1}{hA_C},K_1=\frac{hA_C}{m_gc_g}$$

则：

$$T(t)=T_0+(T_a-T_0+K_2P_B)\times(1-e^{-K_1t}) \tag{7-37}$$

式中：T——制动鼓温度，℃；

T_0——制动鼓初始温度，℃；

T_a——制动鼓周围的平均温度，℃；

A_C——制动鼓外表面面积，m^2；

m_g——制动鼓的质量，kg；

c_g——制动鼓的比热容，J/(kg·℃)。

7.2.4 缓速器匹配的热衰退校核

车辆在坡道上下坡行驶时，在采用行车制动的情况下，制动鼓温度必然上升，车辆在制动鼓温度上升到制动鼓产生“热衰退”现象之前所行驶的距离表征着车辆剩余的制动能力。以260℃来定义制动器产生“热衰退”现象的临界温度。当汽车以一定的初速度在坡道下坡行驶，持续制动方式不能保证车辆匀速下坡时，需要驾驶人采用行车制动器制动。制动鼓温度上升到临界温度之前所行驶的距离为汽车安全下坡距离。

汽车安全下坡距离反映着汽车所剩余的下坡能力，根据相关统计和研究可以得到我国不同坡度的道路最大坡长的设计值，进而得到安全下坡距离是否能够满足现有道路的路况要求，提醒驾驶人采取合理的操作，防止制动器出现热衰退。

由制动器升降温式(7-37)可知，制动器温升到260℃之前汽车安全下坡距离 S_s 满足：

$$s_s=\frac{\dfrac{nt}{0.95\cdot K_2\varepsilon}\left[\dfrac{260-T_0}{(1-e^{-K_1t})}-T_a+T_0\right]-\dfrac{1}{2}m(u_t^2-u_0^2)}{mg\dfrac{i}{\sqrt{1+i^2}}-F_f-F_w-F_e-F_r} \tag{7-38}$$

假设驾驶人在行车制动器参与下以一定车速稳定下坡 $u_t=u_0$，制动器升温到260℃之前汽车安全下坡距离简化为：

$$s_s=\frac{nt}{0.95\cdot K_2\varepsilon}\frac{\dfrac{260-T_0}{1-e^{-K_1t}}-T_a+T_0}{mg\dfrac{i}{\sqrt{1+i^2}}-F_f-F_w-F_e-F_r} \tag{7-39}$$

式中：$K_1=\dfrac{(5.224+1.5525\cdot u_0\cdot e^{-0.0027785u_0})\cdot A_C}{m_gc_g}$；

$K_2=\dfrac{1}{(5.224+1.5525\cdot u_0\cdot e^{-0.0027785u_0})\cdot A_C}$。

7.3　汽车制动稳定性约束下的缓速器匹配校核

对前后制动力定比例分配的双轴汽车而言，前后车轮同时抱死拖滑，对汽车制动效能的发挥、制动时汽车的稳定性和转向能力均有影响。但由于前后制动力定比例分配，前后轮同时抱死只能发生于特定附着系数即同步附着系数 φ_0 的路面上。而同步附着系数的选择由用途、车速、行驶环境等因素确定。本书使用的车辆制动器制动力分配系数 β 为0.5610。由 β 及有关参数求得 $\varphi_0=0.635$。从附着系数的统计值看，试验车附着系数 φ_0 处于合适的范围内。

7.3.1　装缓速器后制动匹配情况及同步附着系数的变化

7.3.1.1　广义I曲线

图7-5所示为原车前后制动器制动力及其匹配情况。装缓速器后，由于其制动力施加在后轮上，理想制动力曲线要求前后制动器制动力 $F_{\mu1}$ 和 $F_{\mu2}$ 的关系因此而改变，即I曲线将发生变化。但原车前后制动器制动力定比例分配关系并不会受到影响。应用传统方法，利用I曲线、f 线组、r 线组和 β 线的配合，可以分析汽车在各种路面上的制动情况。但由于装缓速器后I曲线发生了变化，图7-5中 X_{b2} 也不再等于 $F_{\mu2}$，而是等于缓速器制动力与后轮制动器制动力的叠加，$F_{\mu2}$ 与 X_{b2} 也不再能绘于一轴之上。显然，f 线组和 r 线组也不能绘于 $F_{\mu1}$-$F_{\mu2}$ 的坐标系中。

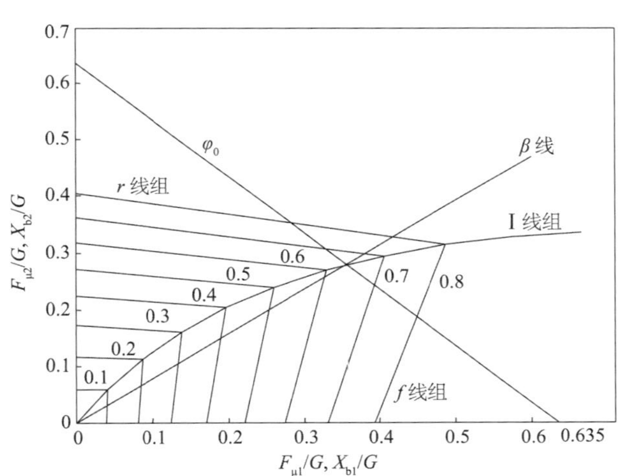

图7-5　原车前后制动器制动力及其匹配情况

为了能利用原I曲线以及传统的分析方法解决问题，本研究引入后轮复合制动力 $F_{\mu R}$（后轮制动器制动力与缓速器制动力之和）和广义I曲线概念，并对装用缓速器后I曲线的定义加以扩充。基于以下原理，可以给出I曲线的广义定义：不论装用缓速器与否，只要前后地面制动力的增长满足原车I曲线的要求，则在任一 φ 值路面上汽车都能达到同步抱死。换言之，若前轮制动器制动力与后轮复合制动力的增长满足原车I曲线的要求，则汽车在任一 φ 值路面上均能同步抱死。

因此，若以前制动器制动力 $F_{\mu1}$、前地面制动力 X_{b1} 作为坐标系的横轴变量，后轮复合制动力 $F_{\mu R}$、后轮地面制动力作为纵轴变量，则原车 I 曲线完全可以用于装用缓速器后的制动过程分析，f 线组、r 线组同样适用。所不同的是 β 线发生了变化。前制动器制动力 $F_{\mu1}$ 和后制动器制动力 $F_{\mu2}$ 虽然在比例关系上仍存在定比关系；$F_{\mu1}/F_{\mu2}=\beta/(\beta-1)$，但由于 $F_{\mu2}$ 与纵坐标值 $F_{\mu R}$ 存在 $F_{\mu R}=F_{\mu2}+F_R$ 的关系，因此，装用缓速器后前轮制动器制动力 $F_{\mu1}$ 与后轮复合制动力 $F_{\mu R}$ 的关系曲线，即新的 β_R 线成为：

$$F_{\mu R}=F_{\mu1}(1-\beta)/\beta+F_R \tag{7-40}$$

若 $F_R=0$，则 $F_{\mu R}=F_{\mu2}$，$\beta_R=\beta$，即形成未装缓速器时原车的 I、r、f、β 线。图 7-6 所示为广义 I 曲线及其制动力的匹配，β_1、β_2、β_L 线为装用缓速器后 3 种缓速器制动力情况下的前制动器制动力与后轮复合制动力分配线，β 为前制动器制动力与后制动器制动力分配线。

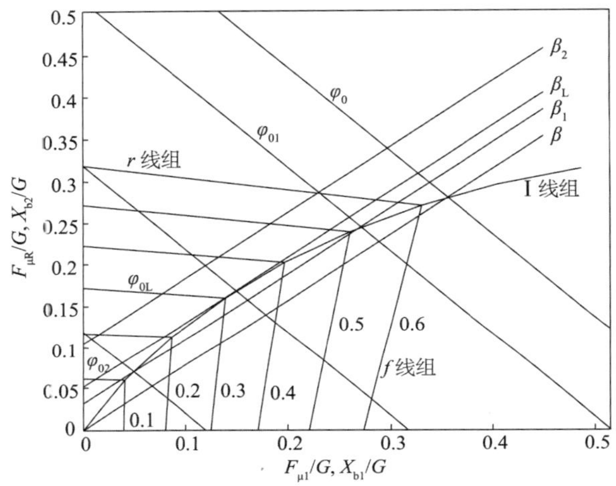

图 7-6　广义 I 曲线及其制动力的匹配

由图 7-6 可见，装缓速器后 β 线上移，后轮先抱死的趋势增强，这必然使原车的同步附着系数发生变化。

7.3.1.2　装缓速器后的同步附着系数

若汽车前后轴支反力为 Z_1 和 Z_2，重心距前后轴的距离为 a 和 b，重心高度为 h_g，轴距为 L，则同步抱死时，存在关系式：

$$\begin{cases} F_{\mu R}=Z_2\varphi \\ F_{\mu1}=Z_1\varphi \\ F_{\mu1}+F_{\mu R}=G\varphi \end{cases} \tag{7-41}$$

式中：$Z_1=\dfrac{b+h_g\varphi}{L}G$；

$Z_2=\dfrac{a-h_g\varphi}{L}G$。

同时，根据关系式：

$$\begin{cases} F_{\mu R} = F_{\mu 2} + F_R \\ \dfrac{F_{\mu 1}}{F_{\mu 2}} = \dfrac{\beta}{1-\beta} \end{cases} \tag{7-42}$$

可得：

$$\frac{F_{\mu 1}}{F_{\mu R}} = \frac{F_{\mu 1}}{\dfrac{1-\beta}{\beta}F_{\mu 1} + F_R} = \frac{Z_1\varphi}{\dfrac{1-\beta}{\beta}Z_1\varphi + F_R} = \frac{\dfrac{b+\varphi h_g}{L}\varphi G}{\dfrac{1-\beta}{\beta}\cdot\dfrac{b+\varphi h_g}{L}\varphi G + F_R},$$

$$\frac{F_{\mu 1}}{F_{\mu R}} = \frac{b+\varphi h_g}{a-\varphi h_g}$$

让二者右端相等，得：

$$\frac{h_g\varphi^2}{\beta} - \left(a - \frac{1-\beta}{\beta}b\right)\varphi + \frac{LF_R}{G} = 0 \tag{7-43}$$

令 $c_1 = \dfrac{h_g}{\beta}$，　$c_2 = a - \dfrac{1-\beta}{\beta}b$，　$c_3 = \dfrac{LF_R}{G}$

则

$$\varphi = 0.5c_2/c_1 \pm 0.5\sqrt{c_2^2 - 4c_1c_3}/c_1$$

令 $\Delta = c_2^2 - 4c_1c_3 = \left(a - \dfrac{1-\beta}{\beta}b\right)^2 - \dfrac{4h_gLF_R}{\beta G}$

当 $\Delta > 0$ 时，存在两个同步附着系数值 φ_{01} 和 φ_{02}：

$$\varphi_{01} = \frac{c_2+\sqrt{\Delta}}{2c_1}，\varphi_{02} = \frac{c_2-\sqrt{\Delta}}{2c_1} \tag{7-44}$$

可以证明，φ_{01} 与 φ_{02} 之和等于原车同步附着系数 ϕ_0。

图7-6中，$\Delta > 0$ 对应的制动力分配线为 β_1 线，此时 β_1 线与 I 曲线有两个交点，交点处对应的附着系数分别为 φ_{01} 和 φ_{02}。

当 $\Delta = 0$ 时，存在一个临界的附着系数值：$\varphi_{0L} = \dfrac{c_2}{2c_1} = \dfrac{L\beta - b}{2h_g}$，显然 $2\varphi_{0L} = \varphi_0$。

此时，制动力分配线对应图7-6中的 β_L 线，β_L 线与 I 曲线只有一个交点，对应的附着系数即是 φ_{0L}。此时对应的 F_R 值称为临界缓速器制动力，用 F_{RL} 表示，由于当 $F_R > F_{RL}$ 时，图7-6中 β_L 线上移，不再与 I 曲线有任何交点，也不再存在同步附着系数。

可推导出：

$$F_{RL} = \left(a - \frac{1-\beta}{\beta}b\right)^2 \frac{\beta G}{4Lh_g} \tag{7-45}$$

当$\Delta < 0$时，方程无解，表示不存在同步附着系数，汽车前后轮在任何道路上均不能同步抱死。此时对应图 7-6 中的β_2线与 I 曲线的匹配情况。

7.3.1.3 带缓速器后的制动力与 I 曲线匹配的定性评价

以下对图 7-6 中$F_R < F_{RL}$、$F_R = F_{RL}$、$F_R > F_{RL}$三种情况下的制动力与 I 曲线的匹配情况给出定性评价。

1）$F_R < F_{RL}$（对应β_1线匹配情况）

β_1线与 I 曲线有两个交点，存在两个附着系数值。

当汽车在$\varphi > \varphi_{01}$或$\varphi < \varphi_{02}$的φ值路面上制动时，由于β_1线处于 I 曲线的上方，前制动器制动力与后轴复合制动力沿β_1线增长时，必然先与后轮抱死线r线组中对应φ的r线相交，后轮首先抱死，而后前轮抱死。

当$\varphi_{02} < \varphi < \varphi_{01}$时，$\beta_1$线处于 I 曲线下方，汽车前轴先抱死。

当$\varphi = \varphi_{01}$或$\varphi = \varphi_{02}$时，前后轴车轮同步抱死。

从图 7-6 可见，由于β_1线处于β与β_L线之间，β_1线又接近β线，因此，这种情况的匹配关系是较好的一种。

2）$F_R = F_{RL}$（对应β_L线的匹配情况）

β_L与 I 曲线只有一个交点，除在φ_{0L}的路面上同步抱死以外，均为后轴先抱死。然而由于β_L并未偏离 I 曲线，后轴与前轮抱死的时差不大，这种情况仍属于可行的匹配情况。

3）$F_R > F_{RL}$（对应β_2线的匹配情况）

由于β_2与 I 曲线无交点，始终是出现后轮先抱死现象。对匹配好坏的评判，原则上可根据β_2线距 I 曲线的远近距离进行。F_R值越大，β_2线越上移，离 I 曲线也越远，前后轮抱死的先后时差也越大，对制动稳定性也越不利。但以距离远近评价是很模糊的方法，难以进行定量分析。以下用制动效率η_b对匹配情况进行评价，并给出带缓速器制动时制动效率的计算公式。

7.3.1.4 带缓速器后的制动力与 I 曲线匹配的定量评价

1）$F_R > F_{RL}$的情况

汽车制动时后轮先抱死，继续增大制动器制动力后，前轮也抱死。前轮抱死时所需的制动器制动力等于地面附着力，即$F_{\mu1} = \dfrac{G}{L}(b + \varphi h_g)\varphi$。

前制动器制动力与后轮复合制动力之和为：

$$F_{\mu1} + F_{\mu R} = F_{\mu1} + F_{\mu2} + F_R = F_{\mu1} + \frac{1-\beta}{\beta}F_{\mu1} + F_R = \frac{F_{\mu1}}{\beta} + F_R$$

取制动效率η_b为地面最大制动力与$F_{\mu1} + F_{\mu R}$的比值，则：

$$\eta_b = \frac{G\phi}{F_{\mu1} + F_{\mu R}} = \frac{G\phi}{\dfrac{F_{\mu1}}{\beta} + F_R} \tag{7-46}$$

代入$F_{\mu1}$的表达式，可得：

$$\eta_b = \frac{\beta LG\varphi}{(b+\varphi h_g)G\varphi + F_R\beta L} \tag{7-47}$$

当 $\varphi=\varphi_{0L}$ 时，$\phi=\frac{L\beta-b}{2h_g}$，$F_R=F_{RL}=\left(a-\frac{1-\beta}{\beta}b\right)^2\frac{\beta G}{4Lh_g}$，$\eta_b=100\%$；

当 $\varphi>\varphi_{0L}$ 时，$\eta_b<100\%$。

2）$F_R<F_{RL}$ 的情况

此时存在 φ_{01} 和 φ_{02} 两个同步附着系数，当 $\varphi<\varphi_{02}$ 或 $\varphi>\varphi_{01}$ 时后轮先抱死，η_b 的公式同 $F_R>F_{RL}$ 时的式（7-47）。

当 $\varphi_{02}<\varphi<\varphi_{01}$ 时，前轮先抱死，达到后轮抱死时所需的后轮复合制动力为 $F_{\mu R}=\frac{G}{L}(a-\phi h_g)\phi$，由于 $F_{\mu R}=F_{\mu 2}+F_R=\frac{1-\beta}{\beta}F_{\mu 1}+F_R$，所以 $F_{\mu 1}=\frac{\beta G\varphi}{(1-\beta)L}(a-\varphi h_g)-\frac{\beta F_R}{1-\beta}$，即：

$$\eta_b = \frac{(1-\beta)G\varphi L}{G\varphi(a-\varphi h_g)-\beta LF_R} \tag{7-48}$$

后续章节试验分析表明，在一般道路上 $\eta_b=85\%$ 时，未见缓速器对汽车制动稳定性带来不利影响。

如果缓速器制动力 F_R 太大，η_b 必然很小，将出现后轮过早抱死。η_b 太低的制动力匹配不会是一种好的匹配。

从制动稳定性角度对缓速器制动力匹配优劣的校核方法总结如下：

（1）确定制动初速度范围 $v_{a1}\sim v_{a2}$。主要着眼于中、高速制动稳定性的评价，本例车速范围为 40～50km/h。

（2）从各挡带缓速器制动力曲线确定对应初速度 v_{a1} 所使用的最低挡位，对应初速度 v_{a2} 所使用的最高挡位，本例为 4 挡和 6 挡。

（3）由各挡带缓速器制动力曲线确定对应 v_{a1} 时的最大制动力 F_{Rmax} 和对应 v_{a2} 时的最小制动力 F_{Rmin}。

（4）绘制广义 I 曲线、前后轮制动器制动力分配线（β 线）、对应 F_{Rmin} 时的前轮制动力与后轮复合制动力分配线（β_1 线）、对应 F_{Rmax} 时的前轮制动力与后轮复合制动力分配线（β_2 线）。

（5）对制动力匹配给出评价。β_1 线应与 I 曲线有交点，β_2 线应尽量接近 I 曲线。在各种 φ 值道路上，按式（7-47）和式（7-48）求出的 η_b 值不能太小。

7.3.2　中、高速紧急制动情况下实车稳定性分析

汽车前后轮抱死顺序和时间差对汽车的制动稳定性有决定性影响，后轮先于前轮抱死，抱死的时间差越大，越易出现后轴侧滑，高速紧急制动时甚至出现严重侧滑。

在后轮先于前轮抱死的情况下，若紧急制动时的初速度不高，汽车充其量会产生轻微的侧滑甩尾，一般都能稳定停车。因此，汽车装用缓速器后，在低速情况下的制动稳定性不是突出问题。本小节重点讨论 40km/h 以上中、高速紧急制动情况下缓速器对制动稳定性的影响。

图 7-7 所示为中高速范围内缓速器最大制动力和最小制动力时的 I 曲线与制动力匹配。其中以 40km/h 速度处所能使用的最低挡位 4 挡带缓速器制动力作为中高速范围的最

大缓速器制动力 F_{Rmax}，以最高挡 6 挡带缓速器制动时在 85km/h 速度处的制动力值作为中、高速范围的最小缓速器制动力 F_{Rmin}，其他挡位在中、高速范围内的制动力数值均处于 (F_{Rmin}, F_{Rmax}) 范围之内。

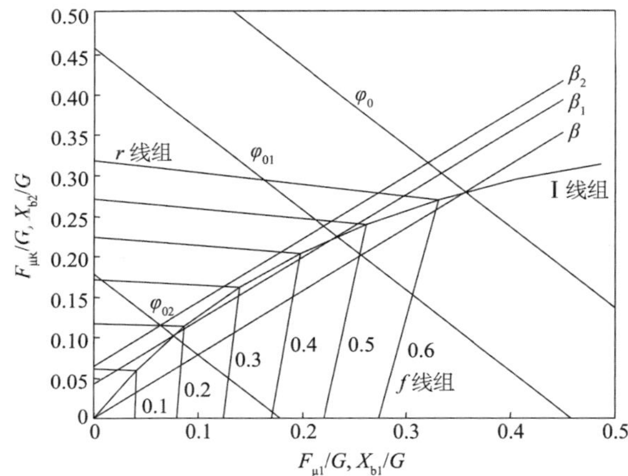

图 7-7　中高速范围内缓速器最大制动力和最小制动力时的 I 曲线与制动力匹配

图中 β 线为原车制动器力 $F_{\mu 1}$ 与 $F_{\mu 2}$ 的比例分配线，此时 $F_R = 0$。β_1 线为 $F_R = F_{Rmin}$ 时的前轮制动器力 $F_{\mu 1}$ 与后轮复合制动力 $F_{\mu R}$ 的比例分配线；β_2 线为 $F_R = F_{Rmax}$ 时的 $F_{\mu 1}$ 与 $F_{\mu R}$ 的比例分配线。其中，$F_{Rmin} = 3962\text{N}$，$F_{Rmax} = 6188\text{N}$。

当 $F_R = F_{Rmin}$ 时，β_1 线与 I 曲线有两个交点，按同步附着系数计算公式，可求得对应两个交点处的同步附着系数值为：$\varphi_{01} = 0.4578$，$\varphi_{02} = 0.1783$。

在 $\varphi < \varphi_{02}$ 或 $\varphi > \varphi_{01}$ 的道路上制动时，由于 β_1 线处于 I 曲线的上方，汽车后轴先抱死，在 $\varphi_{02} < \varphi < \varphi_{01}$ 的道路上汽车前轴先抱死。

当 $F_R = F_{Rmax}$ 时，β_2 线与 I 曲线没有交点。即不存在同步附着系数值，汽车在任何 φ 值的路面上制动时，均不会出现前后轮同步抱死的情况。

两种制动力值 F_{Rmax} 和 F_{Rmin} 所对应的 φ_{01}、φ_{02} 和 η_b 见表 7-1。

实车制动参数　　表 7-1

参　数		原车 φ_0		临界值 φ_L			临界值 F_{RL}			最小制动力 F_{Rmin}				最大制动力 F_{Rmax}			
		0.635		0.318			4910N			3962N				6188N			
F_R		F_{Rmin}								F_{Rmax}							
φ_{02}		0.1783								不存在							
φ_{01}		0.4578								不存在							
η_b (%)	φ	0.1	0.2	0.3	0.4	0.5	0.6	0.7	0.8	0.1	0.2	0.3	0.4	0.5	0.6	0.7	0.8
	装缓速器	88	98	96	98	99	95	92	88	73	91	95	96	94	92	88	85
	不装缓速器	74	78	82	87	92	98	97	92	74	78	82	87	92	98	97	92

以下对该车装用缓速器后在中高速情况下紧急制动时的稳定性优劣进行分析。

由图 7-7 可知，β_1 线接近与 I 曲线相切位置，即接近临界线位置，说明该实验车装用缓速器后在不同挡位、不同速度、不同 φ 值等绝大部分情况下都会产生后轮抱死。但从 β_2 线的情况看，β_2线与β_1线的距离又极其接近，偏离I曲线不远，甚至在绝大部分φ值时比原车β线更接近I曲线，制动效率并不比原车低，这从表7-1中所列的制动效率η_b的对比值可以为据。较大的η_b值说明，虽然出现后轮抱死，但在后轴抱死时，前轮的制动力也已接近附着力，后轮与前轮抱死的时间差不大。综合以上分析，该车缓速器制动力的大小合适，不会对中高速制动稳定性带来太大的影响。

7.4　缓速器匹配与计算案例

7.4.1　基于车辆下坡能力的缓速器匹配计算

当车辆满载下长坡行驶时，为了提高运输效率，驾驶人往往采用高挡位和尽量高一些的车速下坡。这就需要车辆匹配较大制动力缓速器，以保证车辆在长下坡道路行驶尽快达到持续制动力与坡度分力的平衡，降低持续制动器的参与频率；匹配较大制动功率缓速器，使得车辆整个长下坡行驶过程中持续制动器吸收较多车辆下坡势能，保证车辆行驶到坡底时有充足的剩余紧急制动力用于紧急避险等危险突发情况。

某款车辆变速器为6挡变速器，最高设计速度100km/h，车辆参数见表7-2。

车辆参数　　表7-2

整车质量(kg)	17700	传动比1	6.81	发动机转速范围(r/min)	800～2100
主减速比	3.545	传动比2	3.97	制动鼓半径(m)	0.21
车轮半径(m)	0.505	传动比3	2.4	制动器个数	4
迎风面积(m^2)	0.7	传动比4	1.51	制动鼓面积(m^2)	0.39
CD	9.4	传动比5	1	制动器质量(kg)	60.05
传动效率(%)	89	传动比6	0.81	比热容J/(kg·℃)	482

发动机制动转矩-转速关系如式(7-49)所示，发动机制动转矩-转速曲线如图7-8所示。

$$T_e = -2.11\times10^{-5}n^2 + 0.08233n + 168.9104 \tag{7-49}$$

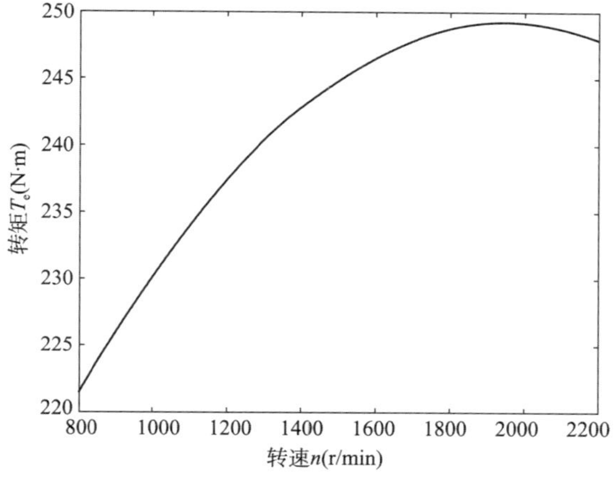

图7-8　发动机制动转矩-转速曲线

根据变速器各挡位下车速范围,可以得到发动机制动不同道路坡度下各挡位力平衡图,如图 7-9 所示,各挡位速度范围及下坡坡度数值见表 7-3。

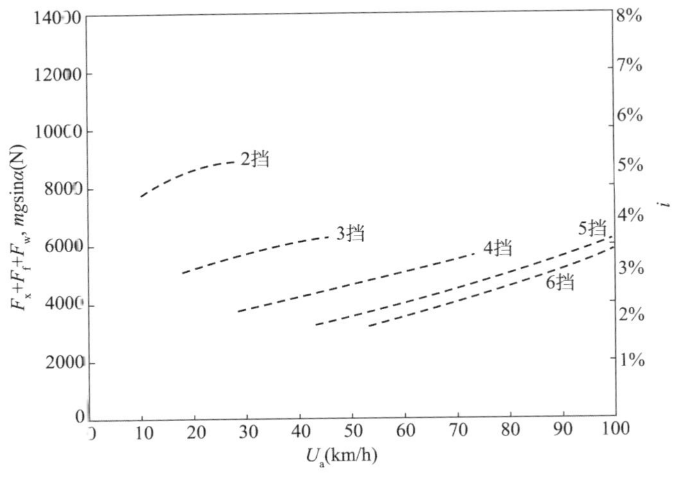

图 7-9 发动机制动不同道路坡度下各挡位力平衡图

发动机制动各挡位下坡坡度范围 表 7-3

挡 位	速度范围(km/h)	仅发动机制动	
		最小坡度(%)	最大坡度(%)
变速器 2 挡	10.8 ~ 28.4	4.46	5.14
变速器 3 挡	17.9 ~ 47.0	2.93	3.65
变速器 4 挡	28.5 ~ 74.7	2.15	3.31
变速器 5 挡	43.0 ~ 100	1.86	3.60
变速器 6 挡	53.0 ~ 100	1.87	3.37

根据图 7-9 与表 7-3 可得,发动机制动下变速器 6 挡下坡坡度范围为 1.87% ~ 3.37%,在 3% 坡度道路上稳定车速大约在 90km/h,该车辆持续制动力可以满足车辆高速公路长下坡运行,但是此时发动机转速偏高,适当提高持续制动力能够在不影响通行效率的条件下使发动机低转速运行。车辆最大下坡坡度在发动机 2 挡、最高转速条件下,下坡坡度为 5.14%,对于山区长大下坡路段仅采用发动机制动不能满足车辆平稳下坡要求。

根据图 7-9 可以得到,仅采用发动机制动,车辆在 4% 坡度道路无稳定车速,且变速器 6 挡 90km/h 稳定车速运行下发动机转速较高;下坡坡度范围无法完全覆盖各种坡度道路,且当要求发动机转速远离最高转速区间时覆盖率更低。通过匹配Ⅱ ~ Ⅳ挡缓速器可以提高不同变速器挡位下的稳定车速范围及下坡坡度范围。为此,采用某款 5 挡、700N · m 液力缓速器进行缓速器制动转矩下限匹配分析计算。缓速器各挡位制动转矩如式(7-50)所示,制动转矩-转速曲线图如图 7-10 所示。

$$
\begin{aligned}
T_{b2} &= -1.40\times10^{-5}n^2+0.05488n+112.606\\
T_{b3} &= -2.80\times10^{-5}n^2+0.10976n+225.212\\
T_{b4} &= -4.20\times10^{-5}n^2+0.16464n+337.818\\
T_{b5} &= -5.60\times10^{-5}n^2+0.21952n+450.424
\end{aligned}
\tag{7-50}
$$

式中：T_{bi}——液力缓速器制动转矩，N·m，其中 i 为缓速器挡位，取2,3,4,5；

n——液力缓速器转速，r/min。

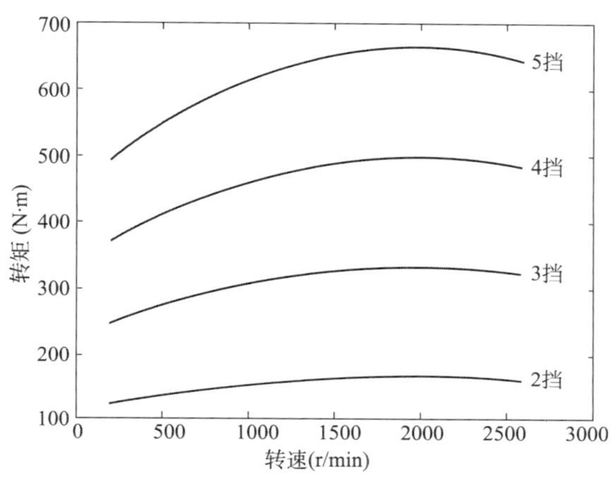

图7-10　某款700N·m液力缓速器转矩-转速曲线

根据计算分析，缓速器与发动机联合制动时，缓速器与变速器各挡位不同组合下的坡度范围见表7-4。

某款700N·m液力缓速器与变速器各挡位不同组合下的坡度范围(%)　　表7-4

挡　位	缓速器Ⅱ挡		缓速器Ⅲ挡		缓速器Ⅳ挡		缓速器Ⅴ挡	
	min	max	min	max	min	max	min	max
变速器2挡	5.03	5.77	5.59	6.40	6.16	7.03	6.72	7.67
变速器3挡	3.52	4.33	4.11	5.02	4.70	5.71	5.30	6.40
变速器4挡	2.78	4.05	3.40	4.79	4.03	5.54	4.66	6.28
变速器5挡	2.53	4.36	3.20	5.12	3.88	5.88	4.55	6.65
变速器6挡	2.56	4.13	3.26	4.89	3.96	5.65	4.66	6.41

发动机+缓速器制动下不同道路坡度下各挡位力平衡图如图7-11所示，下坡坡度范围如图7-12所示。

匹配缓速器后变速器2挡下坡坡度范围为5.03%～7.67%，低挡位更加适合大坡度长下坡运行，高挡变速器5挡、6挡下坡坡度范围分别为2.53%～6.65%、2.56%～6.41%，下坡坡度范围较大，最大下坡坡度提高后更加适应车辆小坡度高速长下坡运行。

为了解决发动机高转速下磨损问题，通过校核0.5倍发动机最高转速内的转速范围，发动机和缓速器联合制动作用下各挡位下坡坡度范围如图7-13所示。当发动机运行在800～1450r/min范围内，车辆下坡坡度范围为2.56%～7.35%，能够适应各种道路坡度，且在各个长下坡坡度路面均存在稳定车速。匹配该5挡缓速器后，可以实现在合适的发动机转速下车辆下坡运行。

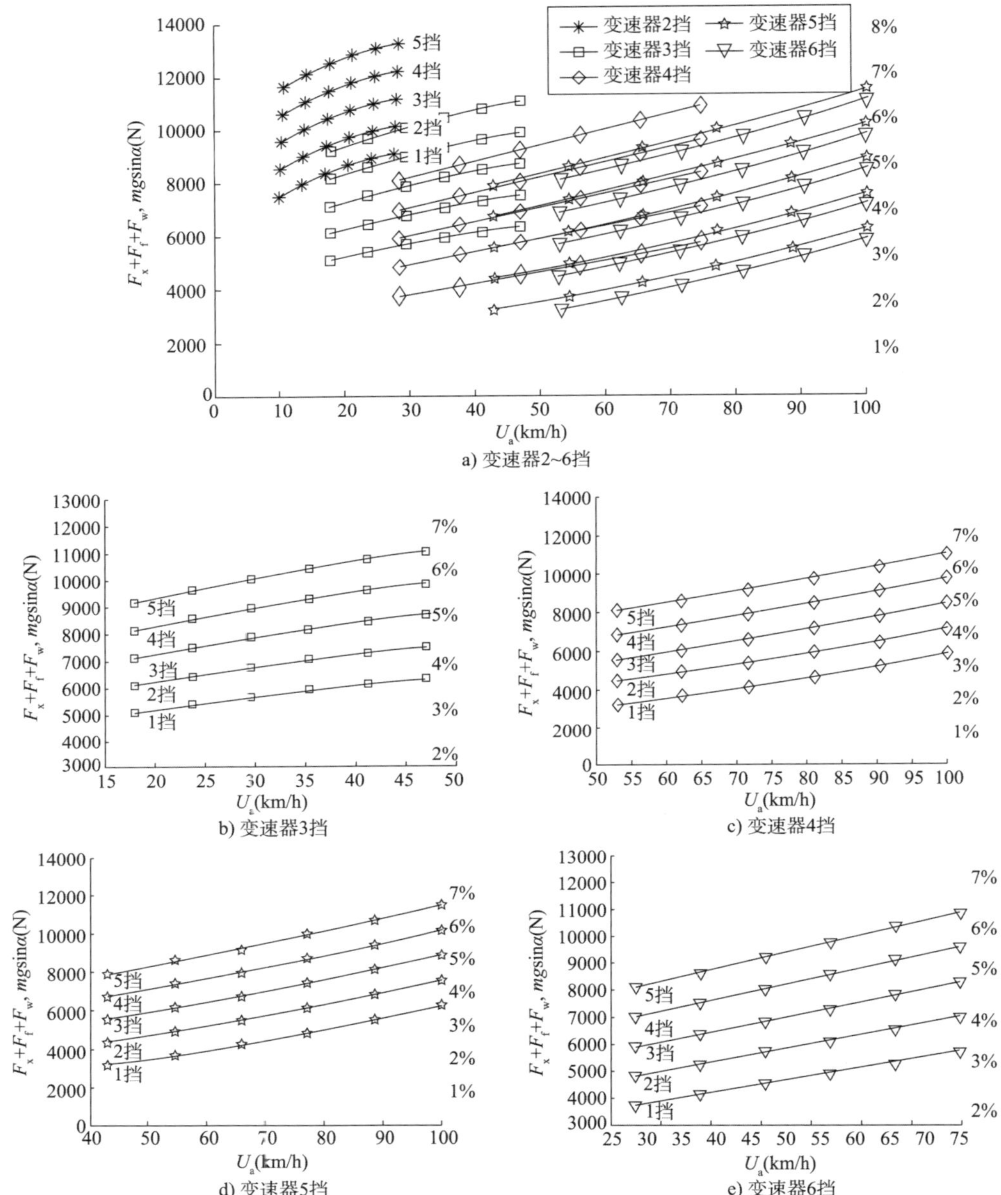

图 7-11　发动机 + 缓速器制动下不同道路坡度下各挡位力平衡图

7.4.2　制动器温升约束下的缓速器匹配校核

由表 7-3 中的发动机制动各挡位下坡坡度范围,可得发动机制动下变速器 3 挡下坡的坡度范围为 2.93% ~3.65%。当道路坡度小于最大下坡坡度范围时,行车制动器无须参与工作,温度不会上升,通过式(7-38)计算,道路坡度在 7% ~8% 条件下 3 挡匀速下坡,当行车制动器温度达到 250℃前发动机制动(变速器 3 挡)和行车制动联合作用下车辆下坡距离如图 7-14 所示。在 8% 的坡道上,当车辆以 30km/h 匀速下坡时,行车制动器需要参与制动,当行车制动器温度达到250℃时车辆仅行驶2.147km。

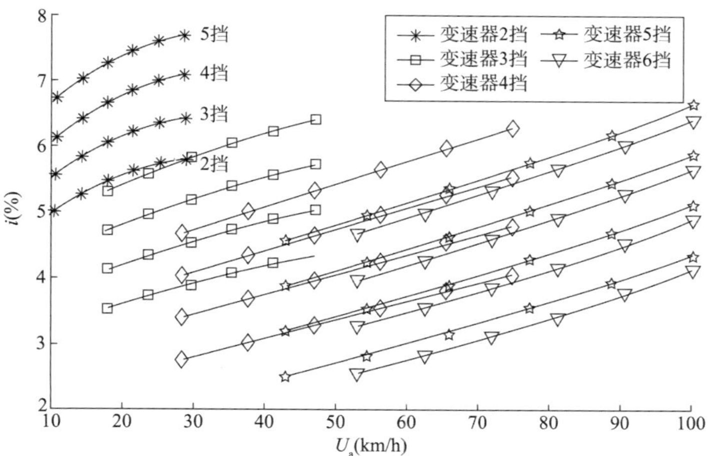

图7-12 发动机+缓速器制动下各挡位下坡坡度范围

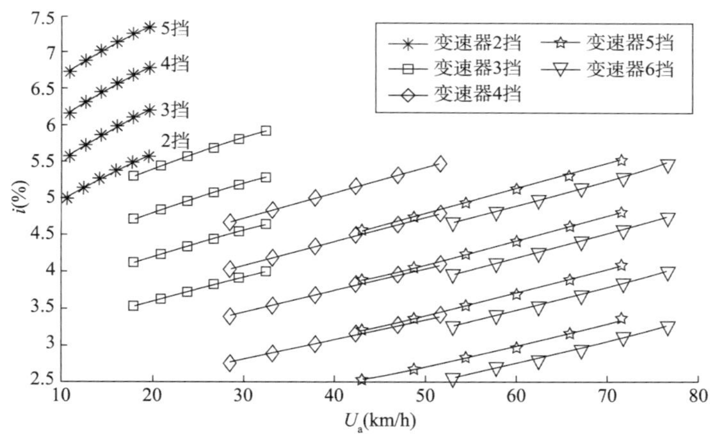

图7-13 发动机+缓速器制动下各挡位下坡坡度范围

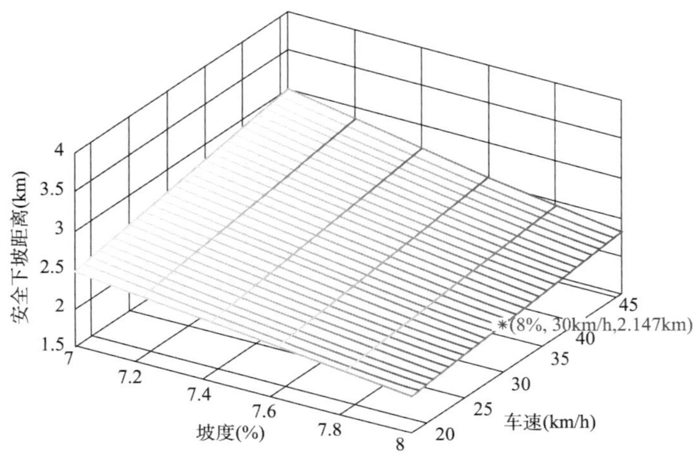

图7-14 发动机制动(变速器3挡)和行车制动联合作用下车辆下坡距离图

由表7-4可得,变速器3挡、缓速器5挡下坡范围为5.30%~6.40%,当道路坡度小于最大下坡坡度范围时,行车制动器无须参与工作,温度不会上升,通过式(7-38)计算道路坡度在7%~8%条件下3挡匀速下坡,当行车制动器温度达到250℃前发动机制动(变速器3挡)、缓速器制动(5挡)和行车制动联合作用下车辆下坡距离如图7-15所示。当车辆以30km/h匀速下坡时,行车制动器需要参与制动,当行车制动器温度达到250℃时车辆行驶4.651km,匹配缓速器后能够有效缓解制动器热衰退问题。

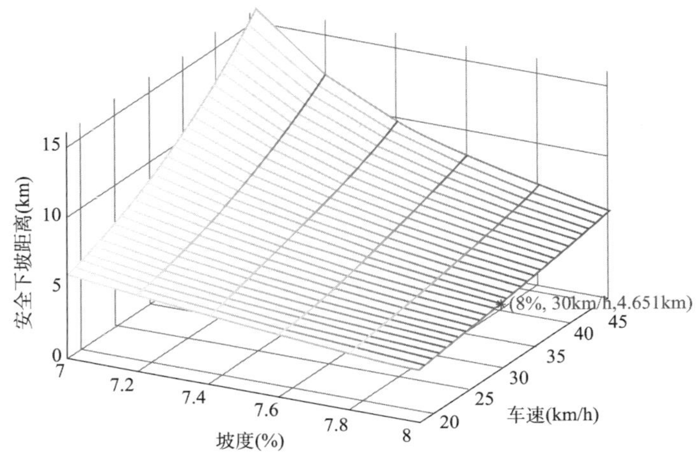

图7-15 发动机制动(变速器3挡)、缓速器制动(5挡)和行车制动联合作用下车辆下坡距离图

由表7-4可得,变速器4挡、缓速器5挡下坡范围为4.66%~6.28%,当道路坡度小于最大下坡坡度范围时,行车制动器无须参与工作,温度不会上升,通过式(7-38)计算,道路坡度在7%~8%条件下4挡匀速下坡,当行车制动器温度达到250℃前发动机制动(变速器4挡)、缓速器制动(5挡)和行车制动联合作用下车辆下坡距离如图7-16所示。当车辆以30km/h匀速下坡时,行车制动器需要参与制动,当行车制动器温度达到250℃时车辆行驶3.083km,匹配缓速器后能够有效缓解制动器热衰退问题。

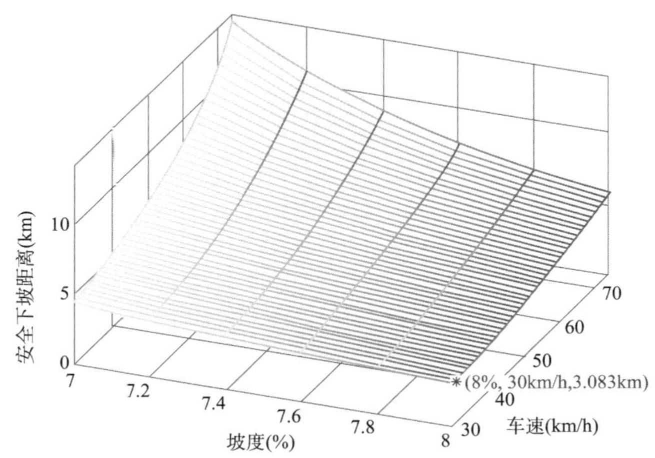

图7-16 发动机制动(变速器4挡)、缓速器制动(5挡)和行车制动联合作用下车辆下坡距离图

由图7-15与图7-16可知,在缓速器挡位相同时,变速器3挡下坡行驶安全距离为

4.651km,大于变速器4挡下坡行驶安全距离3.083km。因此,车辆在大坡度长下坡路段行驶时,为了提高车辆达到坡底时行车制动器的效能,在不改变行驶车速的条件下,应该尽可能采用低挡位行驶。

7.4.3 基于制动稳定性的缓速器匹配校核

某型货车的结构参数见表7-5。在该型货车上加装一液力缓速器,其各挡最高制动力矩已知,由 $F_r=\frac{T_r i_0 \eta_T}{r}$(其中 T_r 为液力缓速器制动力矩;i_0 为主减速器传动比;η_T 为传动系统机械效率;r 为车轮半径)计算出各挡位最高缓速制动力见表7-6。

某型货车的结构参数 表7-5

载荷	汽车总质量 M (kg)	质心高度 h_g (mm)	质心至前轴距离 a (mm)	质心至后轴距离 b (mm)	车轮半径 r (mm)	主减速器传动比 i_0	传动系统机械效率 η_T	β
空载(一名驾驶人)	4080	845	2100	1850	450	5.83	0.85	0.38
满载	9290	1170	2950	1000				

某型液力缓速器的各挡最高缓速力矩 表7-6

指标	挡位					
	1挡	2挡	3挡	4挡	5挡	6挡
最高制动力矩(N·m)	600	800	1000	1200	1400	1600
最高缓速制动力(kN)	6.6073	8.8098	8.1016	13.2146	15.4171	17.6196

下面分析该货车加装液力缓速器后在平直路面上的制动稳定性。代入各项参数作出该货车安装缓速器前、后的I曲线和β线,如图7-17所示。

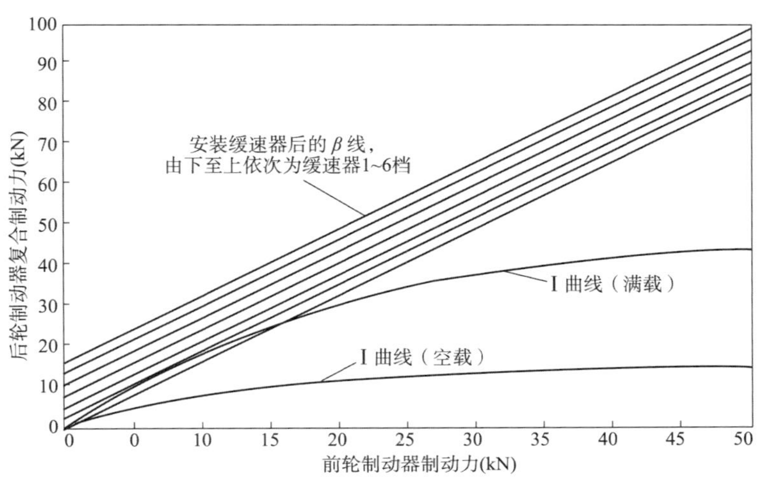

图7-17 某货车安装缓速器前、后的I曲线和β线

1)加装液力缓速器后的制动稳定性的变化

(1)车辆满载行驶。

由图7-17可以看出,加装液力缓速器后β线上移,并随缓速器挡位的提高β线上移得越

多。由Ⅰ曲线和β线的交点所对应的路面附着系数称为同步附着系数$\left(\phi_0=\dfrac{l\beta-b}{h_g}\right)$。同步附着系数说明,前、后制动器制动力为固定比值的汽车,只有在附着系数为同步附着系数的路面上制动时才能使前后车轮同时抱死。β线上移会引起该车的同步附着系数的变化。比如当选择缓速器一挡工作时,其液力缓速器制动力最大时的β线开始和Ⅰ曲线(满载)存在两个交点,这样就存在两个同步附着系数。进一步分析可知,当汽车在路面附着系数位于这两个同步附着系数之间的路面上制动时,由于汽车β线处于Ⅰ曲线(满载)下方,汽车制动时总是前轮先抱死;而在其他的附着系数的路面上制动时,总是后轮先抱死。当液力缓速器提供的制动力到一定程度时,如在2挡以上以最大制动力工作时,此时的β线已经在Ⅰ曲线(满载)上方,β线与Ⅰ曲线无交点不存在同步附着系数。这说明该货车此时无论在什么样的路面下制动总是后轮抱死,不可能出现前、后车轮同时抱死的现象。后轮先抱死易发生后轴侧滑使车辆失去制动稳定性,这对车辆来说是不安全的。

(2)车辆空载行驶。

同样由图7-17可见,加装液力缓速器后所有的β线均在Ⅰ曲线(空载)之上,车辆不论在任何路面上制动时均为后轮先于前轮抱死。不存在同步附着系数,不可能达到前、后车轮同时抱死。所以对装有液力缓速器,并且前、后车轮制动器制动力为固定比值的汽车来说,在车辆空载行驶时不应使用液力缓速器,以提高空载时的制动稳定性。

2)选取允许的最大液力缓速器制动力

对于前、后车轮制动器制动力为固定比值的两轴货车来说,不能利用制动力调节装置来调节前、后制动器制动力的比值,所以只有调节液力缓速器的各挡位制动力大小。继续对图7-17的满载的Ⅰ曲线和β线进行分析,将Ⅰ曲线和β线刚好相切所对应的液力缓速器提供的制动力大小,作为允许的最大液力缓速器制动力F_{max},以此来评价该货车的液力缓速器匹配情况。

当$F_r=F_{max}$时,Ⅰ曲线和β线刚好相切,此时对应只有一个同步附着系数。根据该情况下附着系数的计算公式可以算得$\varphi=0.2798$,再次将φ值代入式(7-43),可以得到此时的最大液力缓速器制动力$F_{max}=3263.6\text{N}$。

3)分析提高制动稳定性的措施

通过以上例子的定性分析可以看到,最大液力缓速器制动力F_{max}值和缓速器3挡以上的最大缓速制动力相比小很多,说明该车匹配的液力缓速器偏大,选用此型号的液力缓速器,容易出现后轴侧滑的危险工况。这种情况在空载时更为明显。为了保证车辆装用液力缓速器后制动稳定性不受太大影响,或提高车辆制动稳定性,各挡位的β线应尽量靠近Ⅰ曲线,使制动时后车轮抱死时前轮也能快达到抱死状态,这样就可以改善制动稳定性。因此,该车在匹配液力缓速器时应该选用制动力矩较小的;也可以重新调节该液力缓速器,使制动力减小。具体应采取以下措施:

(1)液力缓速器施加在后轮上的初始制动力不宜过大,尽量保证车辆匹配液力缓速器后的前后制动力分配曲线与Ⅰ曲线有交点。这样即使后轮先抱死,也可减小后、前轮抱死的时间差,降低后轮侧滑的可能性。

(2)汽车装用液力缓速器后,应适当调整前后制动器制动力的分配系数,使车辆在液力缓速器工作情况下的前后制动器制动力分配曲线在Ⅰ曲线上穿过原车的同步附着系数点，减小对车辆在装用液力缓速器后，前轮先抱死的路面附着系数的设定范围。

(3)重新调节或修改液力缓速器工作液流量控制器的参数，使得进入液力缓速器工作腔中的油液减少，从而减少该液力缓速器各挡最高缓速力矩，以达到减小后轮制动力的目的。

(4)对于液力缓速器安装在变速器之后需要安装增速齿轮的液力缓速器布置形式来说，可以利用传动比更小的齿轮来减小其制动力矩。

7.4.4 基于同步附着系数的缓速器匹配校核

以安装液力缓速器的某型客车为例，对其前、后制动器制动力分配系数调整前后的制动稳定性进行了定量分析。该车的基本参数为：总质量7250kg，前轴质量2280kg，后轴质量4970kg，轴距4.75m，质心高度1.1m，前、后制动器制动力的分配系数0.46，可计算出该车的同步附着系数为0.628。该车装用了VOITH R133-2型液力缓速器，在汽车中速和高速行驶时分别对后轮输出2800N和4000N的制动力。

设原车制动器制动力分配系数不变，分别使液力缓速器对后轮施加2800N和4000N的初始制动力，并进行紧急制动，其制动力分配曲线如图7-18所示。

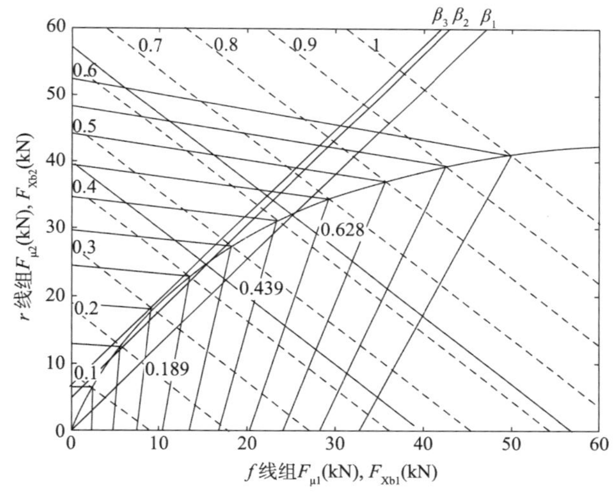

图7-18 某型客车的制动力分配曲线

当后轮的初始制动力为$F_R=2800$N时，对应的曲线β_2与Ⅰ曲线有2个交点，即该车具有2个附着系数φ_{01}和φ_{02}，根据式(7-44)和前、后制动器制动力之间的关系可计算出$\varphi_{01}=0.439$、$\varphi_{02}=0.189$，表明该车在$\varphi_{01}>\varphi>\varphi_{02}$路面上制动时，前轮先抱死；当$\varphi=\varphi_{01}$或$\varphi=\varphi_{02}$时前后轮同时抱死；当$\varphi>\varphi_{01}$或$\varphi<\varphi_{02}$时，后轮先抱死。相对于该车不安装液力缓速器前轮先抱死的φ值($0<\varphi<\varphi_0=0.628$)，该车在不同路面上进行制动，前轮先抱死的机会减少，而后轮先抱死的机会增加。

当后轮的初始制动力$F_R=4000$N时，β_3曲线与Ⅰ曲线没有交点，即该车没有同步附着系数。在任何路面上进行制动，该车总是后轮先抱死，制动稳定性明显降低。

增大原车制动器制动力分配系数，使前、后制动器制动力分配曲线能穿过原来的同步附着系数点,再分别为后轮施加2800N和4000N的初始制动力,β调整后其制动力分配曲线如图7-19所示。

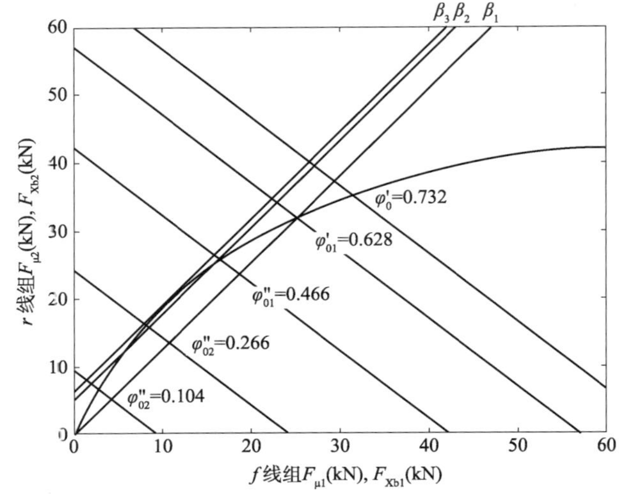

图7-19 β调整后某型客车的制动力分配曲线

当后轮的初始制动力$F_R=2800$N时,对应的β'_1与I曲线有个2交点,即该车具有2个同步附着系数φ'_{01}和φ'_{02},分别为$\varphi'_{01}=0.628$和$\varphi'_{02}=0.104$,并可计算出此时的前、后制动器制动力的分配系数是$\beta'=0.484$,原车的同步附着系数(调整β'后并使液力缓速器不工作)变为$\varphi'_0=0.732$。

当后轮的初始制动力$F_R=4000$N时,β'_2与I曲线有个2交点,即该车具有2个同步附着系数φ''_{01}和φ''_{02},分别为$\varphi''_{01}=0.466$和$\varphi''_{02}=0.266$。

对上述情况的同步附着系数进行计算,结果见表7-7。

同步附着系数计算结果 表7-7

β	液力缓速器	制动力(N)	同步附着系数
0.460	安装	2800/4000	0.439、0.189/不存在
	不安装		0.628
0.484	安装	2800/4000	0.628、0.104/0.466、0.266
	不安装		0.732

由此可知,当将前、后制动器制动力分配系数从原来的0.460增加到0.484(增加了5.2%)、在液力缓速器施加到后轮上的制动力为2800N时,前轮先抱死的路面附着系数范围从(0.189,0.439)增加到(0.104,0.628),且低限的数值很小,正常行驶的路况很难遇到,高限的数值较大,与原车的同步附着系数设计相吻合。当液力缓速器施加到后轮上的制动力为4000N时,前轮从在任何路面都不会先抱死的情况变为附着系数的值在(0.266,0.466)范围内的路面上先抱死。

第8章　缓速器的实车试验匹配与验证

为验证第7章采用理论计算方法匹配缓速器的合理性，本章在第7章计算的基础上，对匹配了缓速器的汽车进行试验验证。另外，为已经形成产品的车型匹配合适的缓速器，也具有现实的需求意义。本章通过实车案例，建立汽车整车持续制动力-下坡力平衡图，用于汽车下坡行驶时的稳定车速及缓速器匹配效果分析，并对安装电涡流缓速器后的辅助制动效果、缓速器耗电特性等进行试验分析。缓速器的实车试验匹配分为平路试验和坡道试验两部分。平路试验道路为纵向坡度不超过0.1%、横向坡度不超过3%的干燥沥青道路或混凝土道路，可依据《汽车滑行试验方法》（GB/T 12536—2017）进行，完成车辆在不同挡位、不同持续制动装置下的滑行试验，从而得出发动机持续制动和缓速器持续制动时的汽车整车持续制动力曲线，进而建立汽车整车持续制动力-下坡力平衡图。坡道试验包括不同坡度的坡道制动试验，连续6km坡长、6%平均坡度下坡试验及30km连续下坡试验，得出不同道路条件下采用不同持续制动方式的稳定车速，同时，进行匹配缓速器后持续制动效果与电涡流缓速器的耗电特性验证。

8.1　缓速器的实车试验匹配

8.1.1　汽车整车持续制动力曲线制取

为得出汽车各种持续制动方式的制动力特性，采用汽车整车持续制动力曲线对其进行描述。曲线的横轴为车速，纵轴为汽车整车持续制动力。不同持续制动装置在不同的车速、挡位条件下产生不同的汽车整车持续制动力。

设计中的汽车，有了发动机和排气制动的制动转矩 T_e、缓速器制动转矩 T_R 与转速 n 曲线，根据车辆传动系统的传动比 i_g、传动逆效率 η_t、车轮半径 r 等参数，即可用式(7-9)求出各挡的发动机或排气制动换算到车轮上的持续制动力 F_e。用式(7-11)求出缓速器制动时换算到车轮上的持续制动力 F_R。再根据发动机转速、缓速器转子转速与汽车行驶速度之间的转换关系求出车速 u_a，在获得各种方式制动换算到车轮上的持续制动力和对应车速的基础上，叠加滚动阻力 F_f 和空气阻力 F_w，即可求得汽车整车持续制动力 F 与车速 u_a 的关系曲线。

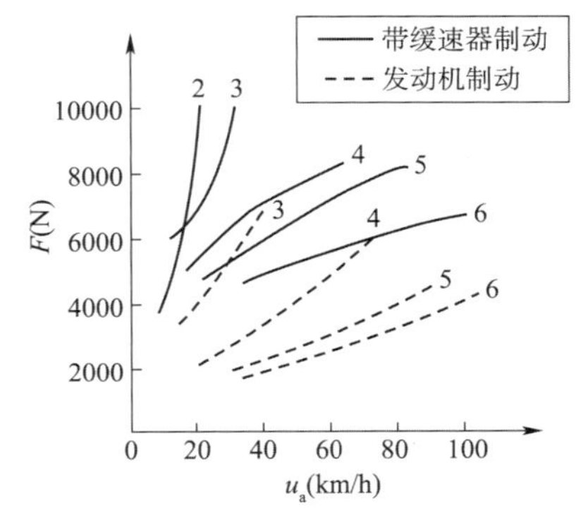

图8-1　汽车整车持续制动力曲线

图8-1所示为具有6挡变速器的某中型客车2～6挡的整车持续制动力曲线。

目前,所有发动机生产厂家均尚未提供发动机和排气制动的制动转矩随转速变化的特性曲线,设计中的汽车采用第7章的拟合式(7-8)近似计算。未来,随着商用车辆安装缓速器的迫切性和需求增长,发动机生产厂家提供制动转矩与转速曲线,将成为汽车整车设计中匹配缓速器的基本诉求。当然,具有条件的整车生产厂家也可以在台架上,利用反拖试验,测得发动机和排气制动的制动转矩与转速关系曲线,再叠加滚动阻力 F_f 和空气阻力 F_w,进而得到汽车整车持续制动力 $F\text{-}u_a$ 曲线。

为生产定型的车辆匹配合适的缓速器,可以通过试验数据制取发动机和排气制动的持续制动力曲线,再按照缓速器生产厂家提供的缓速器制动转矩与转速曲线,依据下坡稳定车速的要求,匹配合适的缓速器,最终得到汽车实际的持续制动力曲线。

已经安装了缓速器的整车车型,为了确定缓速器实际匹配的效果,也要通过试验获取汽车持续制动力曲线,并通过汽车持续制动力-下坡力平衡图,在对下坡稳定车速分析的基础上,判定缓速器的实际匹配效果。

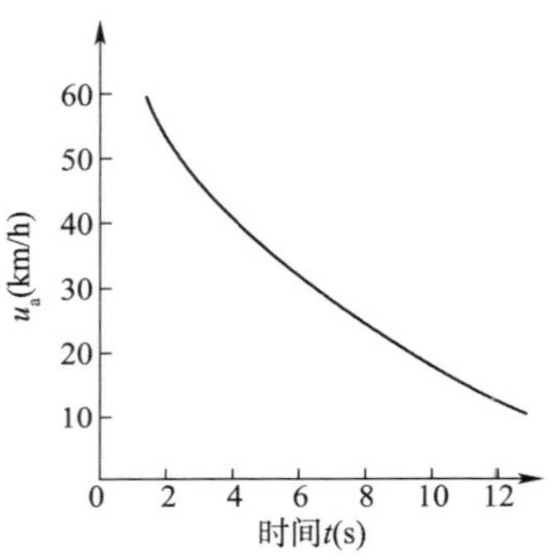

图8-2　4挡持续制动滑行试验车速-时间关系曲线

本节采用平路试验方法获得汽车的发动机制动、排气制动、缓速器持续制动的平路滑行试验数据,对这些数据进行处理,将平路试验数据转化为持续制动转矩-转速关系曲线,以获取汽车整车持续制动力曲线。

具体步骤如下:

(1)在不同挡位、不同持续制动装置下进行平路滑行试验,可得车速、时间的试验数据,根据车速 u_a(km/h)与时间 t(s)的原始数据绘制滑行时的车速-时间试验曲线图,4挡持续制动滑行试验车速-时间关系曲线如图8-2所示(以缓速器第4挡为例)。

(2)对车速 u(m/s)与时间 t(s)进行三次多项式函数拟合,求得车速 u(m/s)与时间 t(s)关系式:

$$u = a_1 t^3 + a_2 t^2 + a_3 t + a_4 \tag{8-1}$$

式中:a_1、a_2、a_3、a_4——拟合系数。

(3)对车速 u 求导,得到减速度$\frac{du}{dt}$(m/s^2)与时间 t(s)关系式,即:

$$\frac{du}{dt} = 3a_1 t^2 + 2a_2 t + a_3 \tag{8-2}$$

(4)根据减速度$\frac{du}{dt}$(m/s^2)与时间 t(s)的关系、速度 u_a(km/h)与时间 t(s)的关系,可得对应时间点的减速度$\frac{du}{dt}$(m/s^2)与速度 u_a(km/h)的关系曲线,4挡持续制动滑行试验减速度-车速关系曲线如图8-3所示,减速度与车速的关系可用二次多项式函数表示:

$$\frac{du}{dt} = b_1 u_a^2 + b_2 u_a + b_3 \tag{8-3}$$

式中:b_1、b_2、b_3——拟合系数。

(5)将减速度$\frac{du}{dt}$(m/s^2)乘以整车总质量 m(kg)、旋转质量换算系数 δ,得汽车整车持续

制动力 F(N)。其他挡位的汽车持续制动力仿4挡方法均可获得，得2～5挡汽车整车持续制动力曲线，如图8-4所示。

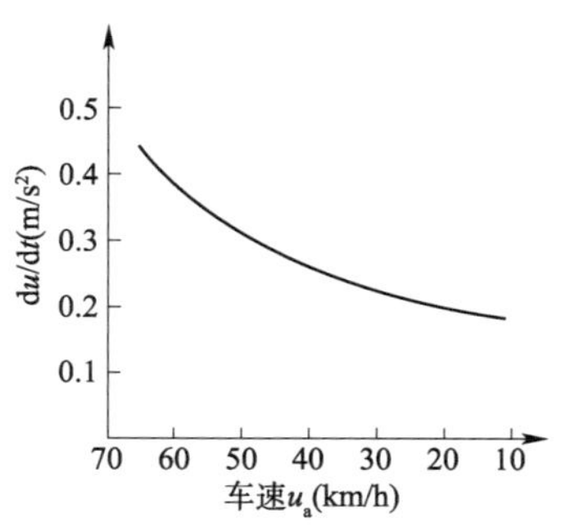

图8-3 4挡持续制动滑行试验减速度-车速关系曲线

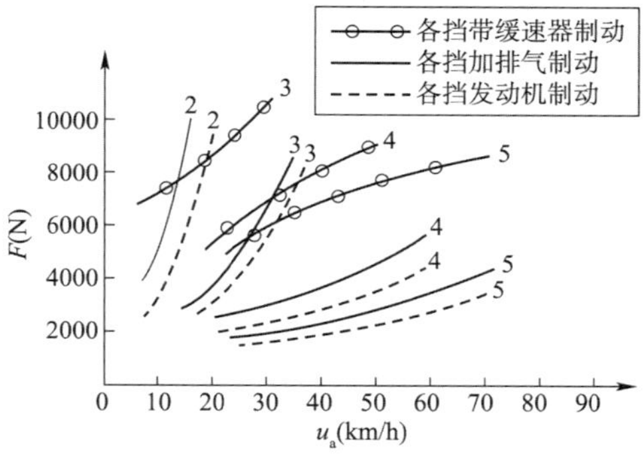

图8-4 2～5挡汽车整车持续制动力曲线

匹配缓速器的车辆选用亚星客车集团公司平山特种车辆厂JS6820C32D1型客车，其整车参数和缓速器参数见表8-1。

JS6820C32D1型客车整车参数及缓速器参数 表8-1

项目	参数
车长	8230mm
车宽	2420mm
车高	3255mm
轴距	4100mm
整备质量	7495kg
前轴	3335kg
后轴	4160kg
厂定最大总质量	9685kg
前轴	3665kg
后轴	6020kg
最高车速	≥115km/h
最大爬坡度	27.7%
最小转弯直径	＜18m
发动机型号	Phaser-160T
型式	直列六缸水冷四冲程废气涡轮增压柴油机
缸径×行程	100mm×127mm
最大功率	118kW(160PS)/(2600r/min)
最大转矩	516N·m/(1600r/min)
排量	6L
变速器型号	ZQC6T53
变速器形式	六挡机械变速器

续上表

项　　目	参　　数
1 挡传动比	5.606
2 挡传动比	3.34
3 挡传动比	1.991
4 挡传动比	1.382
5 挡传动比	1.000
6 挡传动比	0.79
R 挡传动比	6.06
后桥	EQ140 型 双曲线齿轮单级减速
主减速器传动比	5.148
轮胎	9.00R20 14PR 全钢丝子午线轮胎
滚动半径 i_0	0.485m
行车制动	气压双管路,鼓式车轮制动器
驻车制动	储能弹簧制动器,手控阀控制,作用于后轮
应急制动	储能弹簧制动器放气制动
辅助制动	发动机制动、排气制动
电气设备	24V 负极搭铁
蓄电池	6QA150 型,两个
发电机	28V/1540W
电涡流缓速器技术参数	
缓速器型号	HE50 型
生产厂家	日本东京部品工业株式会社
额定制动转矩	491N · m
额定电压	24V
绝缘体阻抗	1MΩ 以上(常温常湿)
绝缘体耐久性	线圈加 500V 电压 1min 不发生异常
定子质量	29kg
转子质量	24kg
全长	233mm
外径	366mm

试验包括脱挡滑行、带缓速器脱挡滑行及不同挡位下发动机制动、排气制动和带缓速器制动滑行。

依照上述方法,通过试验整理出的脱挡滑行和带缓速器脱挡滑行减速度曲线如图 8-5 所示;各挡滑行、排气制动和带缓速器制动减速度曲线如图 8-6 所示。

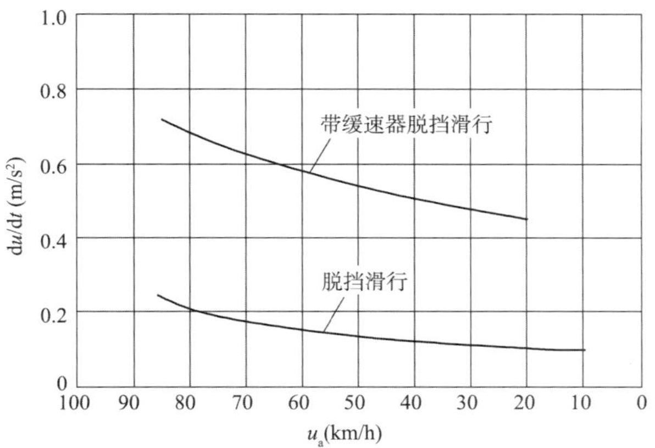

图 8-5 脱挡滑行和带缓速器脱挡滑行减速度

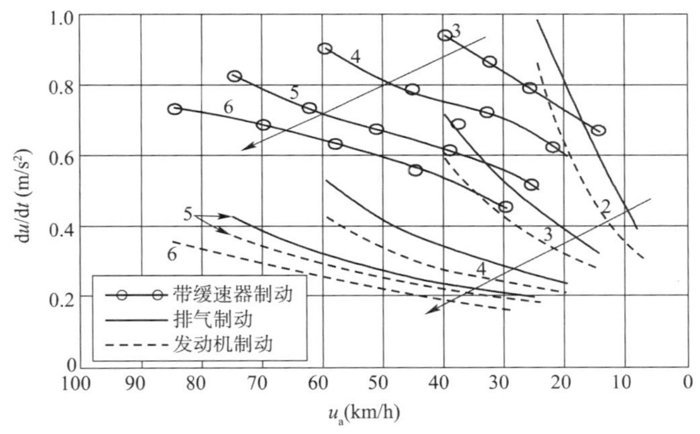

图 8-6 各挡滑行、排气制动和带缓速器制动减速度

由图 8-5 脱挡滑行和带缓速器脱挡滑行时的减速度曲线纵坐标差值 A_1 以及图 8-6 中 4、5、6 挡发动机制动减速度曲线与带缓速器制动减速度曲线纵坐标差值 A_2、A_3、A_4，可得四种方式下的纯缓速器制动力曲线如图 8-7 所示。

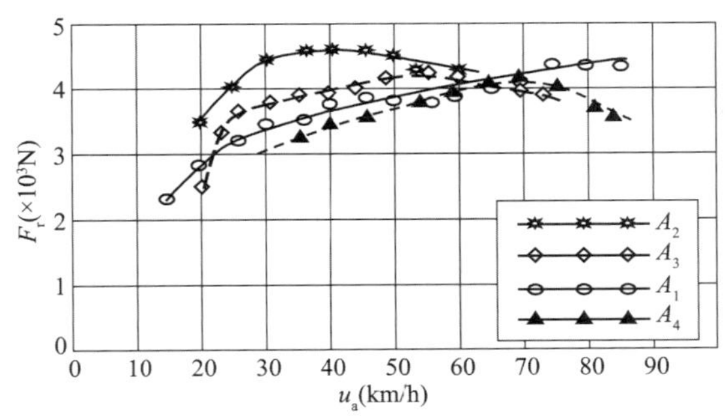

图 8-7 四种方式下的纯缓速器制动力曲线

取图 8-7 中四条纯缓速器制动力曲线的平均值，得到汽车在脱挡情况下使用缓速器时的制动力曲线，即缓速器制动力曲线(图 8-8)。图 8-8 中同时绘制了按厂家提供的转矩特性

曲线换算出的缓速器制动力曲线。可见，实际试验得到的制动力与缓速器厂家提供的制动力数据基本吻合。

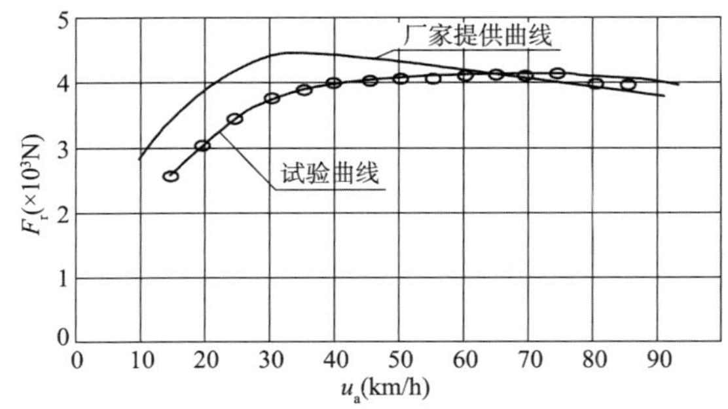

图 8-8　缓速器制动力曲线

依据图 8-5、图 8-6 可以换算得到各挡发动机制动力曲线、排气制动力曲线和缓速器制动力曲线(图 8-9)，即 JS6820 客车整车持续制动力曲线。

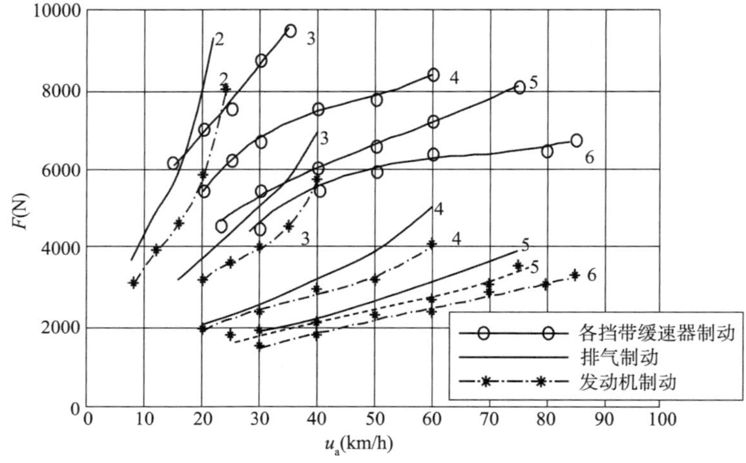

图 8-9　JS6820 客车整车持续制动力曲线

8.1.2　汽车持续制动力-下坡力平衡图

汽车在下坡行驶时的力平衡关系如图 7-2 所示，不使用行车制动器时，沿坡道方向的力有如下几类。

重力沿坡道的分力 F_i，此力是汽车下坡的动力，称下坡力；

汽车下坡受到的持续制动力 F，包括发动机持续制动力 F_e，缓速器形成的下坡制动力 F_r，以及滚动阻力 F_f、空气阻力 F_w。

$$F = F_e + F_r + F_f + F_w \tag{8-4}$$

当坡道角度为 α，车重为 G 时，下坡力 $F_i = G\sin\alpha$ 。一般地，四级以上等级公路的坡度很少超过 9% 。在坡度为 9% 时，α 值在 5°以内，坡度 $i = \tan\alpha = \dfrac{\sin\alpha}{\cos\alpha} \approx \sin\alpha$ ，因此，下坡力为：

$$F_i = G\sin\alpha \approx Gi \tag{8-5}$$

汽车在等速下坡持续制动时,汽车整车持续制动力与下坡力平衡,$F = F_i$,故有:

$$F_e + F_r + F_f + F_w = Gi \tag{8-6}$$

式(8-6)为汽车整车持续制动力与下坡力平衡式。

设计中的汽车,当发动机持续制动转矩 T_e(N·m)、变速器传动比 i_g、主减速比 i_0、车轮半径 r(m)、传动系统逆效率 η_{t1}、缓速器制动转矩 T_r(N·m)、车轮到主减速器前端的传动效率 η_{t2}、滚动阻力系数 f、空气阻力系数 C_D、汽车迎风面积 A(m^2)以及汽车质量 m 等初步确定之后,便可以利用式(8-7),在不同坡度、不同稳定车速期望值下,对缓速器的匹配效果进行分析。

$$\frac{T_e i_g i_o}{r\eta_{t1}} + \frac{T_r i_o}{r\eta_{t2}} + mgf + \frac{C_D A}{21.15}u_\alpha^2 = mgi \tag{8-7}$$

式(8-6)或式(8-7)表明了汽车在不使用行车制动器的情况下,以稳定车速匀速下坡时,汽车整车持续制动力与下坡力的平衡关系。

为了清晰而形象地进行缓速器匹配效果分析,利用式(8-7),用图解法进行。

在图 8-1 基础上,把各种坡度下的下坡力 $F_i = mgi$ 的值画出,得汽车整车持续制动力-下坡力平衡图如图 8-10 所示,并以此分析匹配缓速器所能形成的稳定车速是否满足实际需求。

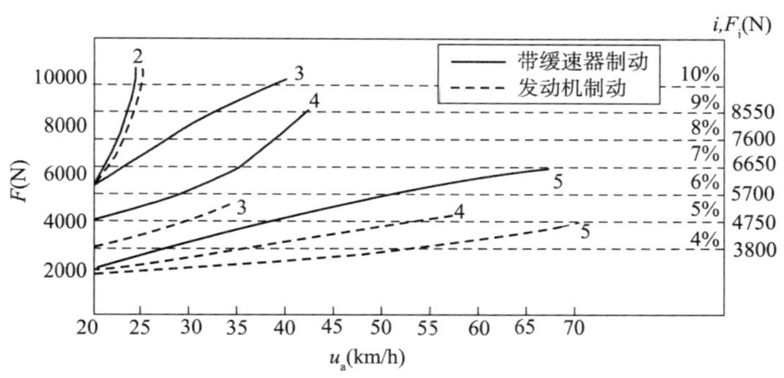

图 8-10　整车持续制动力-下坡力平衡图(m = 9685kg)

从图中可以看出,在6%以上的坡道行驶,如果将稳定车速限定在30 ~ 40km/h 范围,发动机整车持续制动力无法满足稳定车速的要求,勉强使用3挡持续制动,虽能形成35km/h的稳定车速,但发动机转速已处于很高的速度范围,磨损和噪声都会很大。使用4挡带缓速器制动,在6%的坡道可形成29km/h的稳定车速,在7%、8%、9%的坡道上,分别可形成36km/h、39km/h、43km/h的稳定车速。

已经定型的汽车,可以通过8.1.1小节的试验制取方法,得到如图8-9的汽车整车持续制动力曲线,绘制出各种坡度对应的下坡力 $F_i = mgi$ 值,得实车装配缓速器的汽车整车持续制动力-下坡力平衡图如图8-11所示。

安装了缓速器的定型汽车,可以用此图进行缓速器匹配的效果分析。

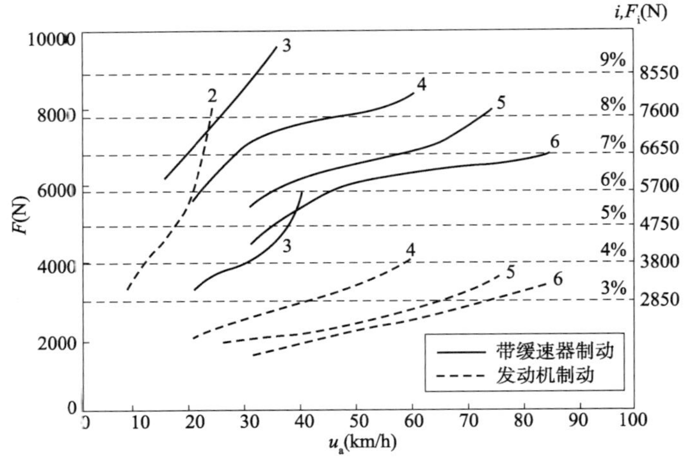

图 8-11　实车装配缓速器的汽车整车持续制动力-下坡力平衡图(m = 9685kg)

未安装缓速器,需要为定型车辆匹配时,在发动机整车持续制动力-下坡力平衡图上,叠加由式(7-11)计算得出的缓速器换算到车轮上的制动力数值,得到汽车整车持续制动力-下坡力平衡图,进而分析选配缓速器是否能够满足稳定车速的要求。此时,应事先获得缓速器厂家提供的缓速器转矩-转速曲线,如图 8-12 所示。

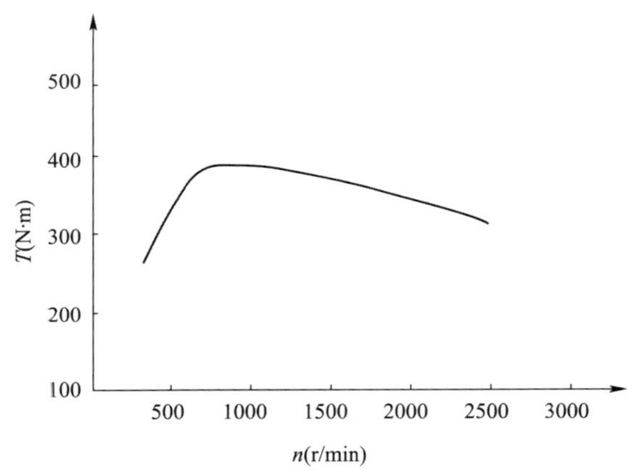

图 8-12　缓速器厂家提供的某型缓速器转矩-转速曲线

8.1.3　实车缓速器制动与发动机制动的稳定车速分析

为了考察装用缓速器汽车在下坡制动中的制动特性,选定秦岭陕西境内跨越大岭垭口的沣峪口—广货街段作为试验路段,进行了山路道路汽车持续制动试验和稳定车速试验。试验路面等级为 3 级,沥青道路,以 5% ~6% 坡度为主。大岭北坡沣峪口—大岭垭口段沿途有回头弯 16 个,大岭南坡大岭垭口—广货街段沿途有回头弯 10 个。试验路段高差如图 8-13 所示。路段里程桩、海拔高度、坡度及道路沿途情况见表 8-2。车辆为亚星 JS6820C32D1 型客车,车辆装用的缓速器为日本东京部品工业会社 500N · m 级 HE50 型中型汽车用电涡流缓速器。

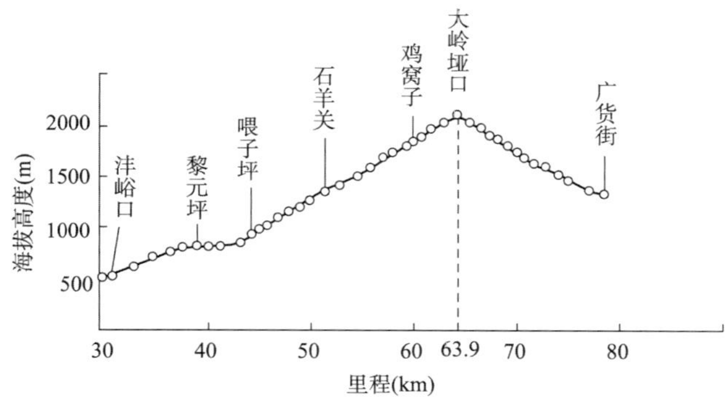

图 8-13 试验路段高差

大岭垭口上下坡路段情况 表 8-2

里程桩(km)	海拔(m)	坡度(%)	车速(km/h)	回头弯(个)	村镇等情况
31	500		40		▲沣峪口
32		5			
33	600	5			
34		5		■■■	
35	700	5			
36	750	5			
37	800	5	40	■■	
38	800	0	40	■	黎元坪道班
39 ~ 42	800	0		■■■	
43	850	5	35		▲
44	900	5	40		▲喂子坪
45	950	5			▲九龙潭
46	1000	5			▲玉皇苑、观音度假村
47	1080	8	40		
48	1130	5			
49	1170	4	40		▲广新园民族村
50	1220	5	40		
51		4.5			
52	1310	4.5	40		▲石羊关
53	1360	5	40		
54	1420	4	40		▲大霸沟庄园
55	1480	6			▲
56	1550	7	25	■桥弯	▲ ◇桥
57	1610	6	30		

续上表

里程桩(km)	海拔(m)	坡度(%)	车速(km/h)	回头弯(个)	村镇等情况
58	1680	7	40		▲
59	1750	7	40		▲ ◇桥
60	1800	5	40		▲鸡窝子
61	1850	5		■	
62	1900	5		■■	
63	1950	5		■	
63.9	2030	8		■■	大岭垭口
64		8		■	64～66 路不平
65	1950	8		■■	
66	1900	5		■■	
67	1850	5		■■	
68	1800	5		■	道班
69	1730	7	45	■	◇桥
70	1660	7		■	
71	1600	6			
72	1540	6			▲
73	1500	4			水泥路
74	1450	5			
75	1380	7			
76		5			
77	1280	5			▲
78	1250	3			▲广货街
					左转为柞水方向
					前行为宁陕、石泉方向

注:1. G210 国道西安石泉方向，西安至广货街 31～78km。

2. ■-回头弯;▲-村镇;◇-桥隧。

各试验项目对应的里程情况如下:

(1)不同坡度的坡道制动试验:70～77km,47km。

(2)连续 6km 坡长,6%平均坡度下坡试验:58～52km。

(3)30km 连续下坡试验:63.9～31km。

试验车辆通过实车平路试验制取的发动机制动与缓速器制动的整车持续制动力-下坡力平衡图已列入图 8-11。当滚动阻力、空气阻力、持续制动力之和与重力沿坡道的分力相等时,车辆将以稳定车速匀速下坡。因此,各挡位在不同坡道上所能形成的稳定车速,可从图 8-11 的持续制动力曲线与汽车下坡力直线的交点求得。

由图 8-11 可知,在 8%的坡道上,使用缓速器制动,3 挡可维持 25km/h 的稳定车速,4 挡可形成 44km/h 的稳定车速,不使用缓速器时,只能用 2 挡发动机维持 23km/h 的稳定车速,

3 挡以上不能使用。在 7% 的坡度上,使用缓速器制动,4 挡可将车速稳定在 28km/h 左右;若不使用缓速器,2 挡发动机制动仅能维持 20km/h 的低速,3 挡以上不能使用。在 6% 的坡道上,使用缓速器后,5 挡和 6 挡分别可形成 35km/h 和 45km/h 的稳定车速;不使用缓速器情况下 3 挡可形成 40km/h 的稳定车速,但此时发动机转速已达 2240r/min,接近最高转速 2600 r/min 的 86%。在 5% 的坡道上,6 挡带缓速器制动和 3 挡发动机制动均能形成约 35km/h 的稳定车速。4% 坡道上缓速器制动力大于坡度冲力,带缓速器无法行驶,而 4 挡发动机制动可得到 58km/h 的稳定车速。

综上,在山区 5% 以上的坡道上,使用缓速器均可得到符合实际的稳定车速,缓速器发挥了很好的作用。在低于 5% 的坡度的道路上,发动机制动能形成较符合实际的稳定车速,缓速器形成的稳定车速较低或不能形成稳定车速。

带缓速器制动与发动机制动在一般山区公路 4% ~8% 的坡道上可形成的稳定车速见表 8-3,同时,表中列出了二者在各坡道上可以使用的挡位。可使用的挡位的条件是:

(1)稳定车速在参考行驶速度范围。

(2)与稳定车速对应的发动机转速不应过高。

表 8-3 中的参考行驶速度是参考我国公路工程技术标准中二、三、四级道路最大纵坡为 7% ~9% 下的计算行车速度列出的(表 8-4)。我国山区道路以大纵坡 7% ~9% 的二、三、四级公路为主,且以接近 3 级路的道路多见,道路条件复杂、路面窄、坡道长、弯道多,且弯道半径小,设计的弯道半径多在 15 ~60m 之间,对应车速也只有 20 ~40km/h,车速受道路条件的限制无法提高,表 8-3 所列参考行驶速度主要依据以上原因选定。此外,考虑到陡坡与缓坡行驶速度存在差异,对表中参考行驶速度进行了调整,6% 以上的坡度为 25 ~35km/h,道路条件良好时,可选 30 ~40km/h。6% 以下的坡度为 30 ~40km/h,道路条件良好时可选 35 ~45km/h。

带缓速器制动与发动机制动稳定车速对比 表 8-3

坡度(%)	参考行驶速度(km/h)	制动方式	稳定车速(km/h)	发动机转速比值 n_e/n_{emax}	可 行 性
8	25 ~35 (30 ~40)	缓速器制动	3 挡 25,4 挡 44,5 挡 70	3 挡 54%,4 挡 66%	3 挡,4 挡
		发动机制动	2 挡 23	2 挡 83%	发动机转速过高,不合适
7	25 ~35 (30 ~40)	缓速器制动	3 挡 12,4 挡 28,5 挡 60	4 挡 42%	4 挡
		发动机制动	2 挡 20	—	不适合
6	25 ~35 (30 ~40)	缓速器制动	4 挡 20,5 挡 35,6 挡 45	5 挡 38%,6 挡 39%	5 挡(6 挡)
		发动机制动	2 挡 15,3 挡 40	3 挡 86%	发动机转速过高,不合适
5	30 ~40 (35 ~45)	缓速器制动	6 挡 34	6 挡 29%	6 挡
		发动机制动	3 挡 35	3 挡 75%	3 挡
4	30 ~40 (35 ~45)	缓速器制动	—	—	不适合
		发动机制动	3 挡 27,4 挡 58	3 挡 58%,4 挡 87%	3 挡
3	30 ~40 (35 ~45)	缓速器制动	—	—	不适合
		发动机制动	4 挡 38,5 挡 63	4 挡 60%,5 挡 68%	4 挡

各级道路最大纵坡坡度及计算行车速度　　表 8-4

公路等级	高速公路				二级		二级		三级		四级	
计算行车速度(km/h)	120	100	80	60	100	60	80	40	60	30	40	20
最大纵坡(%)	3	4	5	5	4	6	5	7	6	8	6	9

从表 8-3 所列稳定车速的数值可知,发动机制动可以满足 5% 以下坡道对稳定车速的要求,坡度超过 6% 后发动机制动无法满足要求。而缓速器制动在 5% 以上的坡道上均能形成符合行驶要求的稳定车速。

8.1.4　缓速器制动与排气制动的稳定车速分析

图 8-14 所示为排气制动与缓速器制动的整车持续制动力-下坡力平衡图。采用前述稳定车速求取方法,得出排气制动在不同坡道上的稳定车速,并与参考行驶速度对比,同时考虑发动机的转速范围,对排气制动在各坡道上的应用可行性进行分析。缓速器制动、排气制动与发动机制动的应用可行性见表 8-5。

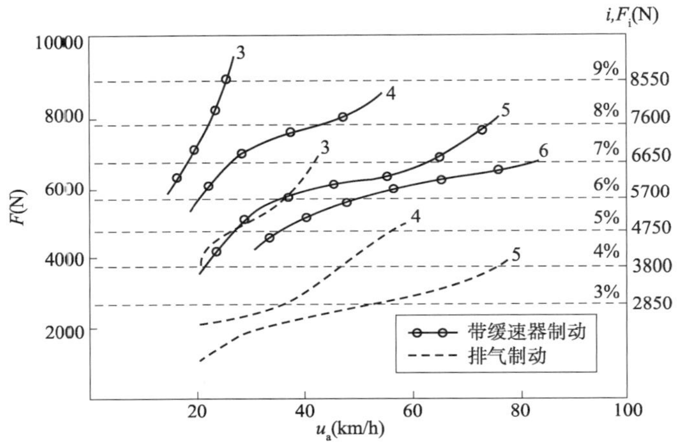

图 8-14　排气制动与缓速器制动的整车持续制动力-下坡力平衡图

三种制动方式稳定车速的可行性描述　　表 8-5

坡度(%)	参考行驶速度(km/h)	制动方式	挡位使用可行性
8	25 ~ 35 (30 ~ 40)	缓速器制动	可用 3 挡(25km/h)、4 挡(44 km/h)
		排气制动	无合适稳定车速
		发动机制动	无合适稳定车速
7	25 ~ 35 (30 ~ 40)	缓速器制动	可用 4 挡(28km/h)
		排气制动	无合适稳定车速
		发动机制动	无合适稳定车速
6	25 ~ 35 (30 ~ 40)	缓速器制动	可用 5 挡(35km/h);最大纵坡小于 6% 的道路可用 6 挡(45km/h)
		排气制动	可用 3 挡(35km/h);最大纵坡小于 6% 的道路车速偏低
		发动机制动	无合适稳定车速

续上表

坡度(%)	参考行驶速度(km/h)	制动方式	挡位使用可行性
5	30 ~ 40 (35 ~ 45)	缓速器制动	可用 6 挡(34km/h);最大纵坡小于 6% 的道路车速偏低
		排气制动	4 挡(58km/h)发动机转速偏高
		发动机制动	可用 3 挡(35km/h)

各挡带缓速器制动与排气制动的对比情况为:7% ~8% 的坡道上,只有缓速器制动能形成可用的稳定车速;6% 的坡道上排气制动可用,5% 的坡道上 4 挡排气制动虽可使用,但发动机转速偏高,4% 以下的坡道上排气制动的效果已不明显。

由以上分析知,缓速器可根据其制动力匹配情况,在 5% ~8% 的坡道上形成较合适的稳定车速;排气制动在 7% ~8% 的道路上无法形成合适的稳定车速,但在 5% ~6% 的坡道上有合适的稳定车速,4% 的坡道以下,排气制动效果与发动机制动效果接近。

对于本试验车,发动机制动与排气制动均不能完全解决车辆在最大纵坡为 8% 的道路下坡行驶的问题,而各挡带缓速器制动与发动机制动、各挡带缓速器制动与排气制动联合使用,可较好地满足各种坡道对稳定车速的要求。

8.1.5 基于稳定车速的缓速器制动力匹配

缓速器制动力的选配应分两种使用用途考虑,一种是为适应快速减速制动的需要进行选配,制动力很大;另一种是基于下坡时的持续制动进行选配,后者制动力不需要很大,但必须与车辆下山时的稳定车速匹配。不同道路等级对汽车下坡时的行车速度有不同的要求。道路等级越高,道路的最大坡度越小,行驶速度也越高;反之,道路等级越低,道路的最大坡度越大,对应着道路弯道多,转弯半径小,道路条件差,行驶速度也越低。显然,经常行驶于高速公路的汽车与经常行驶于一般山区公路的汽车对缓速器制动力的要求是不同的,稳定车速参考表 8-3 选择。

8.1.3 小节为车辆匹配的缓速器适用于大坡道山区道路,若将匹配该缓速器的车辆用于最大坡度 6% 的三级道路(行车速度 60km/h)和最大坡度 5% 的二级道路(行车速度 80km/h),由于缓速器制动力过大,无法形成符合要求的稳定车速。此时,需选装高低挡转矩可调的缓速器,得适合高速公路的制动力匹配平衡图如图 8-15 所示,这样可得到较高的稳定车速,将更适合在高等级道路上行驶。

由图 8-15 的制动力匹配关系可知,在 3% 与 4% 的坡道上采用发动机制动,可形成 55 ~70km/h 的稳定车速,在 5% 的坡道上采用缓速器制动,可形成 65km/h 的稳定车速,以上稳定车速可满足最大坡度为 5% 的二级道路的行驶要求。若道路等级为最大坡度 6% 的三级道路,图 8-15 的匹配关系也能在 3% ~6% 的坡度上形成 30 ~60km/h 的稳定车速,满足道路条件对稳定车速的要求。

依据对稳定车速的对比分析,在一般坡道和小坡度的道路上行驶时,利用发动机制动和排气制动,可形成合适的稳定车速,而在大坡度坡道上,必须依靠缓速器制动才能形成合适的稳定车速。在山区道路上行驶时,常用缓速器与各挡发动机制动或排气制动的联合使用方案。

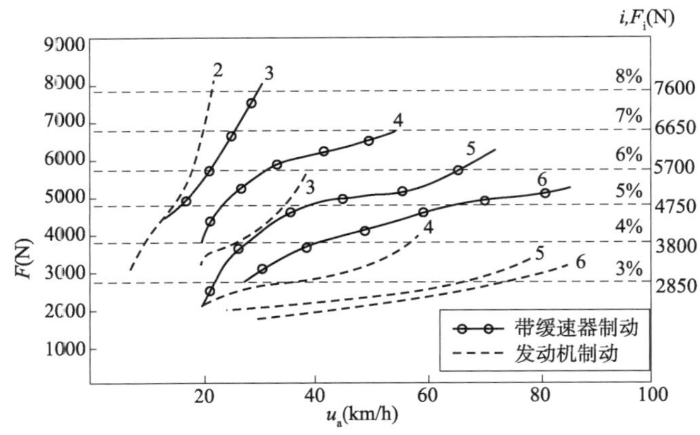

图 8-15　适合高速公路的制动力匹配平衡图

8.2　制动抗热衰退性验证

为了验证缓速器在防止制动器热衰退方面的效果，对比车辆有无持续制动装置时在6%坡道连续6km下坡时的行车制动器使用情况、制动鼓温度以及30km连续下坡时的制动鼓温度。

1)6%坡道连续6km下坡时的行车制动器使用情况以及制动鼓温度

采用试验的方式获得6km连续下坡的联合制动效果，对使用行车制动器的次数、制动时间以及制动鼓温度进行对比。试验路段选择了大岭北坡K58+000~K52+000km长下坡道路，对应海拔高度1680~1310m。路段内4%坡道1km，5%坡道1km，6%坡道2km，7%坡道2km，平均坡度6.17%。试验路段内有回头弯1个。试验分带缓速器制动和不带缓速器制动两种情况进行，一律用4挡下坡。分别记录制动气压、制动减速度、车速、缓速器温度以及4个制动鼓的初始温度与终了温度，同时人工记录会车使用行车制动器次数，结果见表8-6与表8-7。

6%坡道连续6km下坡使用制动踏板制动次数及累计时间　　表8-6

制动方式	行驶时间(s)	行车制动器使用次数			行车制动器使用时间(s)			正常制动时间占行车时间的比例(%)
		累计	会车	正常	累计	会车	正常	
无缓速器	666.7	全程	—	全程	666.7	—	666.7	100
带缓速器	656.0	17	11	6	118.0	76.0	42.0	6

6%坡道连续6km下坡使用行车制动器强度统计　　表8-7

制动气压(MPa)	>0.2	>0.4		>0.5	
	累计时间(s)	制动次数	累计时间(s)	制动次数	累计时间(s)
无缓速器	513	35	287	35	137
带缓速器	38	6	23	3	15

当使用发动机制动时，在整个666.7s的行驶时间内都必须使用行车制动器控制车速，其中制动强度超过0.2MPa制动气压的制动时间为513s，占整个行驶时间的77%；制动强度

超过0.4MPa的制动时间为287s,占整个行驶时间的43%;制动强度超过0.6MPa制动气压的制动时间为137s,占整个行驶时间的21%。而采用缓速器制动时,累计使用行车制动器的时间仅有118s,减去11次会车或弯道制动的情况,制动时间为42s,仅占总行驶时间的6%。即使使用行车制动器,制动强度超过0.2MPa、0.4 MPa与0.6 MPa制动气压的累计时间分别为38s、23s与15s,占整个行驶时间的6%、4%与2%,制动强度远低于不带缓速器的情况。

图8-16所示为缓速器工作与不工作两种情况下不同制动强度时制动踏板制动时间占总行驶时间的百分比。图中横轴制动气压代表了制动强度。从图中可以直观地看出,缓速器制动的使用可以大幅减少行车制动器的使用时间,同时也大幅降低了制动强度。

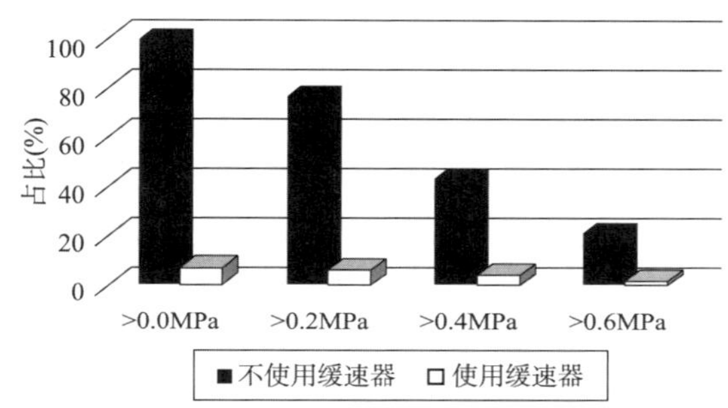

图8-16　不同制动强度时制动踏板制动时间占总行驶时间的百分比

应用点温计分别测量了开始下坡时四个轮鼓表面的温度以及下坡结束后四个轮鼓的表面温度,见表8-8。

制动鼓温度　　表8-8

缓速器	挡位	温度(℃)											
		左前轮			右前轮			左后轮			右后轮		
		起始	结束	温升	起始	结束	温升	起始	结束	温升	起始	结束	温升
不用	4	80	266	186	82	269	187	70	191	121	74	185	111
使用	4	92	32	38	55	94	39	51	81	30	47	89	42
差值		148			148			91			69		

由此可知,无缓速器时,左前轮制动鼓从制动起始至末了的温升为186℃,使用缓速器仅为38℃,二者相差148℃;右前轮两种制动方式下的温升分别为187℃和39℃,相差148℃;左后轮两种制动方式下的温升分别为121℃和30℃,相差91℃;右后轮两种制动方式下的温升分别为111℃和42℃,相差69℃。使用联合制动时制动鼓的最高温度仅为94℃,不使用缓速器时高达269℃。图8-17是行车制动器制动鼓温升值,图8-18是行车制动器制动鼓最高温度值,由此可知,使用缓速器后,制动鼓表面温度显著降低。

2)30km连续下坡时的制动鼓温升

同样地,通过试验得出30km连续下坡时联合制动的制动效果。试验中记录了行车制动器使用次数、作用距离、作用时间、车速、各轮行车制动器制动鼓表面温度、制动减速度、制动气压及缓速器温度等参数。试验路段在大岭北坡K63+900~K31+000段,路程实际距离为32.9km,对应海拔高度2030~500m。试验路段情况见表8-9。

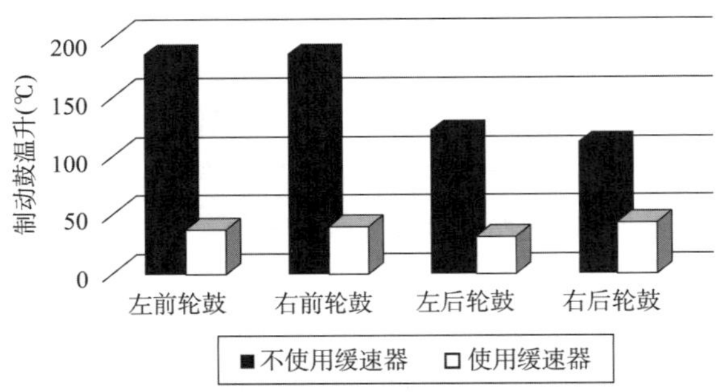

图 8-17　行车制动器制动鼓温升值

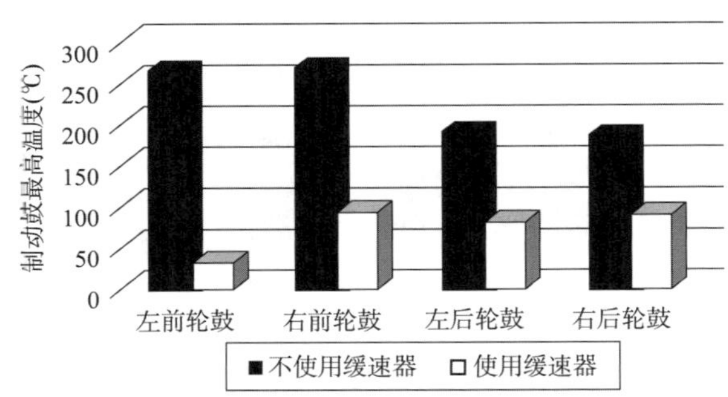

图 8-18　行车制动器制动鼓最高温度值

30km 连续下坡试验路段情况　　表 8-9

起始位置		大岭垭口 63.9km 里程桩处,海拔 2030m					
终点位置		沣峪口出山口停车场 31km 里程桩处,海拔 500m					
回头弯情况		共 16 个,其中:34km 处 3 个,37 ~ 38km 处 3 个,39 ~ 42km 处 3 个,56km 处 1 个,61 ~ 63.9km 处 6 个					
不同坡度累计长度	坡度(%)	0	4	5	6	7	8
	累计长度(km)	6	2	18	2	3	2

其中,30km 试验路坡道统计如图 8-19 所示。试验路段以 5% 的纵坡为主,累计长度 18km,占总长的 57.8%;6% 以上路段累计长度 7km,占总长的 21.3%。4% 的坡度累计长度仅为 2km,另外有平路 6km。

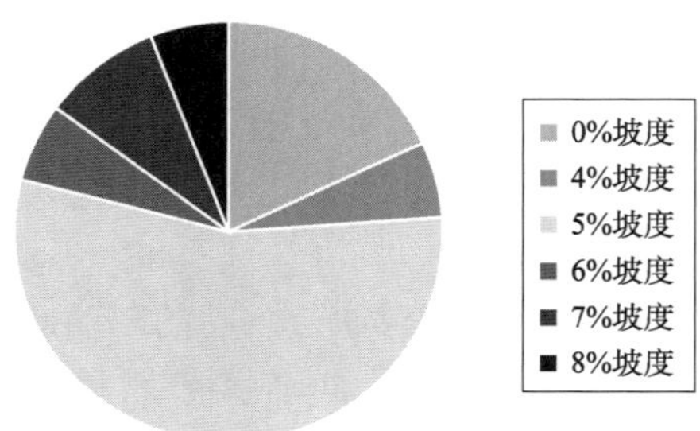

图 8-19　30km 试验路坡道统计

使用行车制动的次数见表8-10,其中超速制动是由于车速过快,驾驶人采取的制动操作。

30km连续下坡制动踏板制动次数统计　　表8-10

制动方式	总制动次数	会车制动	弯道制动	超速制动
不用缓速器	128	26	60	42
使用缓速器	119	46	57	16

由此可知,不使用缓速器下坡时因超速采取制动的次数为42次,使用缓速器后只用了16次,且这16次制动均是在7%~8%的陡坡上使用的,不使用缓速器下坡时在全程(不含平路)均会发生超速制动。

除此之外,在不使用缓速器的情况下,由于频繁和长时间使用行车制动,储气筒压力不足,试验时在46km里程桩处出现气压不足报警。

驾驶人操作感受如下:

(1)不使用联合制动时,坡度较大处采用低挡虽能降低车速,但会出现车速过低或发动机转速过高的情况,在中等坡道上,高挡无法达到稳定车速;

(2)使用缓速器时,能得到安全的稳定车速,同时保证发动机工作在正常的转速范围内,除了会车和弯道制动外可不采用行车制动器,驾驶较轻松。

试验在中途里程桩54km沣峪庄园和41.5km黎元坪道班处停车测量制动鼓温度,结果见表8-11与图8-20。由此可知,带缓速器后,各个测点上测得的温度均比不带缓速器低20~50℃,其中,起步后的三次测试中,左前制动鼓温度降低18%、7%、18%;右前制动鼓温度降低17%、7%、19%;左后制动鼓温度降低23%、17%、21%;右后制动鼓温度降低12%、4%、7%。

30km连续下坡中的制动鼓表面温度　　表8-11

地点			大岭垭口	沣峪庄园		黎元坪		沣峪口
里程桩(km)			63.9	54		41.5		31
行驶状态			始发	暂停	起步	暂停	起步	结束
温度(℃)	左前鼓	无缓速器	102	285	57	271	—	293
		有缓速器	80	235	55	253	—	239
	右前鼓	无缓速器	105	289	60	270	—	295
		有缓速器	83	240	77	252	—	240
	左后鼓	无缓速器	61	241	178	222	—	220
		有缓速器	56	185	171	185	—	175
	右后鼓	无缓速器	55	221	173	229	—	230
		有缓速器	70	194	142	219	—	215

30km连续下坡制动鼓表面最高温度见表8-12,30km连续下坡制动鼓表面温度对比如图8-21所示。不使用缓速器时,制动鼓最高温度达到295℃,使用缓速器进行联合制动后,最高温度为252℃,最高温度降低15%。无缓速器时四个制动鼓平均最高温度264℃;带缓速器为221℃,均值降低了16%。

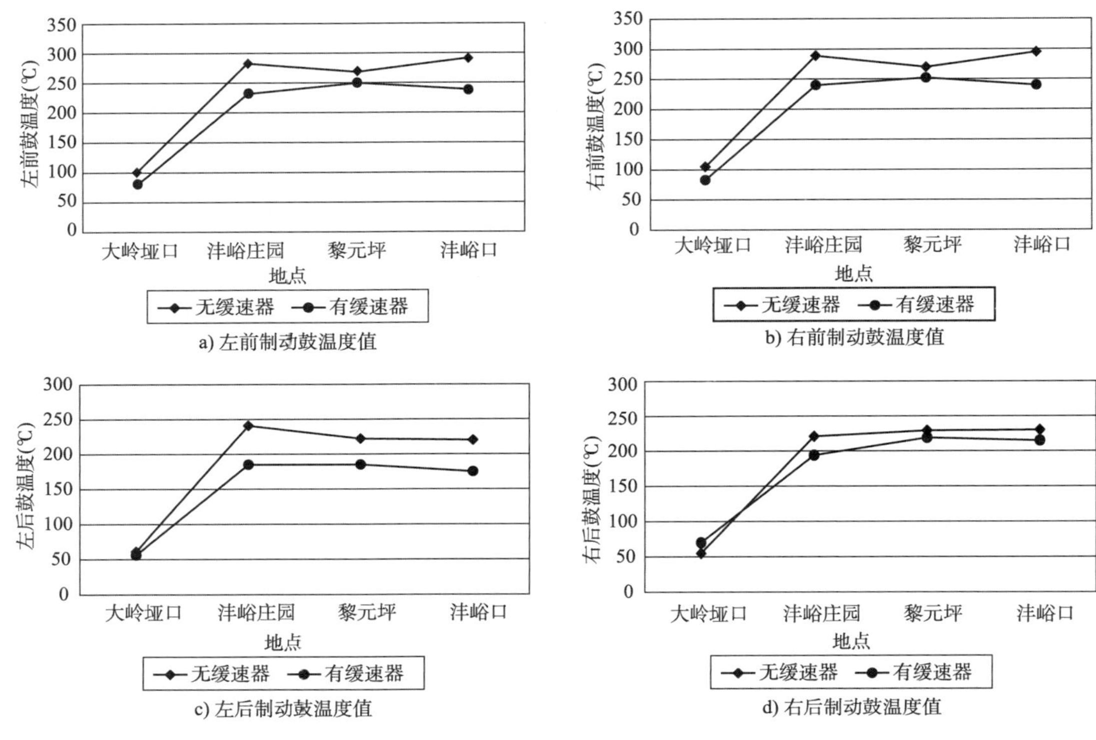

a) 左前制动鼓温度值

b) 右前制动鼓温度值

c) 左后制动鼓温度值

d) 右后制动鼓温度值

图 8-20 制动鼓温度

30km 连续下坡制动鼓表面最高温度(单位:℃) 表 8-12

制动方式	制动鼓			
	左前鼓	右前鼓	左后鼓	右后鼓
无缓速器	290	295	241	230
有缓速器	250	252	185	199

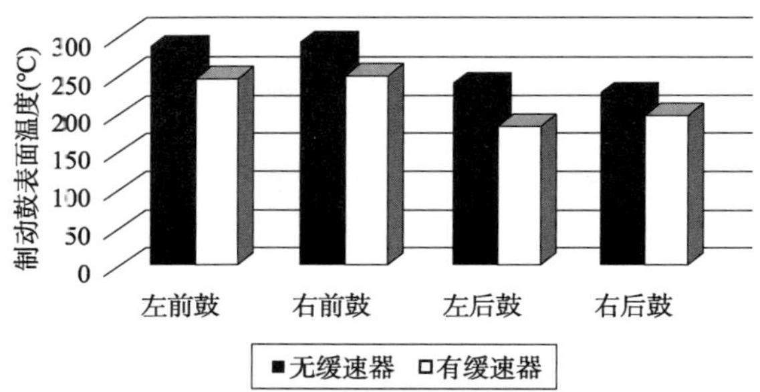

图 8-21 30km 连续下坡制动鼓表面温度对比

日本东京部品工业会社于 1993 年 3 月、12 月分别在箱根新道(13.4km)和中国自动车道三次至山口段(174km)进行了缓速器综合试验。试验车辆为日产 CD450 大型客车,总质量 20000kg,缓速器为该公司生产的 500NMHEC-50 型缓速器。箱根下坡试验中有缓速器制动和无缓速器制动时制动摩擦片的最高温度分别为 64℃和 575℃。中国自动车道三次至山口段两个温度分别为 113℃和 560℃,由此可见,带缓速器制动后制动蹄温度降低明显。

制动鼓温度与摩擦因数的关系如图 8-22 所示。由此可知,随着制动鼓温度升高,制动摩擦片的摩擦因数降低。特别在超过 250℃后,摩擦因数急剧下降,制动效能显著下降。安装缓速器后,制动鼓温度不超过 230℃,可有效保证车辆的行驶安全性。

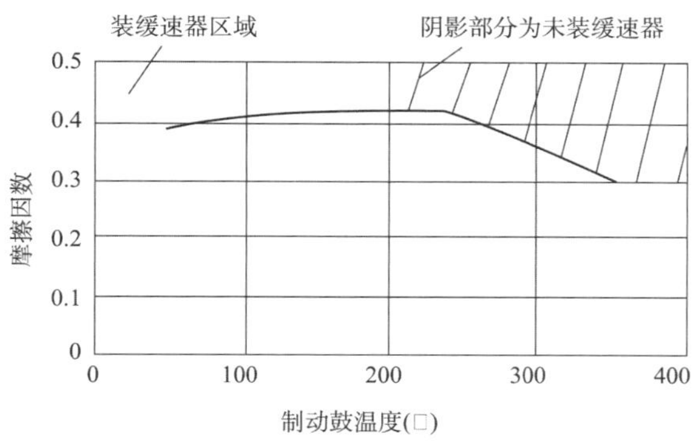

图 8-22　制动鼓温度与摩擦因数的关系

8.3　电涡流缓速器制动耗电特性验证

汽车除了照明、点火、起动以及机械驱动外,各种辅助电器也必须靠蓄电池和发电机供电,负载功率很大,此外,汽车电器线路中的供电电流很大,汽车供电系统必须具备足够的容量和良好的充放电特性才能满足使用要求。由于电磁式电涡流缓速器需依靠汽车供电系统提供电能,因此,有必要对汽车供电能力进行评估分析。本节通过实车试验,验证安装缓速器后汽车原供电系统是否能满足供电需求。

电磁式电涡流缓速器制动转矩的大小主要取决于电枢直径大小、线圈形成的磁极对数多少、励磁材质性能以及励磁电流的大小。前三者确定后,励磁电流越大,缓速器制动转矩也越大。受汽车供电系统的限制,汽车可提供的励磁电压为 24V DC 或 12V DC,励磁电流受到蓄电池容量的限制一般在 30～100A 范围内,设计缓速器时所选择的励磁电流越大,所消耗蓄电池的电量也就越大。国外某系列缓速器的励磁电流大小情况见表 8-13。

国外某系列电涡流缓速器的励磁电流大小　　表 8-13

型　　号	最大制动转矩(N·m)	外形尺寸(mm)		励磁电流(A)
		外径	宽度	
ME20	200	360	80	36
ME45	450	360	120	48
HE50	500	420	120	48
MM45	450	360	120	48
HM100	1000	420	316	96

本试验车上搭载的缓速器的励磁电流设计值为 48A,经厂家测试,实际电流统计平均值为 46.9A。

试验车搭载的发电机额定功率为 1540W,电压为 28V;蓄电池技术参数为:搭载两只 6QA150 型蓄电池,按型号命名规定,蓄电池组由 6×2＝12 个单格蓄电池串联组成,每个单格蓄电池的电压为 2V，共 24V，20h 率额定容量为 150A·h，形式为起动型干荷电铅酸式蓄电池。

对缓速器的耗电情况分析如下。

(1)仅靠蓄电池供电时的耗电分析。

作为极限情况，在不考虑发电机供电情况下对车载蓄电池的供电能力以及缓速器的耗电强度进行分析。

充足电的蓄电池，以一定电流连续放电时，其端电压达到放电终止电压(单格蓄电池 1.75V)为止所输出的电量即为蓄电池的容量。本试验车搭载蓄电池的额定容量为 150A·h，20h 率放电电流为 7.5A，储备容量(以 25A 放电电流放电到终止电压所需的时间)为 300min，允许启动电流 450A。

理论上讲，蓄电池在工作时，以工作电流工作到终止电压的时限等于 20h 率额定容量。但实际上，由于蓄电池受放电电流大小以及电解液温度和密度的影响，当环境温度一定时，实际工作时限 T 与工作电流 I 和 20h 率额定容量 C_{20} 的关系如下式所示：

$$T = \frac{\alpha C_{20}}{I} \tag{8-8}$$

式中：α——系数，为工作电流 I 的函数。

按 20h 率放电电流 7.5A，25A 储备容量 300min，绘制系数 α 与电流 I 的关系，如图 8-23 所示。

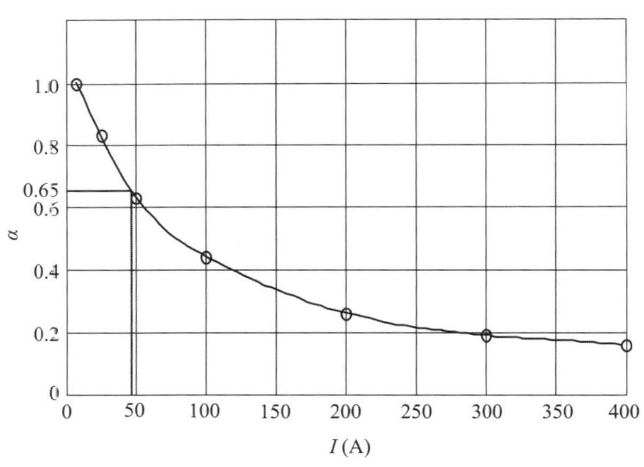

图 8-23　系数 α 与电流 I 的关系

试验所使用缓速器的励磁电流为 48A，由图可知 α 为 0.65，由式(8-8)可得蓄电池在 48A 放电电流时的工作时限约为 2h，即当缓速器完全消耗蓄电池的电力时，蓄电池工作 2h 达到终止电压。由以上分析可知，即使不用发电机而完全靠蓄电池供电，在不影响蓄电池寿命的前提下，缓速器可以安全工作的时间接近 2h。这表示汽车若以 30km/h 速度下坡，可行驶约 60km；若以 60km/h 在高速公路上下坡，可以行驶约 90km。

实际使用中，发电机将不断为蓄电池充电和为缓速器供电，进一步保证了蓄电池有足够的电量。

(2)发电机与蓄电池供电分析。

由于发电机与蓄电池并联工作,并且发电机输出电压比蓄电池电压高出 2 ~ 4V,以保证在蓄电池电压下降时给其充电。本研究试验车搭载的发电机额定功率为 1540W,输出电压为 28V,额定电流为 55A。为 48A 励磁电流的缓速器供电时,负载功率为 1152W。负荷率为 75%,仍有 25%的容量用于为其他电器供电。在汽车电器中,控制电路与点火电路消耗功率很小,主要以照明系统耗电为主,但各类照明灯总耗电功率不超过 350W,发电机可以满足供电需要。根据相关标准规定,发电机额定值是在转速小于 6000r/min 时测得的数值,发电机最高转速高达 12000r/min,实际的输出功率也必然有大于额定值的情况。

综上,本研究所使用供电系统满足供电需要。

(3)耗电试验分析。

在扬州市经济技术开发区进行平路试验,对缓速器接通后一次制动内电源供电电压的变化进行测试。缓速器加电前、加电后以及工作稳定后的输入电压值见表 8-14。图 8-24 所示为缓速器输入电压值。由此可知,在缓速器接通初始和接通后,压降不超过 2.5V,且不低于蓄电池端电压 24V,表明发电机满足供电要求。

缓速器输入电压测量值(单位:V)　　表 8-14

初始车速(km/h)	40	50	60	70
接通前电压	28.0	28.0	28.0	28.0
接通时电压	26.2	25.8	25.7	26.2
稳定后电压	25.5	25.5	25.5	25.5
初始电压降	1.8	2.2	2.3	1.8
稳定电压降	2.5	2.5	2.5	2.5

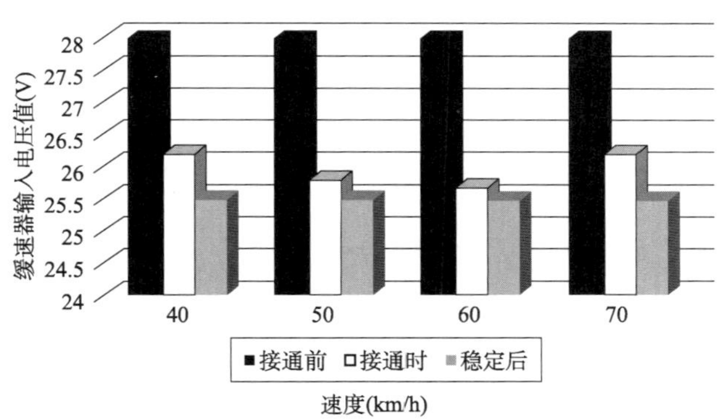

图 8-24　缓速器输入电压值

在秦岭 G210 国道沣峪口—广货街段进行的山路试验中,车辆带缓速器下坡里程总计 120km,发动机起动及灯光照明度均正常,未出现蓄电池电量不足的情况。

在台架试验中,用蓄电池给缓速器累计供电 1h,同样未出现蓄电池电量不足的情况。

第9章　长下坡路段其他安全处置技术

近年来，交通管理部门针对连续长大下坡安全问题开展了相关的研究工作，取得了一些研究成果并积累了实际工程经验。除加装持续制动装置外，长大下坡路段的其他安全处置技术还包括设置交通标志、交通标线、视距诱导设施、减速带、避险车道及护栏等。

9.1　交通标志

交通标志是一种在视觉上诱导、警示、提醒驾驶人行车的安全设施，能够引导驾驶人采取正确、合理的制动措施，保障车辆的行驶速度以及行驶状态在安全、可控的范围内，以安全通过连续长下坡路段。

根据交通标志的内容，连续长下坡路段交通标志主要包括道路信息描述标志和操作行为提示标志两大类。

9.1.1　道路信息描述标志

当车辆行驶在长下坡路段时，若能尽早将路况信息预告给驾驶人，有助于提高驾驶人警惕性，确保连续长下坡路段的行车安全。同时，在较长的缓坡地段增设长下坡提示标志，可提醒驾驶人注意车辆仍处于长下坡路段，还需一定距离才能驶出此路段，注意控制车速，这也是十分必要的。

图文并茂类道路信息描述标志如图9-1所示。道路信息描述标志是利用图文并茂的方式来描述连续长下坡的路况，使驾驶人提前熟悉连续长下坡的路况，尽早做好操作及应对准备。

车辆在长下坡之前，驾驶人应对下游安全设施有一定的了解，以便根据自身驾驶经验和判断，采取正确的驾驶行为和措施，确保下坡安全。因此，在连续长下坡坡顶应设置标志，安全设施或收费站之前应设置至少三处预告标志并标明距离。连续长下坡坡顶标志如图9-2所示，此标志应每隔5km设置一处，并根据通车后的实际运营情况增设。

图9-1　图文并茂类道路信息描述标志

图9-2　连续长下坡坡顶标志

停车区和服务区是供车辆临时停车、检修及驾驶人休息的场所，车辆进入服务区停车休息可极大地提高连续纵坡路段行驶的安全性。为此，可在标志设计上给予驾驶人足够的信息，以引导更多的车辆停车检修，提高停车区和服务区的使用效率，提升连续下坡行驶的安全性。

停车区和服务区入口处增加下游连续下坡路段长度信息，停车区标志如图9-3所示，提醒驾驶人前方还有较长的连续下坡，而下游停车区或服务区距离较远或无停车区，不要错过在此处停车休整的机会。

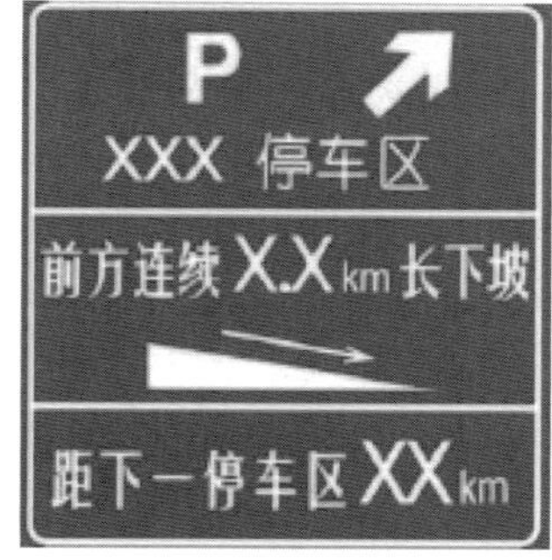

图9-3　停车区标志

可变信息标志是一种实时高效的路况描述设施，它可以实时预报前方道路的交通事故、交通流量以及紧急避险车道的使用状况等以使驾驶人预知前方路况。根据高速公路连续长下坡路段的特征，建议在车辆制动器检查站、连续下坡开始前2~3km处、连续长下坡中间段、避险车道前方500m等位置设置可变信息标志。

9.1.2　操作行为提示标志

车辆在长下坡行驶过程中，车速加快，驾驶人往往会频繁使用行车制动器来控制速度。若制动鼓(盘)快速升温至极限，则极易导致制动器失灵。因此，设置预告标志禁止空挡行驶或高挡行驶等是很有必要的。

追尾是常见事故类型之一，因此，设置车距确认标志非常重要。在路况条件允许的情况下，可设置两组车距确认标志，提醒驾驶人保持车距，谨防追尾。

驾驶人对交通标志的认知过程分为发现、识别与理解三个阶段。发现阶段(即感觉过程)是驾驶人在视野范围内觉察到标志的存在，但不能判断其细节。在识别阶段确定标志的某些具体特征。理解阶段是在发现和识别的基础上再进行判断和确认，从而理解了交通标志的意义。为了提高交通标志的视认效果，设计标志时应遵循以下心理规律。

1)反应时间

反应时间(RT)又称为反应潜伏期，它是指信号接收和反应的时间间隔。信号刺激引起了一种过程，这种过程包括信号刺激使驾驶人感觉器官产生活动，经由传入神经传入大脑神经中枢进行综合加工，再由传出神经从大脑传给肌肉，肌肉收缩，对制动器和转向盘进行操作。虽然这种过程在机体内部是潜伏的，但是其每一步都需要时间，这些时间的总和称为反应时间。

反应时间由反应知觉时间(即自出现信号刺激到开始执行操作的时间)和动作时间(即执行操作的延续时间)两部分组成，即：

$$\mathrm{RT} = t_{Z} + t_{d} \tag{9-1}$$

式中：RT——反应时间，s；

t_{Z}——反应知觉时间，s；

t_{d}——动作时间，s。

设计交通标志时，应充分考虑驾驶人的反应时间。一般地，驾驶人视认标志牌时间约为1.5s，制动反应时间约为1.0s。设计标志牌前置距离时，采用的反应时间为2.5s。

反应时间的长短受许多因素的影响，在不同的信号传递方式下反应时间差距明显，不同感官反应时间见表9-1。

不同感官反应时间 表9-1

感觉器官	反应时间(ms)	感觉器官	反应时间(ms)
触觉	110～160	湿觉	180～240
听觉	120～160	嗅觉	210～390
视觉	150～120	痛觉	400～1000
冷觉	150～230	味觉	330～1100

由表9-1可知，触觉和听觉的反应时间最短，其次是视觉。据此特点，在山区公路路侧振动警示带的设计中，使用连续的凹凸路面以触觉(振动)和听觉(噪声)信息提醒驾驶人提高警惕；在常用的信号设计中，以视觉刺激为主要的信号形式，通过设置交通标志牌起到诱导警示的作用。

2)动视力

驾驶人所获得的大部分信息都是在运动状态下完成的，运动状态下的视力叫作动视力。动视力直接影响到驾驶人对标志、标线的视认。动视力敏感度与车速有关，驾驶人的视认能力随车速的提高而降低。

3)色视觉

不同颜色对于驾驶人产生的警示作用是有差距的，这取决于驾驶人的色视觉敏感度。视觉敏感度与颜色对比有一定关系，当人从远处辨认前方的多种不同颜色时，其易辨认的顺序是红、绿、黄、白，即红色最先被看到。因此，停车、危险等信号标志都采用红色。研究表明，沥青混凝土单一的黑色路面和水泥混凝土单一的灰色路面是导致驾驶人疲劳的重要原因。如果把危险路面的颜色涂成黄色和红色，可以对驾驶人产生视觉刺激，警示效果大大增强。近年国内外普遍采用的彩色减速路面就是典型的代表。

当两种颜色搭配在一起，易辨认的顺序是：黄底黑字、黑底白字、蓝底白字、白底黑字。因此，公路交通警示标志几乎都采用黄底黑字的形式。

4)视野

视野是指在人的头部和眼球固定不动的情况下，眼睛观看正前方物体时所能看到的空间范围，常以角度来表示。视野的大小和形状与视网膜上感觉细胞的分布情况有关，可以用视野计来测定视野的范围。

通常情况下，双眼水平视区约在60°以内的区域，辨别汉字的视线角度为10°～20°；辨别字母的视线角度为5°～30°。

假定标准视线是水平的，设其为0°，最大垂直视区为视平线以上50°和视平线以下70°。颜色辨别界限为视平线以上30°和视平线以下40°。实际上，人的自然视线是低于标准视线的，在一般状态下，站立时自然视线低于水平线10°，坐着时低于水平线15°；在松弛状态下，站和坐的视线偏离标准线30°和38°，观看物体的最佳视区是在低于标准视线30°的区域里。

车辆在移动过程中，驾驶人视野的明视视锥仅能达到视轴上、下、左、右各10°。汽车行驶时，视野的宽度与深度都在变化中。当车速提高时，驾驶人的注意点前移，视野变窄。所以,交通标志的设置位置应考虑视野范围的变化。例如,驾驶人在认读标志的过程中,视轴会产生偏移,偏移量在5°以内为宜,即路侧标志能见度以15°以内为宜。由于视锥边缘的认读能力较差,上、下视轴以减少3°为宜,即标志的高度以7°内为宜。

5)暗适应和明适应

当光的亮度不同时,视觉器官的感受度也不同,亮度有较大变化时,感受性也随之变化。视觉器官的感受性对光信号刺激变化的相适应性称为适应。人眼的适应性分为暗适应和明适应两类。

当人从亮处进入暗处时,刚开始看不清物体,需要经过一段时间的适应后,才能看清物体,这种适应过程称为暗适应。暗适应过程开始时,瞳孔逐渐放大,进入眼睛的光通量增加,同时对弱刺激敏感的视杆细胞进入工作状态。与暗适应相反的过程称为明适应,明适应过程开始时,瞳孔缩小,进入眼睛的光通量减小;同时转入工作状态的视锥细胞迅速增加,由于对较强信号刺激敏感的视锥细胞反应较快,因此明适应过程一开始,人眼感受性迅速降低,30s后变化很缓慢,大约1min后明适应过程才能完成。

9.2 交通标线

与长下坡路段行车直接相关的交通标线的技术内容主要是设置减速标线。减速标线是一种预防性和提示性的安全设施,其作用可以使驾驶人产生生理或心理感觉预见,从而降低驾驶人对该路段的主观行车安全感,促使驾驶人自觉、主动地降低车速,达到提高特殊路段行车安全性的目的。

连续下坡路段有以下情形时,推荐使用减速标线:

(1)路段坡度较陡,且受道路周围环境等影响,致使驾驶人缺乏速度感,易出现超速行驶的情况;

(2)需提醒驾驶人低速行驶,但受连续急弯影响,导致视距不良的情况;

(3)路侧临崖,不便设置减速标志的情况;

(4)受特殊气候条件影响,如常年有大风、浓雾等,交通标志易被损坏或视认性差的情况。

减速标线可分为振动减速标线、视觉减速标线与彩色路面铺装等。

振动减速标线是由标线涂料混合反光玻璃珠制成,有一定厚度,能通过车辆驶过时产生的振动感提醒驾驶人注意减速,振动减速标线如图9-4所示。由于振动减速标线会被磨损,在实际使用中应注意对其进行定期维护。

图9-4 振动减速标线

设计振动式减速标线时(以直线型为例),为达到最佳的减速效果,可将第一组标线设置为10条,以增强其对驾驶人的刺激;其余各组标线可根据使用效果设置为5条或3条。

视觉减速标线是一种利用视错觉原理提醒驾驶人在驶入危险路段前及时采取合理措施确保行

车安全的标线。视觉减速标线成本低,效果显著,在国内应用广泛。

平行分道线和菱形视错觉标线是目前广泛应用的两种视觉减速标线,如图9-5、图9-6所示。平行分道线减速标线的作用是使驾驶人产生紧张感,可以在一定程度上防止违规行车现象的发生。位于行车道两侧的菱形视错觉标线是一组纵向菱形块,一般设计尺寸为长度1m,宽度0.3m,以1m为间隔。菱形视错觉标线的设置效果是使驾驶人注视前方道路时产生一种道路变窄、路面不平整的错觉,从而使驾驶人降低车速,安全行驶。

图9-5　平行分道线

图9-6　菱形视错觉标线

彩色路面铺装可以通过特殊的色彩、质感和构造加强路面的辨别性,划分不同性质的交通区间,对交通进行警示和诱导,限制车速,从而进一步提高公路交通的安全性能。彩色路面铺装如图9-7所示。

图9-7　彩色路面铺装

彩色路面的优点是耐磨性强,且厚度很薄、自重轻,有利于运输,施工方便。

9.3　视距诱导设施

视线诱导设施是在道路两侧设置的用以指示道路方向、行车道边界以及危险路段位置的设施总称,常见的视线诱导设施主要有轮廓标和线性诱导标两类。

9.3.1　轮廓标

轮廓标以指示前方公路线形轮廓为主要目的,设置于道路的边缘,通常用以指示道路的方向及行车道的边界,传统的轮廓标主要包括不反光类的示警桩、示警墩、反光类的柱式轮廓标、附着式轮廓标等,轮廓标如图9-8所示。

图9-8 轮廓标

近年来,随着安全与节能理念逐步深入人心,出现了一些新型的轮廓标。例如,新型防撞式柱式轮廓标,它在遭受车辆撞击、碾压、刮碰后会自动恢复,且不对车辆造成破坏,同时,这种轮廓标还具有防盗、反光性能强等优点。

9.3.2 线形诱导标

线形诱导标以指示车辆行驶方向为目的,通常用于引导车辆驾驶人调整行车方向,确保行车安全。一般视需要设于易发生交通事故的小半径曲线外侧或者视距不良且线形较差、行驶方向发生变化的路段,例如急弯、弯坡结合段等。

线形诱导标应和道路线形一致并垂直于车辆行驶方向,至少在距离150m处能被看见;设置间距应保证在驾驶人的视野中至少有3个线形诱导标;其下边缘距地面1.2~1.5m。线形诱导标如图9-9所示。

图9-9 线形诱导标

9.4 减速带

道路减速带是目前进行强制控速运用最为广泛、使用效果最好的方法。其原理是主动在连续长大下坡路段的行车道上设置某种突起设施,当汽车以较快的速度通过时会产生激烈的机械振动,这种振动从轮胎输入经由车身及座椅传递给驾驶人,引起驾驶人的不适。另外,车辆通过减速带时带来的剧烈振动会引发驾驶人产生车辆机件或货物损坏的担忧。上述生理和心理感受会降低驾驶人在该路段的行车安全感,消除个别驾驶人的侥幸心理,从而主动采取低挡降速措施,达到提高此类特殊路段行车安全的目的。

对云南、陕西高等级公路道路减速带使用效果调研发现,道路减速带可大幅降低车辆行驶速度、事故发生率和事故严重程度。

理想道路减速带应具有以下特性:

(1)随着车速的增加,行驶安全性降低到一定程度后能维持在一个稳定水平,甚至有所提高;

(2)驾驶人的乘坐舒适性在车速低于公路限速时处于较高水平,在高于公路限速而低于所有超速车辆的85%车速时应随车速的增加而迅速恶化,在高于所有超速车辆的85%车速时能够维持在一个稳定的低水平状态。

国内外采用的减速带类型主要有道钉减速带、热塑振动减速带和驼峰式减速带等。

(1)道钉减速带。道钉是固定于路面上起标线作用的突起标记块,一般由壳体和反射体两部分组成。壳体多为瓷片、塑钢等多种材料制作,通过一些特殊工艺处理,能够承受较大的碾压和冲击,并具有良好的耐腐蚀性与耐磨损性,道钉减速带如图9-10所示。

(2)热塑振动减速带。热塑振动减速带是通过专用喷涂设备将涂料喷涂在路面上,经过快速固化形成杂纹或圆点状突起的减速带,突起高度一般为5~6mm,且有反光功能,但易于剥落且易被磨平。图9-11所示为热塑振动减速带。

图9-10 道钉减速带

图9-11 热塑振动减速带

(3)驼峰减速带。驼峰减速带是用橡胶与添加剂在专用模具中成型得到的,其纵断面为圆弧形,表面有花纹。目前在收费站、居民区等地使用的驼峰减速带由于高度、形状和安装形式等原因的限制,不能直接用于公路干线上,必须合理设计断面形状和安装形式后才能作为公路干线强制控速设施。图9-12所示为驼峰减速带。

图9-12 驼峰减速带

若要通过减速带改善车辆长下坡路段时的安全性、有效组织并控制车流节奏,专用减速带结构、安装布置位置和数量需经详细考察分析后系统性地加以确定,否则,使用效果将大打折扣,甚至产生负面效果。

路面减速带设置时应综合考虑路段的道路特点、交通流特点、潜在的不安全因素和交通事故特征等条件,合理安装,使驾驶人主动控制车速,达到安全行车目的。

减速带设计要求如下:

①在确保汽车行驶安全的前提下,选择适当高度和宽度的减速带。

②根据不同路段的道路条件设置相应的减速带。

③不破坏原有道路的路面基本结构。

减速带能使驾驶人有效降低车速,然而依然存在下述不足之处:

①在具体实施时需在路面上进行大面积的施工,会对路面造成破坏,加大公路维修以及养护部门的工作量;在施工过程中,干扰车辆的正常运行,降低整条公路的通行能力。

②冬季冰雪条件下重型车辆易在减速带上打滑(特别是上坡方向),且由于强制控速设施的设置会在一定程度上影响除雪工作。

9.5　避险车道

9.5.1　避险车道简介

避险车道是一种特殊的匝道设计,主要由引道、避险车道、辅助车道、救险锚栓、施救设施以及末端的抗撞设施等组成。对避险车道的设置原则规定如下:连续长陡下坡路段,为减轻失控车辆的损失或危及第三方安全,宜在长陡下坡地段的右侧视距良好的适当位置设置避险车道,其宽度不应小于4.50m。避险车道可把失控车辆分离出主线交通流,并利用重力减速度或滚动阻力来消散其能量,进而控制失控车辆。

避险车道最早于1956年出现在美国的加利福尼亚州,截至1990年美国共有27个州设置了避险车道,大约有170条。我国第一条避险车道于1998年设置于北京八达岭高速公路。目前我国的避险车道已有200多条。实践已经证明,避险车道是解决连续长大下坡路段交通安全问题有效的工程措施之一。

避险车道位置设置得合理与否是保障使用效能的关键,避险车道一般应尽量远离桥梁、隧道、收费站等构造物,避免失控车辆对其造成破坏。

9.5.2　避险车道分类

根据不同的纵断面线形,避险车道可分为四种类型:上坡砂坑型、下坡砂坑型、平坡砂坑型和砂堆型,如图9-13所示。四种形式各有优缺点,其中最经济、合理、有效的形式为上坡砂坑型,这也是我国普遍采用的一种形式。

9.5.3　避险车道设计

我国普遍采用工程经验法与事故频率法来确定避险车道的位置。

(1)工程经验法。

工程经验法多用于规划或设计中避险车道位置的确定,一般应注意以下几个原则:

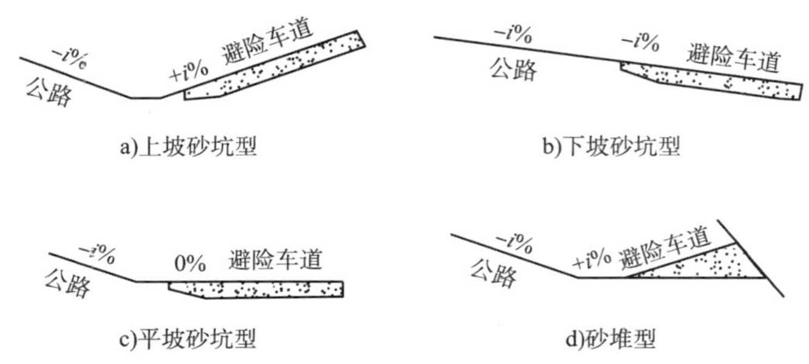

图 9-13 避险车道的类型

基于国内长大下坡事故分布情况分析，在连续下坡的中下部，车辆行车制动器经过长时间连续制动后出现热衰退，此时最易发生事故，因此，长大下坡的中下部为避险车道设置的重点路段。

避险车道的设置应考虑重要构造物和互通立交的布局，如果车辆在上述位置发生事故将会带来更加严重的危害，甚至有可能使结构物发生永久性损坏。因此，在重要的隧道、桥梁和互通立交前设置避险车道可以有效保证人员和结构物的安全。

在小圆曲线和圆曲线后方，车速较快的失控车辆由于离心力过大，很难安全通过小半径曲线而顺利进入避险车道，往往冲撞路侧护栏或中央分隔带护栏，情况严重时甚至冲出路外。因此，在车辆驶入小圆曲线前宜沿曲线切线方向设置避险车道。

(2)事故频率法。

事故频率法即在多起事故发生后，针对事故多发点并结合地形来确定避险车道的设置位置。

实践证明，采用工程经验法只是通过人的感性认识确定避险车道的设置位置，不同的人可能会有不同的看法；而事故频率法所确定的避险车道的位置是以生命和财产损失为代价换来的。两种方法都有各自的局限性。目前常采用的方法有美国联邦公路局开发的坡度严重率分析系统(GSRS)，该系统根据车辆特性(车辆总质量、制动器类型等)及道路特性(道路的坡度、坡长、曲线半径等)分析出公路危险路段的位置。其关键是通过制定制动器温升曲线，并结合相关软件计算出制动鼓温度的增高值，当该值达到车辆可能出现危险情况的位置即为应设置避险车道的位置。

9.5.4 避险车道的主要技术参数

(1)引道。

引道的功能为连接主线与避险车道，可为失控车辆驾驶人提供充足的反应时间和空间，以操纵车辆安全驶入避险车道，减少因车辆失控给驾驶人带来的恐慌，为制动床和主线之间提供一定的偏移量，避免制动床砂砾飞溅回主线而影响主线交通。

设置引道时，应保证驾驶人在引道的起点能清晰地看到避险车道的全部线形，以防驾驶人因担心避险车道不安全而放弃驶入避险车道。引道的终点应设置成方形，使失控车辆的前轮能够同时进入避险车道，避免因左右车轮受力不均而导致重载车辆侧翻。根据驾驶人的视觉及心理反应特点，驾驶人从看见引道到作出判断并采取行动的时间大约为3s，根据这一反应时间可以计算出引道的最小设计长度。引道宽度可设计为入口窄、末端宽的渐变段，入口宽为3.8～5.5m，末端宽度与制动床宽度相同，二者应平顺连接。经验表明，当偏移角超过5°时，驾驶人就不易保持驾驶方向上的稳定，因此，引道与公路主线的交角以小于5°为宜。

(2)避险车道的宽度。

避险车道的宽度应足够容纳至少一辆失控车辆和一辆服务车辆。如在一个较短的时间内有两辆或更多的车辆使用避险车道，推荐的最小宽度为8m。研究表明，9～12m宽的避险车道足够容纳两辆或更多的失控车辆，但如果建造资金不足或需求率不高，宽度也可减小，但不能小于4.5m。

(3)避险车道的长度。

驶入避险车道的车速是影响避险车道长度的主要因素。相关调查显示，在长下坡路段，速度超过100～110km/h的失控车辆较少，避险车道入口速度设计多采用100km/h或110km/h。

美国爱达荷州运输部根据能量积累的过程进行迭代计算，从而得到避险车道上任一点处的车速。在进行避险车道设置地点选择时，同时计算避险车道的车辆驶入车速：

$$V = 5.469\sqrt{0.03343V_0^2 - H - KL - 0.000016V_\mathrm{m}L - 0.0012FV_\mathrm{n}^2/W} \tag{9-2}$$

式中：V——距离长大纵坡坡顶L处的速度，km/h；

V_0——长大纵坡起点处的速度，km/h；

H——长大纵坡坡顶与距离纵坡L处的高差，m；

K——路面摩擦因数；

L——依据里程桩计算的长大纵坡的长度，m；

V_m——速度V和V_0的平均值，km/h；

F——车辆迎风面积，m^2；

V_n^2——V^2和V_0^2的平均值；

W——车重，N。

除此之外，还应根据避险车道纵坡及坡床材料来综合确定避险车道的长度，避险车道长度计算公式为：

$$L = \frac{v_1^2 - v_2^2}{245(R \pm G)} \tag{9-3}$$

式中：L——避险车道的长度，m；

v_1——车辆驶入避险车道的速度，载货汽车按100km/h或110km/h计；

v_2——通过坡床缓冲后经强制减弱装置消止后的速度，km/h；

R——滚动阻力，以当量坡度百分数表示；

G——坡床纵坡，以代数值表示，%。

结合式(9-2)和式(9-3)，参照不同材料的滚动阻力系数，可以得出避险车道的长度，见表9-2。

避险车道长度表　　表 9-2

驶入避险车道车速(km/h)	避险车道纵坡坡度(%)	坡床材料	坡床长度(m)
100	10	碎砾石	239
		砾石	179
		砂	143
		豆砾石	102
100	15	碎砾石	179
		砾石	143
		砂	119
		豆砾石	90
110	15	碎砾石	220
		砾石	176
		砂	147
		豆砾石	110
110	20	碎砾石	176
		砾石	147
		砂	126
		豆砾石	98

(4)制动坡床的材料。

为对车辆产生更大的阻尼作用,制动坡床应选用干净、不易被压实且有较高滚动阻力系数的材料。所用集料应是圆形的、不会被压碎的、单一尺寸并可自由滚动的材料,从而使集料之间的空隙最大,可提供最佳的排水并使压实的机会最小。较好的材料还应该具有较低的剪切力,以使汽车轮胎更容易陷入,比较常用的集料有碎砾石、砾石、砂和豆砾石等。

9.6 护　　栏

在交通事故发生后,可采取一定的被动防护措施将事故的伤亡情况降至最低,其中,护栏是防控失控车辆事故简单有效的方法之一。

合理设置护栏不但可以降低事故的严重程度,还可以诱导行车视线。其具体功能包括:防止车辆越出路外碰撞路侧危险物;引导车辆回到正常行驶方向;阻止失控车辆经中央分隔带穿入对向车道;诱导驾驶人的视线,使驾驶人清晰地看到道路的轮廓及前进方向的线形,增加行车的安全性。

护栏按横向设置位置可分为路侧护栏和中央分隔带护栏两类。按碰撞后护栏的变形程度可分为刚性护栏、半刚性护栏和柔性护栏三类。其主要代表形式分别为混凝土护栏、波形梁护栏和缆索护栏。按照防护等级,路侧护栏又可分为 B、A、SB、SA、SS 五级,中央分隔带护栏可分为 Am、SBm、SAm。护栏的选择一般先进行防护等级的选择,再进行护栏形式的选择。在选择护栏形式时,需根据地点线形进行刚性护栏、半刚性护栏、柔性护栏的合理选择。不同护栏的适用范围见表 9-3。

不同护栏的适用范围　　表 9-3

护栏形式	设置地点						
	小半径曲线路段	需视线诱导路段	有美观要求路段	冬天易积雪处	不均匀沉降路段	需耐腐蚀地段	长直线路段
混凝土护栏						☆	
波形梁护栏	☆	☆					
缆索护栏			☆	☆	☆		☆

刚性护栏变形量很小，按不同结构可分为混凝土墙式护栏、混凝土梁柱式护栏、桥梁用箱梁护栏和管梁护栏及组合式护栏。其中，混凝土护栏如图 9-14 所示。刚性护栏尽管碰撞时不易变形，维修费用很低，但对车辆行驶有压迫感，因此不宜在道路全线设置，而是设置在严格限制车辆冲出路外的路段。

半刚性护栏具有一定的刚度和柔性，是一种连续的梁柱式结构。梁柱式半刚性护栏按不同结构又可分为二波波形梁护栏、三波波形梁护栏、管梁护栏及箱梁护栏等。应用最为广泛的波形梁护栏如图 9-15 所示。钢背木护栏也属于半钢性护栏，其不仅可通过在实木梁、柱内设置钢板或型钢材料来增加抗拉强度，且外形美观。

图 9-14　混凝土护栏

图 9-15　波形梁护栏

柔性护栏是一种具有较大缓冲能力的韧性护栏结构，主要代表形式有缆索护栏。缆索护栏如图 9-16 所示，其主要依靠缆索的拉应力来吸收车辆碰撞能量。

现阶段，市面上也出现了一些新型护栏，较为典型的是消能减速护栏和预应力索式防撞活动护栏。消能减速护栏以加强型混凝土护栏为原型，防撞等级为 SS 级。预应力索式防撞活动护栏的框架结构和预应力钢索的协同作用极大地提高了护栏的防护和导向性能。利用预应力索式防撞活动护栏，可有效地减少或避免二次事故，并且对乘客和驾驶人有一定的保护作用。

图 9-16　缆索护栏

9.7 安全状况监控系统

安全状况监控系统将进入长下坡路段的车辆作为重点,能够对长下坡路段的状况进行实时监测与控制,一方面通过信息发布的方式为驾驶人提供信息,对驾驶人进行诱导,让驾驶人提前得知长下坡的路况或避险车道设置情况,提高驾驶人在长下坡路段行车的警惕性,将事故发生的可能性降至最低;另一方面使道路管理者更加全面地了解道路运行状态,从而在事故发生后能进行迅速有效的处理,及时提供救援及清障服务,提高路网运行质量和服务质量。

长下坡路段监控设备由安装在长下坡前的可变信息标志、长下坡沿线的摄像头,避险车道处的摄像头、紧急电话、车辆检测器、照明路灯以及监控中心工作站和软件等构成,通过视频监控等信息采集系统,收集路况与通行车辆的数据,具备完善的信息采集能力和数据运算处理能力,实现超速预警、信息发布、事件检测和警告诱导等功能。

(1)超速预警。

在长下坡路段放置某些车速检测设备,对来往车辆的速度进行实时监测,对超速行驶车辆的车牌进行识别抓拍,每隔一定的距离设立可变信息情报标志,将超速行驶车辆的牌号以及提示信息在可变信息标志上进行发布,通过报警器报警提示,引起超速行驶车辆驾驶人的注意。

(2)发布信息。

长下坡路段多位于山区,降水、结冰以及大雾等现象较平原地区多,不少事故是由异常天气引发的。为提升驾驶人对于恶劣天气的警惕意识,可以在长下坡路段设置较为明显的信息标识,向驾驶人发布恶劣气候的提示信息。同时,通过可变信息标志等外场信息发布设备发布交通信息,将实时交通信息传递给驾驶人,以便驾驶人及时掌握交通变化情况,提高行车安全性。

(3)事件检测。

在长下坡路段设置视频检测器对交通事件进行实时监测,视频检测器由定焦摄像机以及视频处理器构成,利用车辆视频检测及分析技术,监测车辆运行的具体状态,一旦发生事故,立刻发出声光示警信号,并及时将路段的视频以及接到报警区的相关图像上传给主控计算机,辅助监控工作人员进行调查工作,大大缩短救援时间;同时将事故或已被占用的避险车道信息显示在下坡路段的显示屏上,引起驾驶人注意,避免发生二次事故,将损失和伤亡降至最低。

(4)警告诱导。

在长下坡视线较差的路段中设置视线诱导以及闪光警示设施。通常情况下,这些路段与供电点距离较长,因此,安装的设备可以运用太阳能供电,在夜间或者是大雾天气等能见度较差时,打开闪光灯,闪光灯在同一时刻以相同的频率闪烁。

安全状况监控系统的使用,能有效监测路段发生的各种状况,减少事故发生率,在事故发生后能快速、准确地提取出交通隐患和交通事故信息,并在第一时间发出警报,使交管人员能够快速作出响应,并通过联网监控,迅速通知监控中心,开展联动救援,争取救援时间,避免发生二次事故，降低人员伤亡和财产损失。

安全监控中心应与当地路政、交通、养护和急救等部门建立紧密联系，在交通异常情况下系统迅速作出应急响应，为紧急救援赢得宝贵的时间。

9.8　淋　水　器

淋水器的工作原理是在频繁使用行车制动器导致制动鼓温度升高时对制动鼓淋水，依靠水的蒸发带走热量，加快散热，使制动鼓温度维持在合理范围内，以保证制动器具有良好的制动性能。

淋水器一般包括水箱、管路、控制开关及喷头等装置。轮毂上装有温度传感器，当轮毂温度上升到设定温度时，水箱中的水喷向制动鼓，实现淋水功能。这个过程也可采用驾驶人手工操作控制开关方式来实现。淋水器工作时，喷头向制动鼓喷水降温，水遇到高温的制动鼓被迅速汽化，冒出大量白烟，沿着车轮的运动轨迹有一条“水印”。淋水器如图9-17所示。

图9-17　淋水器

按取水方式的不同，淋水一般可分为自流式、气压式和电动水泵式三种。

自流式一般将水箱装载至较高位置，依靠水的重力作用向下流淌，实现对车轮的降温。该方法成本较低，然而由于没有加压装置，加之货车整体高度有限，水箱的安装位置不高，流出的水压受限，且水箱中的杂质难以被冲走。

气压式淋水装置应用最为广泛，淋水箱的容量可根据可用空间的大小以及用户需求而定，淋水箱前装有调压阀和气压阀，一般通过气管接至储气筒，气压淋水器结构如图9-18所示。

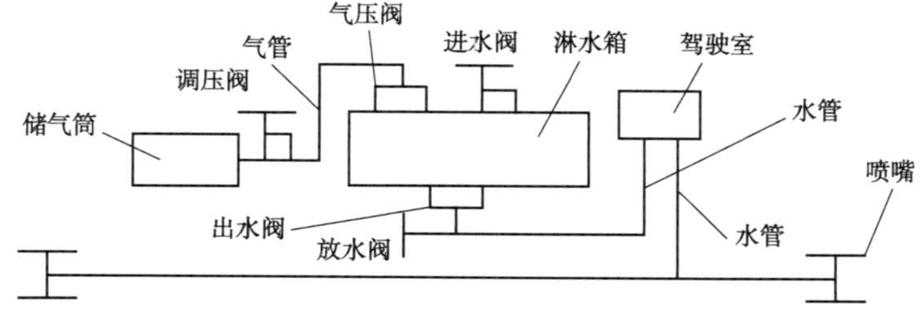

图9-18　气压淋水器结构图

储气筒内的压缩空气按照调压阀设定的气压从淋水箱顶部对淋水箱中的冷却水加压，经过加压的冷却水通过出水阀分成两路，一路通向放水阀，另一路通过水管接至驾驶室内，通过人为控制对车轮制动鼓淋水降温。调压阀在安装前需要进行压力预设,开启压力一般设为0.2MPa,当淋水箱内气压低于0.2MPa时,调压阀打开,储气筒内压缩空气通过调压阀进入淋水箱,对冷却水进行加压。注水时,首先关闭气压阀,停止加压,打开进水阀,用水管通过进水阀向淋水箱中注水,直至将淋水箱注满,然后关闭进水阀,打开气压阀,对淋水箱加压。高速制动或下长坡制动时,驾驶人打开位于驾驶室内的控制开关,高压水便由淋水箱顺着淋水管压至车轮制动鼓外沿进行淋水降温,淋水的时机由驾驶人根据经验掌握。

采用淋水法时,驾驶人需确保制动系统与淋水器工作正常,水箱中水量充足,并适时打开与关闭淋水器开关,若打开过晚,则不能对制动鼓进行有效降温,甚至制动鼓过热时遇水发生龟裂;若忘记关闭开关或不能及时加水,耗尽水箱中有限的水量,则无法在长下坡行驶时再次进行淋水操作。

淋水器随着市场的需求已经形成了一套完整的产业链,在下坡路段长、车辆多的地方,设有淋水器加水服务。尽管如此,淋水法在使用中依然存在以下安全隐患:

(1)在制动鼓温度很高时,用水冷却易造成轮毂龟裂,使得制动鼓损坏。

(2)冬季气温较低时,冷却水流到路面上容易结冰,给其他车辆的行驶带来安全隐患。

(3)加装水箱会使得汽车的重心增高,汽车在弯道行驶时发生侧翻的可能性增大。

参 考 文 献

[1] 蔡春莉. 连续长大下坡路段避险车道设计研究[D]. 武汉:武汉工程大学,2014.

[2] 岳晓晗. 长下坡路段交通安全分析与评价[D]. 西安:长安大学,2009.

[3] 杨欣欣,赵艳. 高速公路长下坡路段交通事故特征及安全保障措施[J]. 交通科技,2019(02):104-106+110.

[4] 李宝成. 高速公路连续长下坡路段安全设施设置技术研究[D]. 重庆:重庆交通大学,2014.

[5] 刘成晔. 汽车辅助制动装置发展综述[J]. 中国安全科学学报,2008(01):105-111+181.

[6] 赖锋,王军. 浅析重型汽车用盘式制动器[J]. 矿山机械,2005(12):42-43+5.

[7] 钱华信. 蓝商高速公路长大下坡路段安全性评价[D]. 西安:长安大学,2010.

[8] 周磊. 连续下坡路段汽车行驶特性与制动器制动性能研究[D]. 西安:长安大学,2007.

[9] 刘增岗,张炳荣,李京. 汽车缓速器的发展和法规探讨[J]. 城市车辆,2006(02):51-53.

[10] 董颖. 发动机制动的工作机理及性能分析研究[D]. 镇江:江苏大学,2007.

[11] 时军,过学迅. 车用液力减速制动器的现状与发展趋势[J]. 车辆与动力技术,2001(04):52-57.

[12] 颜胜. 发动机辅助制动性能仿真研究[D]. 长沙:湖南大学,2013.

[13] 赖建生. 液力缓速器制动机理研究[D]. 广州:华南农业大学,2016.

[14] 白露,常国丽,张小田. 电控发动机排气制动功能研究[J]. 内燃机与动力装置,2013,30(06):1-4+21.

[15] 叶乐志. 汽车永磁缓速器设计理论与试验研究[D]. 北京:北京工业大学,2012.

[16] 罗松林. 基于 Maxwell3D 的电涡流缓速器理论研究[D]. 武汉:华中科技大学,2012.

[17] 冯卫. 一种新型机电缓速器的研究[D]. 长沙:湖南大学,2011.

[18] 张红卫,高博.《营运货车安全技术条件　第 2 部分:牵引车辆与挂车》(JT/T 1178.2—2019)释义[M]. 北京:人民交通出版社股份有限公司,2019.

[19] 吴佩珊. 发动机辅助制动模拟研究[D]. 镇江:江苏大学,2009.

[20] 赵迎生. 辅助制动和汽车主制动装置联合控制理论和方法的研究[D]. 镇江:江苏大学,2008.

[21] 林秀霞,张幽彤,于鲲. 柴油机排气制动控制技术研究[J]. 车用发动机,2006(06):16-19.

[22] 潘海杰. 发动机泄气制动过程数值模拟及其性能优化研究[D]. 长沙:湖南大学,2014.

[23] 王丹婷. 发动机压气式辅助制动工作过程的模拟研究[D]. 大连:大连理工大学,2014.

[24] 陈红,莫嘉林,郭继崇. 汽车发动机节能缓速系统研究[J]. 农机使用与维修,2016(06):24-27.

[25] 朱久艳. 电涡流缓速器结构原理与智能控制系统的研发[D]. 长沙:湖南大学,2009.
[26] 焦治波. 电涡流缓速器的应用及发展[J]. 汽车与配件,2010(21):76-77.
[27] 刘少林. 电涡流缓速器性能测试系统的研究[D]. 杭州:浙江大学,2004.
[28] 张宁. 电涡流缓速器磁场分析及运动学仿真研究[D]. 合肥:合肥工业大学,2007.
[29] 王凯峰. 电涡流缓速器及其养护[J]. 城市公共交通,2010(01):51.
[30] 李政广. 嵌入式电涡流缓速器智能控制器的研究[D]. 广州:广东工业大学,2007.
[31] 焦治波,张付义,郝盛. 浅谈缓行器在汽车上的应用[J]. 北京汽车,2005(04):16-18 +27.
[32] 朴林波. 汽车电涡流缓速器电子式控制器的研究[D]. 长春:长春理工大学,2009.
[33] 王意东,何太碧. 汽车电涡流缓速器综述[J]. 长江大学学报(自然科学版),2011,8(05):109-110 +113 +6.
[34] 刘成晔,衣丰艳,杭卫星,等. 电涡流缓速器若干技术问题探讨[J]. 拖拉机与农用运输车,2010,37(01):6-7 +15.
[35] 黄榕清,李刚营,胡宏. 液力缓速器和电涡流缓速器[J]. 机电工程技术,2005(10):82-85 +106.
[36] 尹广智,王新强,钱利东,等. 车用电涡流缓速器加装方法与散热措施[J]. 农机使用与维修,2013(08):19-23.
[37] 吉星科. 实验用电涡流缓速器及控制模块设计研究[D]. 南京:南京理工大学,2008.
[38] 胡东海,何仁,胡楠楠,等. 制动转矩控制方法对车用电涡流缓速器耗能特性的影响分析[J]. 汽车工程,2018,40(06):679-686 +705.
[39] 何仁,赵迎生,王永涛. 电涡流缓速器制动力矩的实时控制[J]. 镇江:江苏大学学报(自然科学版),2008(03):202-205.
[40] 李雪鹏. 新型电控机械式缓速器设计与研究[D]. 长沙:湖南大学,2009.
[41] 郝鹏. 自励式缓速器关键问题探究[D]. 镇江:江苏大学,2019.
[42] 谢谋. 转子内嵌式电液缓速器的研究[D]. 北京:北京工业大学,2017.
[43] 何仁,衣丰艳. 电涡流缓速器性能特性评价方法[J]. 中国公路学报,2006(05):114-118.
[44] 王伟杰. 外转子构造电磁缓速器的研究[D]. 北京:北京工业大学,2016.
[45] 张凯,李德胜,尹汪雷,等. 自励式液冷电磁缓速器的数值模拟与实验研究[J]. 汽车工程,2015,37(06):699-706.
[46] 鲍正祥,赵正敏,俞叶林. 基于 PWM 的电涡流缓速器控制系统[J]. 淮阴师范学院学报(自然科学版),2003(03):196-199.
[47] 杨效军. 自励式缓速器关键技术研究[D]. 镇江:江苏大学,2010.
[48] 陆中华. 重型汽车电控液力缓速器整车制动性能仿真与分析[D]. 吉林:吉林大学,2007.
[49] 李涛. 车用电控液力缓速器现代设计方法研究[D]. 吉林:吉林大学,2007.
[50] 尹利云. 基于内流场数值计算的液力缓速器结构参数优化研究[D]. 吉林:吉林大学,2012.
[51] 张玉玺. 液力缓速器电控系统及控制方法研究[D]. 吉林:吉林大学,2008.

[52] 李雪松. 基于非稳态流场分析的车用液力缓速器参数优化方法研究[D]. 吉林:吉林大学,2010.
[53] 葛林杉. 双排叶片液力缓速器及其控制系统研究[D]. 吉林:吉林大学,2015.
[54] 王元章. 基于 SIMULINK 液力缓速器制动特性仿真研究[D]. 西安:长安大学,2015.
[55] 陈波. 电控液力缓速器性能试验方法的研究[D]. 吉林:吉林大学,2007.
[56] 盖洪超. 液力缓速器参数设计及整车缓速制动性能仿真研究[D]. 吉林:吉林大学,2011.
[57] 蔡志宇,王军,贾志绚,等. 客车液力缓速器制动性能仿真[J]. 汽车工程师,2013(01):22-26.
[58] 严军. 车用液力缓速器设计理论和控制方法的研究[D]. 镇江:江苏大学,2009.
[59] 吴磊,方沂,王旭龙,等. 载运挂车液力缓速器的结构设计[J]. 天津职业技术师范大学学报,2014,24(02):16-18+33.
[60] 王铁. 车用电控液力缓速器三维流场分析的仿真方法研究[D]. 吉林:吉林大学,2007.
[61] 胡宁. 汽车液力缓速器参数的匹配分析[J]. 上海工程技术大学学报,2003(02):87-90.
[62] 刘凯. 轴向移动式汽车永磁无级缓速器的关键技术研究[D]. 大庆:东北石油大学,2019.
[63] 张培栋. 装用永磁式缓速器的客车制动性能研究[D]. 南宁:广西大学,2014.
[64] 赵小波. 永磁式涡流缓速器电磁特性与制动性能研究[D]. 南京:南京农业大学,2009.
[65] 王卫. 永磁式缓速器性能指标及试验方法研究[J]. 安全与环境工程,2009,16(04):82-84.
[66] 张雨婷. 聚磁式汽车永磁缓速器关键技术研究[D]. 大庆:东北石油大学,2020.
[67] 杜周勃. 纯电动公交车制动能量回收控制策略研究[D]. 成都:西南交通大学,2015.
[68] 谢飞,秦永法. 新能源汽车再生制动控制策略研究综述[J]. 机械传动,2020,44(09):169-175.
[69] 刘文光,郝鹏. 基于虚拟边界法的自励式缓速器温升计算模型[J]. 重庆理工大学学报(自然科学),2020,34(07):50-56.
[70] 王雪. 混合动力再生制动能量回收控制策略的研究[D]. 吉林:吉林大学,2014.
[71] 俞剑波,何仁. 混合动力电动汽车混合制动技术分析[J]. 重庆交通大学学报(自然科学版),2013,32(04):705-711.
[72] 叶永贞. 电动汽车制动能量回收系统研究[D]. 青岛:青岛理工大学,2013.
[73] 宋鹏飞. 电动汽车飞轮辅助动力系统控制策略的研究[D]. 武汉:武汉理工大学,2017.
[74] 杨树军,张曼,曾盼文,等. 液压机械无级传动全功率换段过程排量比调节模型[J]. 农业工程学报,2019,35(13):64-73.
[75] 许高伦,宁晓斌,王宇坤,等. 双蓄能器液压再生制动系统制动特性研究[J]. 机电工程,2018,35(10):1048-1052.
[76] 张小东. 液压储能式汽车制动能量再生系统负荷调节技术研究[D]. 淄博:山东理工大学,2010.
[77] 郭大俊,徐达. 浅析汽车制动力分配[J]. 北京汽车,2008(05):43-46.

[78] 李军利,胡斌. 基于发动机制动与电涡流缓速器联合特性的山区公路连续长大下坡路段辅助减速车道研究[J]. 移动电源与车辆,2019(02):40-43+48.

[79] 黄榕清,吴磊,邵建华. 车用缓速器对制动稳定性的影响[J]. 机电工程技术,2006(12):45-47+104.

[80] 赵迎生,何仁,王永涛. 电涡流缓速器对车辆制动稳定性的影响分析[J]. 农业机械学报,2007(09):16-18+22.

[81] 郑景凡,莫世民. 连续长大下坡安全分析与避险车道设置[J]. 交通标准化,2009(23):122-125.

[82] 肖宁. 山区高速公路长大下坡路段交通安全保障设施研究[D]. 西安:长安大学,2009.

[83] 陈华斌. 蒙新高速连续长下坡路段安全保障系统研究[D]. 重庆:重庆交通大学,2010.

[84] 梁营力. 高速公路长大下坡路段安全设施研究[D]. 西安:长安大学,2009.

[85] 周应新,孙武云,岳锐强,等. 简述连续长下坡路段高速公路管理服务设施及标志标线设计[J]. 公路,2010(05):220-224.

[86] 林煌. 连续长大下坡路段安全保障系统研究[D]. 重庆:重庆交通大学,2012.

[87] 郑芳. 道路控速设施的设计及应用研究[D]. 长春:吉林大学,2008.

[88] 康凯,高伟江. 基于视觉特征和信息传递的高等级公路交通标志设置有效性分析[J]. 佳木斯大学学报(自然科学版),2008(06):776-777+779.

[89] 张韡,魏朗,余强. 道路减速带对车辆平顺性和安全性的影响[J]. 长安大学学报(自然科学版),2008(04):95-98.

[90] 薛晶. 道路交通设施对驾驶行为安全性的影响研究[D]. 青岛:青岛理工大学,2009.

[91] 孙娜. 浅谈减速带在公路控速中的应用与现状[J]. 黑龙江交通科技,2011,34(04):110.

[92] 沈宇明. 气压淋水装置的安全隐患及改进措施[J]. 公路与汽运,2007(02):5-7.

[93] 李孜,陈晨. 浅谈针对云南省高速公路监控设施设计方案[J]. 公路交通科技(应用技术版),2015,11(02):225-226+229.

[94] 陈勤彦,倪志海,沈宇明,等. 气压淋水装置存在的问题及改进措施[J]. 汽车维修,2007(08):36-38.

[95] 曹锋. 监控系统在高速公路中连续长下坡路段中的应用研究[J]. 企业技术开发,2015,34(13):86-87.

[96] 刘洋. 浅谈公路避险车道设计[J]. 北方交通,2009(08):42-45.